労働法と社会保障法

佐藤　進 著作集 3

労働法と社会保障法

佐藤　進著

〔著作集 3〕

信　山　社

災害法とむきあう現代社会

はしがき

現代社会は、高度経済成長政策の展開・発展をへて、いわゆる「福祉国家」政策の成熟をみ、一九七〇年代前半に国際的な石油危機などを契機に低経済成長政策への軌道修正をみて、今日低経済安定成長政策の恒常化のなかで平成バブルとその崩壊下の構造危機情況のなかにある。

著者は、一九七〇年代、日本の高度経済成長政策から低経済成長政策への転換期にみる日本労使関係とその社会保障関係との法学的交錯過程の諸問題を複眼的にみてきた。

社会法体系下の労働法学と社会保障法学とのかかわりを、その異同性から把え、労働法学は憲法二八条の労働基本三権保障とその自律的保持とその産業労働社会における自律的規範形成とその実現を目ざす法とし、労災補償、医療保障、老後退職などの労働生活にかかわる、そしてその消費生活にかかわる各種の社会保障法、公的扶助法、社会福祉法などの法を政府による公的責任による社会的扶助＝他律的規範の法として、そしてその実施にかかわる労働組合運動、労働者自立共催事業法制の役割などから問題を把えてきた。

ことに欧米諸国の労働組合運動とその団結、団体交渉、労働争議の権利行使にみる自律的な労働諸条件の援護と米国的な労働協約規範形成にみる自律的な規範形成、さらに社会保障的機能のその自主的な福祉厚生制度の下支えと制度政策への要求機能（Fringe《フリンジ》 Benefits《ベネフィット》）などを学んできた。今日、この種の日常的な、普通の行動は、欧米諸国でみられているところである。しかし、日本的労使関係（企業別と産業別の企業別連合労働組合運動）は、企業との癒着、吻合労使関係は、欧米諸国の労働組合にみる集団的労使関係とは若干性格を異にしてきた。とりわけ、企業内労働関係＝企業内年功序列的労使関係は、企業内福祉制度（社会保障制度と結合、代行化の）などと結合し、日本的労使関係、日本的社会保障関係を形成してきた。このことは、欧米諸国と日本にみる労働法にもとづく自律性と、社会保障法の他律性との、把握そしてその相互関係性といっても日本的な社会保障法規を生み出した。

日本的労使関係は、資本主義社会における景気変動とからんで第二次大戦後、つねに動揺し、そのなかで階級闘争的、また労使協調的、また政治的、経済的なイデオロギーのなかで揺れてきた。そして、一九九九年世紀末、平成バブル好況とその崩壊期のなかで、産業再生政策のもと産業社会、企業社会の構造改革、労働力流動化政策の名による企業リストラと大量の解雇、年功序列的労使関係の変革が行われている。一方労働組合組織率が低下し、かつて三〇有余パーセントの組織率も二二パーセントと戦後最低となっている。

著者は、労働法と社会保障法との交錯領域にある法問題を提起したが、つねにその相関関係で把握する研究方法をとってきた。しかし、ある時期に、〈労働法と社会保障法〉が〈労働法から社会保障法へ〉の問題提起がみられ、労使対抗的な、自律的規範形成の性格を内包し、特徴とする労働法が、他律的な性格を内包する社会保障法への併合、とりわけ福祉国家的行政による吸収、統合を容認しえなかったことはいうまでもない。

集団的労働組合運動の再生が、企業よりの労働法から真に労働者の人権擁護のための労働法への再生を求めている。また、構造改革として財政合理化の名による社会保障法、社会福祉法の合理化に対し、国民が二十一世紀で活力を戻すための真に生存権擁護、人権保障のための社会的連帯ベースの社会保障法の構築が求められている。

旧稿は、一九七〇年代当時の状況を記述したものであるが、時代の動きは平坦ではない。いま、人権保障に則した、国際的に耐える新しい労働法、社会保障法の研究が、交錯領域の実態的研究を媒介として求められていると考えるのである。出版事情のきびしい折旧稿の本巻編輯にあたり、信山社の袖山貴氏の熱心かつ真摯な御努力に心から感謝の意を表するものである。

二〇〇一年（平成一三）年三月

佐　藤　　進

第三巻　労働法と社会保障法　目次

第一編　現代生存権保障の理念とその意義

I　社会法における生存権保障
——労働法と社会保障法とにみる生存権保障の現代的課題——

はじめに

現代高度独占資本主義段階の、すぐれて社会的な法現象に対応する法制度としての現代法体系において、古典的市民法理に対しその市民法理の修正として登場をみた社会法は、かなり重要な役割を果たしてきていると理解する。現代の資本主義法秩序形成の一翼を担っている社会法は、抽象化された法的人格の担い手である人間で、資本主義法秩序の中で具体的に生存権を担って生きている生活主体をその対象とし、その対象——具体的な社会的存在＝階級社会における社会的弱者——に対して、可能なかぎり生存権を確保すべく個別法的には労働法、社会保障法さらには経済法が社会法の一分肢として重要な役割を担ってきた。まず、戦後の労働法は、労働力商品取引現象について、労使を法的に自由な取引主体＝自由な人格として平等な当事者間の取引現象として取り扱う民法の「雇傭契約」

を媒介に、いわゆる事実的な労働力商品取引主体間の不平等現象に規定される「労働の従属化」に注目し、そこから市民法理の虚偽性の克服のために、その修正法として、戦前不十分ながら展開をみてきた所産をもとにして、戦後二七年間の歩みを憲法二五条（生存権）、憲法二七条（勤労権）、憲法二八条（労働基本三権）を基軸にしつつ展開をみせてきた。もちろん、この戦後の労働法学が、戦後直後の民主主義の移植、発芽に対応して、戦後における戦前の事業所単位の「産業報国会組織」という組織原型の土壌をもとにして展開をみた「企業別従業員組合」を中心にして、戦後の政治的、経済的与件に規定された労働政策にかかわりをもちつつ、生成、展開をみたことも否定しえない事実である。(1)

ことに、わが国の労働法は、この記憶から失せがちな戦後直後の経済的、政治的与件（占領体制から占領体制の終焉と結合する戦時経済体制から戦後平和経済体制への移行とその後の経済体制）の変化を含め、前述の企業別労働組合を軸にした戦後の労使対抗関係の事実的力関係の変化（資本の複権と国家権力の復権に支えられた）を反映して、前述の憲法二八条をことさら“déus ex mâchina（万能神）”として、その理論形成の礎石たらしめる方向を辿ったことは、むしろ必然的な歩みであったといってよい。(2)

しかし、その後高度経済成長政策の展開をみる一九六〇年代には、戦後の労働力過剰供給傾向からの労働力不足現象を反映して、相対的な賃金その他の労働諸条件の改善がみられ、労働者の生活状況の変化によって、集団的労働関係状況にも変化のきざしを漸次見せ始めてきたことも否定しえない。この労使関係状況の変化は、企業別労働組合をして企業内における交渉による賃金をはじめとする労働諸条件の改善に加え、この高度成長政策によって噴出した公害、その他生活基盤破壊という新しい社会的諸矛盾に対し、企業内交渉をもって処理しえないこの生活問題への関心とその改善へのとり組みの姿勢を生みだすにいたった。とりわけ、一九七〇年にいたり、高度成長政策の展開、発展に伴う「ひずみ」現象の顕在化は、後述のように労働法の対象である生産過程の問題、たとえば労働災害や新型の職業病発生などのそれに加えて、モータリゼーション化に起因する交通災害の激増に伴う「通勤途上事故」の問題、企業内における年功序列的労使関係の変化に伴う中高年齢労働者の五五歳定年制＝強制解雇と定年退職後の公的扶養（核家族化、人口老齢化などの社会現象に伴う私的扶養形態の変化に伴う）の問題をいちじるしく生み出すにいたった。ことに、この成長政策の進行の中において勤労者の生活意識が、高度経済成長成長政策による「富裕化社会（affluent Society）」化による影響をうけ、停滞貧困社会のもとでの「耐乏」から、必然的に富裕化社会のもとでの健康で、文化的な、疎外なき生活を営む人間としての「欲求充足」への指向を示したことも、後述の生存権ならびに快適生活権擁護と結びついて、企業内問題に加え企業をこえた生活を中心とする生活保障への重視を必然化した。これが、まさに、労働法の領域をこえて社会保障法への法的関心を生み出してゆく。いずれにしても、一九六〇年代から一九七〇年代の高度経済成長政策の展開・発展に伴う労使関係状況ならびに勤労者の生活構造の変化は、企業内労働組合とその対向する企業との間の、いわゆる労働生産過程を前提とした企業内労使関係を中心としてきた労働法とともに、おくればせながら企業内の労使当事者の交渉をこえている＝「従属労働関係規制」をこえている。流通、消費過程を前提とした生活問題を対象とする社会保障法を生成、展開せしめたことは否定できない。

したがって、現代資本主義法秩序内部において生存権保障にかかわりあいをもって登場した労働法と、おくればせに法の世界に登場した社会保障法、さらに経済法とは並存しあって、勤労者や地域住民の全生活問題に対して、重畳化しつつ対応し、ここに前述の社会法体系における「労働法から社会保障法へ」という法の分化現象を生み出したことは、後述のように法規制対象の細分化に伴うものであり、社会保障法による労働法の融合化を意味するも

のではないことも注目すべきことである。(3)

労働法と社会保障法とは、上述のように憲法二五条の生存権保障にかかわりあいをもって登場したにせよ、またその法学的認識の対象面でもかかわりあいをもつにせよ、相互依存性をもちつつ独立しており、とりわけ福祉国家機能を前提にした社会保障法への労働法の融合化は考えられないといってよい。

(1) 佐藤昭夫「労働法学の課題と方法」法学セミナー昭四七年一〇月号参照。

(2) なお、このわが国における労働組合運動の歴史性が、労働法学を日本的なものとしたことは今日、労働法学のイデオロギー性の問題とともに、方法論上の問題を提起していることを指摘しておきたい。

(3) 荒木誠之『社会保障法』六八頁、拙著『社会保障の法体系（上）』九二頁以下（著作集第一巻）。

一　現代法体系における「権利」としての労働法と社会保障法の展開・発展

現代の高度独占資本主義段階、とりわけ高度経済成長政策下の労働生活ならびに地域住民生活が、独占、寡占、大企業資本によって、その生産過程のみならず流通、消費過程を含む全生活過程を支配（収奪搾取の支配構造によって）されていることは否定しえない既定事実である。このことは、対国家権力との関係における国家構成員の場合にも、国家の行政管理機能のもとで全生活が支配されていることと対応しているといってよい。このような資本に加えて、しかも国家権力との支配構造を前提にしつつ、資本主義企業における雇用関係を媒介する生産過程において、社会的弱者たる勤労者の生存権保障を実現すべく、労働法によって階級的な従属労働関係を対象として、個別労働関係における非対等性の克服のために、労働組合の結成、団体交渉、団体行動の法認（憲法二八条による）による自律的な集団的労働関係形成が承認されてきた。もちろん、労働法は、憲法二八条の労働基本三権保障――国家の行政権力からの自由とともに、国家の積極的な三権保障のための行政措置を中心とした――にもとづき、その労働組合組織形態がどのようなものであれ（企業別組合組織たると、地域的あるいは全国的な産業別あるいは職業別組織たると、あるいは大合同労働組合組織たるとを問わず）、その労働者の階級的な利益、とりわけ人間的な勤労生活条件を守るために、団体交渉によって自律的、自治的な労働協約締結による規範形成を推進していることは否定できない。憲法二八条が、自主、自律的労働組合主義を前提として集団的労働関係の形成を、現代的な「公序」として容認していることは、現代資本制生産社会の必然的法現象といってよい(1)。

しかし、現実の労使関係状況をみるとき、この労働組合主義とともに自律的な労働条件規範としての労働協約が、憲法二五条の生存権保障実現のために、憲法二八条の労働基本三権保障と絡めて、どのように機能しているか、ということは、権利としての労働法上の問題として今日きわめて重要な意味をもっているといってよい。労働法上のすべての問題に及ぶことは、この小論では不可能であるため、労働法と社会保障法との重畳化＝交錯化領域にある問題の一つである、定年制問題を中心にとり上げてみよう。

従来、過剰労働力供給下の日本的労使関係のもとでは、定年制（定年年齢到達者の強制解雇といいうる）も、関連的な退職後の生活維持の制度ともいえる「家」制度や地域共同体と結びついて、さして問題をはらまなかったといってよい。この結果、定年制↓五五歳定年制自体について、その延長を労働協約締結闘争のなかで取り上げるということもみられなかった。この定年制自体に対する、法的問題意識の不明確さ、また定年制五五歳の就業規則改訂による引き下げに対する問題の重要さに対する意識も決して十分ではなかった(2)。

しかし、高度経済成長政策の展開・発展に伴う企業内年功序列的労使関係の変化に加えて、社会生活関係の変化は、前述の企業内の定年制はいうまでもなく中高年雇用問題を、急速に社会問題とし、企業内の団体交渉問題対象として、定年制五五歳の延長、賃金、退職金問題、中高年老齢者の企業内における健康問題が論議をみることになった。一方、この社会問題化した中高年雇用問題は、労働法の対象である企業の労働問題として、またこれをこえた従属労働関係にあると否とを問わず、老齢者の生活保障問題として鋭くクローズ・アップをみる。かくして、従来、消極的な救貧政策の一技術として把えられ「困窮老人対策」にとどまっていた公的扶助とともに、老齢者の公的な所得確保の手段であった老齢社会保険の領域にも関心を払わしめるにいたり、憲法二五条の生存権保障を実現する社会保障の法体系の整備をせまることになる。すなわち、労働法の対象領域にあった権利としての定年制、退職金（退職年金）、失業保障（失業保険）にとどまらず、社会保障法の問題としてこの勤労者と地域住民の、権利としての老公的扶養の実現→公的年金制度、老齢者の医療保障（医療保険、公衆衛生問題）、職業訓練、老齢者の住宅サービス、老齢者の社会教育サービスなどの老人福祉問題が権利の問題として総合的に把えられざるをえなくなる。以上、老齢者の生活保障を事例として、労働法と社会保障法の交錯過程の問題を、老齢者の——従属労働関係のあると否とを問わず——生存権保障の問題として概観した。

戦後のわが国の労働法は、憲法二五条の生存権保障実現のために、それが“dēue ex māchina”としての性格をもつ憲法二八条の労働基本三権を基軸として、階級的団結体である労働組合運動を媒体として、権利としての労働法として生成・展開をみてきたことは否定しえない事実である。

このような戦後の労働法の生成・展開と歩みをともにしつつ、一九六〇年代からさらに一九七〇年代を契機として、労使関係ならびに生活関係基盤の急速な変化、とりわけ勤労者階級ならびに社会的に弱い零細農・漁・山村住民階層の生存権を脅かす生活基盤の破壊——田園牧歌的な生活環境の各種の公害による破壊に加えて、過疎、過密に対する社会資本の不足も関連して――に対し、従属労働関係にある勤労者の生活保全のために、労働法とともに社会保障法が憲法二五条の生存権保障とともに憲法一三条を「快適生活権（Right of Amenity）、生活環境権（Right of Life environment）、健康権（Right of Health）」の保障を具体化するものとして把え、この実現のために権利としての社会保障法として登場してきた。ただしかし、現在社会保障法は労働法にみられるごとく法学の対象として登場しつつも、生活問題の広がりに対して社会保障制度のタイム・ラグとともに古典的な市民法総体による制度的対応が不備であることから、対象の増大に対し、社会保障法学の立遅れの克服とその法学的体系化が指向されていることも注目に値する。(3)

（1）　このような集団的労働関係を前提とする労使関係秩序の形成を、「公序」として憲法二八条が保障することは、現代資本制生産体制をとる国家の労使関係規制の政策的表現でもあるが、これを可能ならしめるのは、労働者の労働組合という組織的団結の形成自体と、それを媒介とした「労働者」の生存権擁護という基礎的なしかも人間的な要求とそれに支えられた闘争といってよいのである。

（2）　荒木誠之「定年制をめぐる法的問題」（九州大学法政研究三八巻二～四合併号）参照。

（3）　荒木誠之『現代の社会保障』（同文館）は、教授の社会保障法学の成立のためのその体系化を、一応完結したものと把えてよい研究書といってよく、これに対する批判として角田豊『社会保障法の課題と展望』、籾井常喜『社会保障法』など参照。しかし、社会保障法が法の科学として成立するための必然的にモメントは、現代社会において噴出する生存権破壊の諸状況に対応して、この生存権を擁護するために、まさにその生存権保障の視角から、国家がどのような領域にどのような施策を講じているかについて事実的に究明し、その権利性とともに、包括的な権利体系の確立を提案することにあり、単に社会保障法の客観的存在のために、対象のとり組みを中心に静態的な法体系化を試みることは問題であると考えている。（本章執筆後、筆者は、「社会保障の法体系化と問題点」「週刊社会保障」九二三～九二四号（昭五二・五・二三〜五・三〇）により、この体系化について論じた。本書九五頁以下収録。）

二　現代社会の人間生活と「生活保障」の現実

現代法体系における社会法は、現代資本主義社会の機構的矛盾の被害者として、生活的危険にさらされ、具体的に生きている人間の、生存権保障にかかわりあいをもつ生活問題に対処する一般的な法名辞としての意味をもつとき、この現代社会法の対象たるこの具体的な人間は、現代高度独占資本主義社会において、生産過程においても、消費過程においても収奪されている社会的弱者階層、従属労働関係にある労働力の商品売手ならびにその創出母胎といえる地域住民階層という被害者集団といってよい。(1)

これらの階層は、労働力過剰供給下にあると、労働力不足状況下にあろうと——相対的な労働力需給要因によって一時的にその労働力商品価格の変動に左右されることがあるにせよ——労働力商品の売手としての地位にさして変化がないといってよい。このような労働者の社会的地位を前提に、戦後直後の労働組合運動は、労働基本三権の絶対的保障の獲得とともに組織的団結の強化のために、労働力過剰供給による企業合理化解雇反対と低賃金、長時間運動の克服を目ざして、まさに生存権擁護と労働基本三権擁護のために戦闘的な労働組合主義を指向した。

しかし、前述のごとく一九六〇年代第一次から、さらに一九七〇年代の第二次日米安保条約下の高度経済成長政策の展開とその後の発展は、労働力不足現象を生み出し、この現象を背景に、労働組合運動は労働基本三権保障は既定事実として、相対的な交渉力の優位性を軸にして、戦後直後の組織的力量をもってしても実現しえなかった、労働諸条件の改善を実現することになった。ことに、技術革新による生産労働関係の変化は、職場内の労働者の労働諸条件に影響を及ぼし、賃金の上昇化とともに労働時間短縮、有給休暇増加、週休二日制、労働安全衛生措置改善、労働災害保険の法定給付の低さに対する「上積み」、職場における健康問題、定年制五五歳の改善ならびに退職金制度の充実などの、いわゆる労働協約中の規範的部分への関心をたかめることになった。

このような個別労働関係における労働契約基準への関心は、労働力過剰供給下の労使関係における事実的な社会的力関係においては容易に実現しえなかった、使用者＝企業の配置転換権を持つことの事実的な優位に対して、職種転換、職場配転などが、労働契約の内容の変更として、被配転労働者の労働契約意思を媒介する内容の問題として、きめのこまかい労働契約解釈を可能にすることになったことは、事実的な労働力需給という労働市場要因の労働法の世界への投影として注目に値いする。

労働法全般の問題に言及しえないが、集団的労働関係の面においては、とりわけ高度経済成長政策の展開、発展に伴う、相対的富裕化が、労働者の階級的一元的イデオロギーから多元的価値分極化現象を生み出し、このことが労働組合集団の政治活動、なかんずく労働組合の特定政党支持と絡めて、個々の組合員の政治活動、政党支持の自由と、労働組合の統制権とが抵触するという現代的な労働法上の問題を提起した。

このほか、上記の問題とからんで、労働組合の西欧的な経済主義的な Trade Unionism への傾斜と対応して、労働組合運動の体制内化を批判する組合内部の反批判派の動きも目立っており、この反批判派＝少数グループと体制派＝多数グループとの間の、組合民主主義の本質論争が、古くして新しい、民主主義と組織的団結の法理をめぐって展開されている。この種の問題は、組織的団結というものが一体どういうものなのか、について勤労者の団結権に関する根元的な問い返しを提起したことはいうまでもなく、これを契機に労働法学における基本的命題である前述の憲法二八条の“dēus ex māchina”自体にも問題が及んでいったし、さらに労働法学自体の存在論あるいは方法論にも及ぶ問題が、基底的に問い返されていったことは注目に値いする。しかし、この労働法学内部の基本的ともいうべき課題の解明が、現代高度独占資本主義段階の、ある意味で、成熟したと把えられている労働運動とのかかわりあいの中で求められているところに、権利としての労働法の今後の課題があるといってよい。

さて、労働法的観点、実は企業別労働組合を中心とする集団的労使対抗＝対向にもとづく労働関係を規制する法の視点を軸に重畳化しつつ、一方この企業の労使対向＝対抗関係をこえざるをえない先述のような現代的労働問題が多数発生したことも現代社会の注目すべき現象といってよく、いくつか事例を指摘してみよう。その一つは、前述の年功序列的労使関係の変質に伴う中高年労働者の定年制五五歳＝強制解雇をめぐる老齢保障問題であり、その二つは企業内の労働災害に対する労災補償法の法定給付をめぐる問題であり、その三つは職場を含む生活環境ならびに職場生活環境の変化に対する企業の措置の問題であり、その四つは核家族化、共かせぎ化現象の一般化に伴う、既婚婦人労働者の妊娠、出産、育児に伴う問題など、あげれば枚挙にいとまがない。

まずその一つの例として、中高年労働者の定年制五五歳は、今日核家族化、人口老齢化現象と、これに対応する国家の公的扶養制度の非対応のもとで不合理とされ、労働組合運動もこの定年制五五歳の六〇歳あるいはそれ以上への定年延長と労働生活条件保障を鋭く要求している。定年制の法的性格の論議を軽視するつもりはないが、定年制五五歳の制度的効果を考えるとき、労働力過剰供給下の、しかも老齢者の私的扶養のフレームワークがそれなりに残っている場合と、現代の老齢化、核家族化の老齢者の私的扶養のフレームワークの変質をみている場合のそれとは大きく異なっている。とりわけ、この定年制の制度的効果ともいえる、強制解雇の中高年労働者層への影響は深刻であり、深刻ではあるが労働組合は企業合理化反対闘争以上に、企業内では闘争が組織化しえないことも事実である。企業内部の労働運動の老齢保障は、定年制五五歳の延長と雇用保障、さらに退職金引上げ闘争に限定されざるをえないが、わが国の企業内労使関係におけるこの闘争も、年功序列的賃金形態の存続とこれに伴う退職金制度ならびに企業内における技術革新に伴う労働生産工程における労働力配置さらに不況に起因する資本の減量経営実施という命題との絡みあいで、容易なものではないことも否定できない。いわんや現代労使関係における定年制の法的性格に関連するが、定年制が雇用関係を切断する法的契機であり、事実的に強制解雇をもたらすものであるが、就業規則などによる定年制引き下げさえ、必ずしも明確ではないが法的に承認されている法の現実も無視できないのである。(2)

老齢者の老齢生活保障が、企業内労使関係を場としている労働法の世界において果たしえないとすると、この老齢者の生活保障の問題を、企業をこえた、いわゆる社会保障法の領域にも属する公的老齢年金による所得保障(現行の厚生年金保険法、国民年金法あるいは各種共済組合法の長期給付などの諸制度による)に委ねざるをえなくなる。しかし、前述の定年五五歳に対し、民間労働者への公的年金支給は、六〇歳支給開始、二〇年間拠出、退職を要件とし、しかも給付は低い現行制度には根本的な問題が存在する。現国会において、五万円年金給付への改正が論議されているが、現実に、現在受給者が五万円をうけるものではないし、老齢、遺族、廃疾の年金給付は十分なものではないことに注意されたい(筆者註＝昭和五四年現在、一〇万円台水準へ達している)。また、老齢者の退職後の職業生活の開拓やそのための老齢者の職業、技能再訓練などに加えて失業問題を、失業保険と雇用＝労働権保障に委ねざるをえなくなる(失業保険法、雇用対策法、中高年雇用促進特別措置法、緊急失対法など)。中高年労働者の雇用問題は、とかく容易でない現実をみてほしい。

さらに、この老齢者の生活問題は、老齢者の医療保障(健康保険といっても問題はない)にもかかわりをもつ。しかし、わが国の医療保障は雇用関係を前提とする健康保険法と、地域住民を前提とする国民健康保険法との間に、保険料拠出とこれに伴う法定医療給付との格差（健保法の本人一〇割、国保法七割）が存在するために、退職した老齢労働者にきわめて不利となる。この点、おくればせながら、七〇歳以上の老齢者に対し「公費負担無料医療」が、昭和四七年老人福祉法改正によって実現をみた（しかし、この公費負担無料医療というも、健康保険法適用の被扶養者七割給付、国民健康保険法適用の場合七割給付を前提として、前者の自己負担三割、後者の自己負担三割を「公費」によるとしたもので、七〇歳以下の場合、医療費負担の問題は依然として残る（筆者註＝この制度も、今日所得制限や一部負担導入による歯止め論が提案されている））。しかし、定年五五歳が六〇歳に延長されたにせよ、六〇歳以降の中高年齢者の医療費負担問題が残っているのである。

なお、このほか、社宅住いの中高年齢労働者は、定年退職によって企業と切断されるや、社宅ならびに関連企業内福祉施設利用権も喪失する。往時はともかく、今日、その退職金によって、地価高騰・建築費高騰時代において、マイ・ホーム建設困難な状況の折、しかも低家賃公共住宅不足時代において、中高年労働者の住宅サービス問題はきわめて深刻といってよい。老人福祉法にもとづき、厚生・建設両省も、老人世帯向公営住宅建設（昭三九・四ならびに昭四六・四改定、厚生省社会局長・建設省住宅局長による知事あて通知）促進を提案しているが効果は上っていない。なお、昭和四七年三月同居老人の在宅福祉増加のため、「老人居室整備貸付資金制度（六〇歳以上老人と同居し、この老人の専用居室整備を必要とする者に）」が設定された。

これらの各種福祉サービスに加えて、生涯教育その他老齢者の生存権保障のための社会福祉措置が必要とされるのである。しかしながら、この老齢労働者の老齢生涯保障に関する、権利としての包括的な所得ならびに各種のサービス保障措置の総合的な体系化はまだできていないのが現実なのである。

なおつぎに、労働災害補償の問題も、すぐれて企業内労使関係における労働法上の問題たることを疑わない。今日、この労災補償以前の労働者の生存権擁護に関連して、労働基準法中の抽象的にして、無内容な「労働安全衛生」規定に代わり、労働安全衛生法（昭四七、法五七号）が現代生産状況下の労働安全・衛生問題に対処すべく制定をみているが、これも決して十分なものではない。とりわけ、労働災害補償以前の事前的予防措置のため、いのちを守る労働安全衛生の労働監督行政の非対応という現実は無視できないのである。とすると、労働災害・職業病の発生は安全には防止できないし、ここで事後措置としての労災補償問題が発生することも必然的といってよい。本章では、労災と労災補償との法律的究明には言及しえないので、労災補償保険の給付実態自体に焦点をおきたい。

労災事件における労災保険の法定給付は、療養給付、休業補償給付、障害補償給付、遺族補償給付、葬祭料に加えて労基法の打切補償の国家補償的措置としての長期傷病補償給付（現行法では傷病補償年金給付）が定められている。このうち、被災者の死亡ならびに被災者の重度障害被災は、労働災害の悲惨さを如実に示すといってよい。しかし、労働災害による死亡とその遺族に対する生活補償が、労災保険の法定給付によって十分かといえば、「労働災害遺族の生活実態に関する調査（労働省婦人少年局の昭和四四年調査）」によってみても、「生活費に困った」「身近な相談相手がなくて困った」という遺族が多いことを示している。また、死亡に対する労災保険給付（葬祭料ならびに遺族年金給付）などの一時的総収入は、労災保険葬祭料、遺族補償年金の前払一時金、損害賠償金、生命保険金、事業所からの退職金、弔慰金などの一時的にまとまった金額平均は一四五万円——夫の死亡時の平均年齢四三歳に対し——といちじるしく、これまた人間の「いのち」に対する値段として低いものであった。

さらに、重度障害被災者に対する「労働災害家族の生活実態に関する調査（労働省婦人少年局の昭和四六年調査）」によって、重度障害被災者に対する給付実態をみても、「収入減少」「夫の世話に手がかかる」「医療費支出の増加」という被災者の家族の苦しみ、これに対する障害補償の労災保険、厚生年金合算額さえ、一級障害月額四万四八一六円、二級障害四万一九七一円、三級障害三万五五八八円といちじるしく低い。このような現実に対し、企業別労働組合が、低い法定給付に加えて、労働協約による「上づみ」を求める協約闘争を展開していることは否定できない。なお、この企業をこえる問題として、被災者の社会復帰のための「リハビリテーション給付」施設ならびに専門医療従事者はきわめて不備であり、このことは労災被災者のみならずモータリゼーション化の交通事故被災者、老人性疾患（脳卒中などの）後のリハビリテーション医療、さらに先天性・後天性の心身障害者の医療に共通することで、労働法をこえての問題といってよい。

このほか、核家族化、共稼ぎ化に伴う乳幼児保育ならびに施設問題は、企業における労働組合運動の労働基準法による婦人労働保護の交渉対象として、また企業内福祉施設の一つとしての「企業内保育所」充実の問題ではあるが、この種の総労働力化に伴う婦人労働保護、乳幼児保育問題は企業の枠をこえた社会保障法の問題といってよいのである。

なお、今日企業別労働組合が、ようやく加害企業として企業公害の拡散体質を認識するにつれて、労働者として生産過程における公害発生の共同者的地位から、消費生活過程における公害被害者としての認識にたって、企業内部からの「公害告発」に動きつつある。(3)

このことは、労働法の世界における問題であるとともに、広く労働者を含む地域住民の生存権擁護とともに快適な社会生活環境において生きる「快適生活権」、「環境権」、あるいは「健康権」擁護のための公害規制、公衆衛生の充実という社会保護要求にかかわっている。このことは、自動車用ピストンリングの大手メーカーの理研ピストンの理研ピストン工業労働組合が、労使当事者のみならず地域住民参加を前提とした「公害防止協定」（昭四八・四）を締結したことにも具体化をみている。以上、労働法の領域――とりわけ労使対抗＝対向関係にある企業内の集団的労働関係の領域――と重畳化し、一方これをこえている社会保障法の領域にある問題について、一～二の具体的な例を中心にして、その両者の法のかかわりをもとにその人間としての生活保障の現実について指摘した。この現実をみるとき、社会的に弱い勤労者ならびに地域住民は、その生存権ならびに快適生活権を脅かされており、その権利を実現するために、労働法の領域においては、その労使対抗＝対向関係の中で資本に対し労働組合の社会的な団結力を結集しなければならないし、いわんや社会保障法の領域においては、その生存権擁護のために国家権力ならびに地方自治体に対して、その生存権擁護のために労働運動ならびに市民運動はその社会的なcountervailing power（対抗力）を結集しなければならなくなっている。権利としての労働法といい、権利としての社会保障法は、静態的な制度的な体系化のために存在するのではなく、生きている人間の生存権保障のための具体的な権利として存在しているのである。

（1）　片岡曻「社会法の展開と現代法」（岩波現代法1所収）、西谷敏「社会保障法における人間像」大阪市立大学・法学雑誌一九巻二号など参照。
（2）　秋田成就「就業規則の改正と労働条件――秋北バス事件」労働法の判例（ジュリスト増刊）昭四七年一二頁参照)。
（3）　本多淳亮・片岡曻編『公害と労働者』参照。

三　「労働法から社会保障法へ」と「労働法と社会保障法」との現代的課題

戦後における社会法自体は、戦前における社会法＝労働法自体と同視しえない社会状況、とりわけ労働組合運動、市民運動の展開、発展に伴う生存権擁護のための運動に伴い、社会法自体の対象分化、とりわけ労働法、経済法に加えて社会保障法の分化を生み出した。

筆者は、この法の分化現象を生み出したのは、現実の政治・経済・社会的現象――高度独占資本主義の再編整備にかかわる高度経済成長政策の遂行過程に伴う「ひずみ現象」＝勤労者・地域住民の生存権、快適生活権の破壊現象――に起因したことを指摘した。この現代社会における社会法体系における労働法から社会保障法の分化現象は、労働法の対象を、広く階級的従属労働関係を前提として把える視点にたったとき、狭義の従属労働関係にある勤労者階級とこの社会的弱者層の創出母胎である地域住民階層も広く階級的従属関係に包含されること、加えていずれも生産過程ならびに消費過程の被収奪者として把えられる限りにおいては、労働法の純化現象と呼ぶことができる。したがって、ここでは、社会法体系の中において労働法と社会保障法とはつぎのような異同性をもつ(1)。

(1)　広義の、現代法体系中の社会法内部にあって、対象的には相互に重畳化しあうものを対象としつつ、しかも独立しあう部門にあって、いずれも憲法二五条（生存権保障）、憲法一三条（快適生活権）などの保障の実現を中心とし、古典的・抽象的な市民法体系に対して、現代的な特別法としての性格を内包する。

(2)　特別法といっても、労働法は、私的かつ公的な従属的労働関係――抽象的な階級的従属労働関係一般ではなく、具体的な従属労働関係――を対象として、憲法二七条の勤労権ならびに二八条の労働基本三権保障を軸に労使対抗関係（わが国では、企業内の対向関係にある）を場として、とりわけ労働組合運動を前提とした自主的・自律的な集団的労働関係を媒介として、自律的な労使関係秩序形成による労働諸条件決定を中心に、生産過程にある勤労者の生存権擁護を可能な限り実現することを予定する。これに対して、社会保障法は、憲法二五条の生存権擁護を主軸にして生産過程にある具体的従属労働関係にあると否とを問わず、また生産過程にあると、流通消費過程にあると否とを問わず、現代高度独占資本主義段階にあってその体制内の社会的諸価値によってその生存権ならびに快適生活権を脅かされている社会的弱者層である「生きている人間（Lebendige Menschen）」をもっぱら対象として、どのような生存権擁護の技術手段をとると否とを問わず――たとえば各種の社会的事故に対して、拠出給付による保険技術方式（健康保険、労災保険、失業保険、老齢年金保険など）をとると、無拠出の社会援護（扶助）方式（公的扶助、社会援護など）をとると――、国家行政権力が生存権擁護を軸に所得保障に加え、社会福祉サービス保障、さらに生活関連環境サービス保障実現のための給付行政をもって可能な限り実現をはかることを規制することにかかわる。この点では、社会保障法は、必然的に他律的性格をおびる。

(3)　労働法は、自主的・自律的な労働組合運動を媒介として、対向する企業あるいは使用者との関係でその生存権擁護を実現することにかかわりあいをもつ。これに対し、社会保障法は、他律的といえ、労働組合や市民運動あるいは社会保障施設従事者の運動をまた媒介とせざるをえないことはいうまでもなく、その法の行政運営がもっぱら国家行政権力に委ねられ、しかも専門的にして、複雑かつ技術的であるため、その生存権擁護の実現にはニュアンスが存するといってよい。

(4)　そして、労働法は具体的な従属労働関係を対象として、個別的労働関係、集団的労働関係のいずれの分野においても、生存権ならびに労働基本三権を主軸に、権利の体系化が実践の課題となっている。社会保障法も、その法の領域が広がることに対して、固有の法対象を確定することも必要であるが、それが流動的・弾力的なために、今日公的扶助（生活保護）、社会保険（医療、老齢、労災、失業など）、社会援護（社会扶助）（各種社会福祉サービスなどを含め）、さらに社会生活関連環境保全・整備（公衆衛生、公害、住宅、土地規制、その他）を対象に、生存権、快適生活権を軸に、その国民に対する権利実現のため手続的権利、その給付に伴う実体的権利、権利に対する争訟権の確立を前提とした権利の体系化が実践の課題となっている。とりわけ、この社会保障法の権利確定のためには、複雑多岐にして、かつ技術的、専門的な国家行政権力による行政——非民主的な中央集権的行政コントロールによる社会保障行政——に対し、絶対的な救済とはなりえないが、ときには社会保障行政行為に対して司法審査に訴えることも必要となることに注目したい(2)。

以上、労働法と社会保障法との異同性を指摘したのであるが、その異同性を前提にしつつも、「労働法から社会保障法へ」という法現象は、社会法内部における法の分化による純化現象とみることができ、この結果労働法と社会保障法とは並存しあって、社会的弱者層に対する現代社会における生存権擁護の法として機能しているといってよい。

ここで注意しなければならないのは「労働法から社会保障法へ」という法現象は、社会保障法という包括概念による労働法の包摂を意味するものではなく、とりわけ福祉国家機能を媒介にして対抗的関係を前提とする労働法の、一見階級的対抗関係を融解し中立を標榜する国家の給付行政を前提とする社会保障法への融合・解消を意味するものであってはならない、ということである。この点、資本制生産体制を前提とする現代高度資本主義法秩序の現代的基本的人権保障が、オール福祉指向の下で実現されると仮定することは不可能であり、とりわけ現代資本主義社会の生産優位原則のもとで労働力化しえない社会的に弱い人間を「棄民」化している現実をみてみれば——企業公害による人間性の否認、公的扶助層や精薄者、重心身障者の人間性否認、貧困農民の人間性否認——このことは如実といってよい。

現代社会法、とりわけ労働法も、社会保障法、さらに経済法も、独占・寡占、大企業体と、これと癒着している国家権力に対する生産過程の労働者、流通消費過程の市民の対抗力（拮抗力）（countervailing power）の結集による

「権利」のために闘いなしに——この闘いも現実的にして、長期的展望の上にたつ、現代社会の変貌に対応して、「下」からの先取りをこめた科学的にして具体的な政策に裏打ちされたもの——は支えられないし、すでに述べたようにそれだけに無原則の「労働法の社会保障法への融合」化には、労働組合運動の体質とも関連するが問題があるといってよい。ここに、権利としての労働法と社会保障法との現代法体系内部における存在構造があるとみられるし、とりわけ企業別労働組合運動の定着しているわが国の労使関係状況、これに対応する独占・寡占、大資本と国家権力との癒着をみる収奪状況を前提とするとき、相互の有機的な一体的な社会科学としての法学的研究がなされなければならない課題があると考える。とりわけ、現代法内部における社会保障法も、労働法も、その対象が広く、人間の生存権にかかわりあいをもつ「生活」に関係し、その担い手の権利意識と対抗的運動状況の欠如いかんによって、現代の管理国家状況のもとでの「近代的アメ」にも転化するし、あるいはその伸張によって「アメ」をこえた機能への媒介ともなるのは、すぐれて現代法内部の「社会法」の特色でもあるといってよい。

(1)　拙著『社会保障の法体系（上）』九二頁（著作集第一巻所収）、西原道雄編『社会保障法』三五頁、河野正輝「労働法と社会保障法の異質性と同質性」労働法学会誌一〇号二五頁以下参照。

(2)　この事例として、一、二あげるとつぎのごとくである。生活保護受給権に関する朝日生存権訴訟（第一審—東京地判昭三五・一〇・一九、第二審—東京高判昭三八・一一・四、第三審—最大判昭四二・五・二四）、藤木訴訟（東京地判昭四七・一二・二五、筆者注—第二次藤木訴訟（東京地判昭五四・四・一一）で、訴訟費用の生活保護扶助主張では原告敗訴）、健保法の継続的療養給付受給権に関する加藤悦夫事件（第一審—東京地判昭三七・四・二五、第二審—東京高判昭四二・九・八、第三審—最高裁一小判昭四九・五・三〇）、社会援護（社会扶助）分野の国年法の老齢福祉年金受給権に関する牧野事件（東京地判昭四三・七・一五）、国年法の障害福祉年金と児童扶養手当法の並給制限事件に関する堀木事件（神戸地判昭四七・九・二〇行集二三・八＝九・七一一、大阪高判昭五〇・一一・一〇行集二六・一〇＝

一一・一二六八、最大判昭五七・七・七民集三六・七・一二三五）ほか多数。なお、これらの判例については、西原道雄・佐藤進編『社会保障判例百選』（有斐閣）参照。

II　ＩＬＯにおける労働基本権思想とその内実化

はじめに

ＩＬＯ（国際労働機関）における労働基本権思想という課題は、ＩＬＯ成立とその後の史的発展に絡めて、ＩＬＯという国際的な公的機関の機能的性格を前提に、課題として与えられている「労働基本権」の思想の展開・発展に即して、その基本権の国際労働経済秩序における承認と、何らかの形でのその制度的な保障の追求ということを含めて考えなければならないと考える。

何れにしても、まずＩＬＯにおける「労働基本権」という権利が、どのような内容のものを意味するか[1]について、ＩＬＯ自身の三者構成という特殊な、国際的・公的な機関としての性格と、体制のいかんにかかわらずＩＬＯ加盟国における実定法体系に具体化された憲法条項や労働法、社会保障法の展開・発展状況に規定された国際労働法体系をもとに理解する必要がある[2]。

筆者は、わが国で理解されているように、憲法二八条の広義の団結権を中心的な「労働基本権」として把えることに賛意を表するが、ＩＬＯの労働基本権思想とその制度的保障化については、ＩＬＯの機能とその労働者の権利の拡充という点で、もう少し広く解して指摘したいと考える[3]。

（1）　労働基本権保障に関し、「権利」自身の基本的性格認識の仮説をもとに、その基本的人権について自然権的基本権と労働基本権との史的展開、さらに各国における実定法領域での法的効果を与える装置の違いを前提にして、「労働基本権」の意義を理解する分析手法をとられたのは有泉教授である（有泉亨「労働基本権の構造」東大社会科学研究所編『基本的人権5各論II』一五八頁以下）。この有泉分析手法は、ＩＬＯ加盟国の立法状況を前提に、ＩＬＯのような前記の特殊的公的機関における労働基本権の承認と、その国際的な規範化を試みてきているところでは、ことさら有用であると考える。

有泉教授は、基本的人権を社会科学的に研究する立場からは、実定法とくに憲法の規定にとらわれる必要はないとされつつも、しかしそれを手がかりにすることは共通の理解をもつとし、わが国の場合、憲法二八条の「広義の団結権」を中心的な基本権として措定される立場をとる。そして、労働権については、それについて、かなり条件を付したものであることを前提にして認められるように解される。

この点、憲法条項を前提に、生存権、労働権を含む場合に「生存権的基本権あるいは社会的基本権」とし、団結権が基本的人権たる性格を強調する場合に「労働基本権」という用語を用いられるのは沼田教授である（沼田稲次郎『労働基本権論』（勁草書房）二九頁以下）。

野村平爾教授は、「人間らしく生きること」―「働くこと」―「団結すること」の三つの要求を指摘される点で、「労働基本権」は並列して、生存権、労働権、団結権と解される（野村平爾『労働基本権の展開』（岩波書店）三頁以下）。片岡教授は、労働権および労働者の三権を「労働基本権」と呼び（片岡昇『労働法(1)』（有斐閣）八〇頁）、菊池勇夫教授も同様に解された（菊池勇夫『戦後労働法の二十年』（一粒社）五七頁以下）。

このほか、憲法学者として、中村睦男教授は、憲法二五条、二六条、二七条、二八条を広く「社会権」と把え、そして、二八条を「労働基本権」として用いられている（中村睦男『社会権法理の形成』（有斐閣）参照）。以上のように、わが国における「労働基本権」自体に関する概念の定義内容も、憲法規範との関係においてきわめて多様である。

（2）　ＩＬＯは、その加盟国の労働者の権利の保障について、いちおう憲法条項を中心とするといっても、憲法をもつ国ともたない国、さらに実定法による労働者の権利の保障とその実現の装置のちがいを認めざるをえない。とりわけ、自由権を軸にした市民法原則を軸に、必要な限りで立法によって修正する国（イギリスなど）、特別法で詳細に規定する国（アメリカなど）、わが国のように憲法で基本的条項をもち、詳細な立法をもつ国（日本など）、憲法で基本的条項をもち、法や協約で具体化する国（西ドイツ、フランスなど）などあり、このような中から「労働者の権利」、「労働基本権」をふくらませて、ＩＬＯ条約や、勧告などの国際規範化を試みており、わが国の学者の見解にみるほど明確ではないから、ＩＬＯの設定した条約・勧告、その他をもとに考えざるをえないことになろう。

(3)　ＩＬＯは、一九一九年第一次大戦終了に伴うヴェルサイユ条約第一三篇にもとづいて創設をみ、その後第二次大戦をへて今日にいたっているが、この一九七六年一月現在、採択された条約総数一四三、全条約批准数四一二六、ＩＬＯ加盟国は一九一九年当時三〇余ヵ国であったものも一三八ヵ国に増加し、その設立目的に照して活動機能も機能化し、かつ多面的に拡大化していること、その中でその労働者の権利の保障の体系化を拡大化しているとみたからである。

一　ＩＬＯの人権保障体系と労働基本権の生成・展開

ＩＬＯは、その創設前史を含め[1]、その成立以来、資本主義生産体制下の労使関係状況にもとづく国際的労働保護立法思想の普及・発展とその制度的保障の実現の歩みを進め、そして今日体制のいかんを問わず急速に変動しつつある国際労働経済社会を前提に、労働者の権利の国際化とその拡大化を図ってきた。

ＩＬＯ加盟国における人権保障の体系考察にあたって、その国の憲法規範が分析の主軸となることを重視するとき、ＩＬＯの場合においても、まずＩＬＯの根本規範としてその創設文書である一九一九年ヴェルサイユ条約「一三編」（国際労働機関憲章）と、その後これを再確認、継承したとみられる一九四四年「フィラデルフィア宣言」（国際労働機関の目的に関する宣言）、ＩＬＯ憲章前文、それにもとづく関連条約・勧告の内容を無視できない。

ただ、これらの公的な国際的文書の中に、「労働基本権」なる用語が使用されているわけではないので、考察の便宜上、広く人権という用語で表明されているものをまず中心に考察する。(2)

さてＩＬＯの基本的人権と労働基本権思想は、戦前、戦後を通じて、その国際労働機関憲章に表現されているものに、まずその具体化をみることができる。因みに、ヴェルサイユ条約「一三編」第二款一般原則四二七条を引用する。

「締約国ハ産業ニ従事スル賃金生活者ノ身体上、道徳上オヨビ智能上ノ福祉ハ最重要ナル国際事項ナリト認メ此ノ大ナル目的ノ為ココニ国際連盟ノ機関ト相俟チテ第一款ニ規定スル常設機関ヲ組織シタ。

（中略）

締約国ニオイテハ、右方法オヨビ原則中左ニ掲グルモノヲ以テ特別カツ緊急ノ必要アルモノト認ム。

一　労働ハ単ニ貨物又ハ商品ト認ムベキモノニ非ズトノ前記ノ基本原則

二　使用者又ハ被用者ガ一切ノ適法ナル目的ノタメ結社スルノ権利

三　其ノ時オヨビ其ノ国ニオイテ相当ト認メラルル生活程度ヲ維持スルニ足ル賃金ヲ被用者ニ支払ウベキコト

四　一日八時間又ハ一週四十八時間制ヲ実行スルニ至ラザル諸国ニオイテハ之ヲソノ到達ノ目標トシテ採用スベキコト

五　日曜日ヲ成ルベク包含シ二十四時間ヲ下ラザル毎週一回ノ休息ヲ与ウルノ制度ヲ採用スベキコト

六　児童労働ヲ廃止スベキコトオヨビ年少者ノ労働ニ対シソノ教育ヲ継続スルコトヲ得カツ身体ノ正当ナル発達ヲ確保スベキ制限ヲ設クベキコト

七　同一価値ノ労働ニ対シテハ男女同額ノ報酬ニ受クベキ原則

八　各国ガ其ノ法令ニヨリ定ムル労働条件ニ関スル標準ハ適法ニソノ国ニ居住スル一切ノ労働者ニ対スル衡平ナル経済上ノ待遇ヲ確保スベキコト

九　各国ハ被用者ノ保護ヲ目的トスル法令ヲ励行スルタメ監督ノ制度ヲ設ケ婦人ヲシテ之ニ参加セシムベキコト」

これらの原則は、労働非商品原則、結社の自由、適正賃金支払原則、一日八時間一週四八時間制、週休制、児童労働廃止原則、年少労働者保護原則、同一労働同一報酬原則、適正労働条件の法定原則、労働監督制度と婦人監督官参加原則などを定めている。これらの原則のうち、前述の労働基本権にかかわるものは、「結社の自由原則」であり、労働にかかわるものは児童労働廃止を含め、労働諸条件に関するものであるといってよい。これらの原則にみられる人権は、ＩＬＯ創設前史から始まってＩＬＯ創設にいたる国際労働立法運動、これを促した各国、国際的な労働運動の希求したものの結晶であったし、その一部は二国間あるいは多数国間条約において具体化をみていたものであった。

これらの諸原則にみられる人権は、「結社の自由」を始めとして、市民的自由、普遍的な人権を基礎に、具体的には労働者自体の社会的地位の改善に向けられた労働者権の保障、働くこと、すなわち労働力を売って対価として賃金を取得して生きざるをえない労働者、そしてその社会的地位の改善のために国家権力によって妨げられない結社＝労働組合を組織せざるをえない必然性を示していたのである。このような原則にみられる人権が、「特別カツ緊急ノ必要アルモノ」として、ＩＬＯに認められていたことに注目したいのである。それは、当時の与件状況を前提にして、今日いうごとく積極的な労働者人権としては十分成熟をみていないが、ＩＬＯ創設とそれにかかわる主要締盟国―わが国は別であったが―に展開をみつつある労働者保険、労働者の団結権保護にかかわる立法状況を前提に、第一次大戦とその終結を契機に、国際的労働経済社会における労働者保護の秩序形成とその「公序」を宣明したものにほかならないからである。第一次大戦にみる帝国主義再分割戦争の労働者・その家族に対する災厄の防止と労働者の地位の向上のためのこの権利宣言は、その労働者の基底的な生存権保障実現のための経験と、国際的ファシズムに対する国際民主主義の闘かいの中から生み出されたともみることができる。この経験は、第二次大戦とその後のILOの動向にも等しく反映する。この経験は、一九四四年の「フィラデルフィア宣言」とILO憲章前文に、より明確に再認識され、帝国主義の再分割とその支配のもとで、呻吟し、人間性をつねに否定された弱い労働者、その家族、人権を抑圧され、否認された人間のためにその権利を法的に保障することが社会主義と平和に資すること、そうすることが今日のILOの人権保障体系のそのもとでの労働基本権保障思想を成熟せしめていった。

「フィラデルフィア宣言」は、つぎのように、その原則を表明する。

「総会は、この機関の基礎となっている根本原則、特に次のことを再確認する。

(a)　労働は商品ではない。

(b)　表現及び結社の自由は、不断の進歩のために欠くことができない。

(c)　一部の貧困は、全体の繁栄にとって危険である。

(d)　欠乏に対する戦は、各国内における不屈の勇気をもって、且つ、労働者及び使用者の代表者が、政府の代表者と同等の地位において、一般の福祉を増進するために自由な討議及び民主的な決定にともに参加する継続的且つ協調的な国際的努力によって、遂行することを要する。」

「永続する平和は、社会正義を基礎としてのみ確立することができる」ことを前提に、「すべての人間は、人権、信条又は性にかかわりなく、自由及び尊厳並びに経済的保障及び機会均等の条件において物質的福祉及び精神的発展を追求する権利をもつ」ことを確認する（傍点筆者）。

これを承けて、ＩＬＯ憲章前文は、前記の社会主義にもとる広義の労働条件の存在を前提として、下記の労働者権の擁護を明確にする。「たとえば、一日及び一週の最長労働時間の設定を含む労働時間の規制、労働力供給の調整、失業の防止、妥当な生活賃金の支給、雇用から生ずる疾病・疾患・負傷に対する労働者の保護、児童・年少者・婦人の保護、老年及び廃疾に対する給付、自国以外の国において使用される場合における労働者の利益の保護、同一価値の労働に対する同一報酬の原則の承認、結社の自由の承認、職業的及び技術的教育組織並びに他の措置によって改善する」と。

このＩＬＯ憲章の中には、第一次大戦当時に比して、それ以降第二次大戦時にいたる間の国内、国外を問わず労働者人権の平等処遇、社会保障思想とそれにもとづく制度の展開などを反映した新しい動きとその息吹を見ることができるのである。

何れにしても、第二次大戦後のＩＬＯの基本的人権と労働基本権保障の思想は、前記の「フィラデルフィア宣言」を軸に、その展開・発展を示していることは事実である。そして、このＩＬＯの基本的人権と労働基本権保障――この保障は、国際的な法規範として、その実効性を確保するための国際条約・勧告の履行と確保のために、ＩＬＯ条約・勧告適用専門家委員会、ＩＬＯ理事会結社の自由委員会などの機関などの活動とも絡めて、その具体化がみられていることは周知の事実である――は、国連自体の人権保障(3)ならびに他の関係国際機関(4)の人権保障と関連して、その具体的拡大を示していることも注目に値いする。もちろん、この動きをおしすすめ、支えているのは、国際、国内のＩＬＯ加盟国の労働組合運動の組織力であるということはいうまでもない。

以上のような動きに関連し、権利の体系化ということではないにしても、その後のＩＬＯの公的文書によって、その第二次大戦後の基本的人権と労働基本権との関係をみるとき、前記の「フィラデルフィア宣言」において宣明された「自由（freedom）」「尊厳（dignity）」「経済的保障（economic security）」「機会均等（equality）」という四つのベースによって、労働者の権利の内容が分類されていることを知る[5]。

すなわち、自由には、「結社の自由」「労働の自由」、尊厳は、「適切な労働・生活諸条件享有の権利」、経済的保障には、「勤労（労働）権」「社会保障享有の権利」「最低所得享有権」、機会均等には「差別待遇禁止」「機会均等」が当てられていることをみるとき、ＩＬＯはつねに労働者の人権として、広く市民的自由と労働者の団結権とを、基本的、基礎的人権として総合的、包括的に把えることを知ることができるのである。

以上縷々と、ＩＬＯの創立前史をふまえつつ、ＩＬＯ創設とその後の労働基本権というよりは、労働者を中心とした基本的人権について労働者の生存を支える権利、それとかかわる労働基本権の思想の展開・発展についてふれてきた。ここにはＩＬＯの前事務総長モースの分類をかりれば、第一次大戦以降のＩＬＯの創成期（一九一九～一九二一）、苦難とその成功期（一九二二～一九三二）、疾風怒濤期（一九三二～一九三八）、怒濤とその乗りきり期（一九三九と一九四三）、そして第二次大戦後の新しき見通しの時期（一九四四～一九四八）、一九四八年以降の急速な世界変動のニーズへの対応期、さらに一九六〇年後半から現代にいたる新しいworld Community形成のための雇用計画を含む世界的計画による経済的・社会的進歩という時代のニーズに対応しつつ、社会主義と人類の平和に参与するために、労働者の自由と権利の展開・発展を求めた足跡をみることができるのである[6]。

ただ、ＩＬＯにおける基本的人権と、いわゆる労働基本権思想にみるその絡みあいは、つねに市民的自由をその基礎に、古典的な響きをもつ市民的自由と、現代の労働基本権とは排斥しあうものとしてよりも、相互補完的な関係を強く示している。この点は、わが国の法状況と労働基本権把握からみて極めて異質のようにみえる。これは、

ＩＬＯ八七号条約をとってみても、ひ弱な「結社の自由」を軸にしているごとくであるが、この条約を仔細にみるとき、その底にある思想は、私的所有権、資本の自由の強化保護を意味するものではなく、国家権力からの自由、その当事者の自主選択による結社と自由を意味していることを見るとき、その自由の意味が奈辺にあるか理解されえよう。この点、わが国の過去の歴史的な法状況とそれに対する発想として、個々人の結社意思自由そのものよりも、所与のものとして、団結が、集団人が先行されざるを得なかった状況も、日本的なのであり、ここからつねに結社する個人として自由がその対立概念において把えられざるをえなかった状況もその限りで理解できるのである。

今日ＩＬＯの基本的人権と労働基本権も、ＩＬＯ創設当時からの、ＩＬＯ加盟国の歴史的な立法状況が、つねに市民的自由とその保全強化のもとで、労働者の権利を拡大せしめていった状況を反映していたことが、「結社の自由」↔「団結の権利」ということで表現を見出している。しかし、前述のように、まさに労働者の権利、労働組合の権利擁護、保障を基軸に発展させている動向をすでに十分認めることができるのである。しかし、その底には、生存権主体である個々の労働者の真に権利意識、強固な団結選択自由を措定していることは否定しえないし、それを前提に集団における団結と個人との問題を提起しているとみてよいのである。

（1）この歩みについては、Follows, J. W. Antecedents of the International Labor Organization (1951), MORSE, Origin and Evolution of the I. L. O. (1969)、邦文文献として飼手信吾・戸田義雄『ＩＬＯ』、上杉捨彦「国際労働法史」（日本評論社・法学理論篇一〇六）など参照。

（2）後述のように、ＩＬＯは、第二次大戦後、とりわけ国連とＩＬＯとの協力関係において、国連の一九六八年国際人権年に対する協力にあわせ、"Human Rights"（人権）として、ＩＬＯ八七号（結社自由・団結権擁護条約）、ＩＬＯ九八号（団結権・団交権条約）、ＩＬＯ二九号（強制労働禁止条約）、ＩＬＯ一〇五号（強制労働禁止改正条約）、ＩＬ

〇一一号（結社権条約（農業））、ＩＬＯ一〇〇号（同一労働同一報酬条約）、ＩＬＯ一一一号（差別待遇禁止条約）の七条約を指定し、批准要請を行なったが、これは人権の中でも基本的なものの政策的選択といってよい。これと前後して、"Trade Union Rights and Their Relation to Civil Liberties" (Rep (vii) (1970)) などを、公的に用いた。この点からみるとき、わが国の労働法学者が、広く基本的人権（Human Right）と呼ぶものは、労働者にかかわる前述の批准要請の行なわれた人権を指し、この中で「労働基本権」というのは、この団結権などにかかわる「trade union right」さらに、市民権的自由というのが個々の人間にかかわる「civil liberty」というのに当るように思われる。

（3）国連の一九四八年「人権宣言」、一九六六年「経済的、社会的、文化的権利に関する国際規約」、一九六七年「婦人の差別撤廃宣言」など。

（4）一九五〇年Council of Europeによる「人権保護ヨーロッパ条約」その他。

（5）I.L.O., "THE I.L.O. AND HUMAN RIGHT", Report of the Director-General (Part 1), 1968.

（6）DAVID A MORES, The Origin and Evolution of the I.L.O. and Its Role in the World Community (1969) 参照。

二　ＩＬＯと「労働基本権」思想

ＩＬＯの「労働基本権」を、わが国の憲法二八条の、広義の団結権に近づいて使用すると、憲法にみられる完全な労働基本三権の一体的な保障（組合結成権、団体交渉権、団体行動権）は、ＩＬＯ条約・勧告などの国際的文書にはみられない。ただ、一貫してみられるものは、「結社の自由」の保障であり、前述のように一九一九年創設以来、ヴェルサイユ条約「第一三篇」の国際労働規約、その後一九三四年この規約の国際労働機関憲章としての独立、その後一九四四年第二六回ＩＬＯ総会において採択された「国際労働機関の目的に関する宣言（フィラデルフィア宣言）」に、この「結社の自由の原則の承認」の再確認をみる。「結社の自由」は、ＩＬＯ創設以来、今日までその人権保障体系において極めて重視されてきたことである。さて、ＩＬＯにおける労働基本権の重要な一つであるこの結社の自由↔団結の権利（組合結成の権利）自体は、ＩＬＯ八七号条約（「結社の自由、団結する権利の擁護に関する条約」一九四八年採択）に具体化され、それとコロラリーの団体交渉する権利自体についてはＩＬＯ九八号条約（「団結権および団体交渉権についての原則の適用に関する条約」一九四九年採択）によって具体化をみた。しかし、団体行動権、すなわちストライキ権に関しては、まだＩＬＯ条約として成文化はみていない。なおこの分野の研究に関しては、日本の研究成果は多大であることを指摘するにとどめ、文献の紹介は略しておく。

ストライキ権とその保障については、その自体を対象とした条約・勧告などの国際的文書は存しない。しかし、第二次大戦後の国際的、国内的の強力な労働組合運動の組織力を前提に、ＩＬＯは、労働者の基本権として、組合結成権、団体交渉権のコロラリーとして、団体行動権の存在とその行使の必然性について十分認識していた。ＩＬＯは、この点を認識していたからこそ、集団的労働関係制度の制度軸として、一方ＩＬＯ内部のストライキ権さえ承認できない加盟国の状況を認識した上で、直接的にストライキ権を承認する条約・勧告を採択しえないことから、ＩＬＯ八七号、九八号と関連して、ストライキ権の確認あるては事実的放任を前提にして、「労働協約勧告」（ＩＬＯ勧告九一号、一九五一年）、「任意調停・任意仲裁勧告」（ＩＬＯ勧告九二号、一九五一年）、「企業における労使協議勧告」（ＩＬＯ勧告九四号、一九五二年）、さらにＩＬＯ一〇五号条約（「強制労働禁止改正条約」一九五七年採択）などの関係条約・勧告をストライキ権行使にかかわらせて定めていたといってよい。

しかし、上記の事実に関連して、国連、ＩＬＯはいうまでもなく関係協力機関も、労働基本権に関する勧告を含め、ＩＬＯのストライキ権保障の方向を明らかにしている事実に注目しておきたい(1)。

今日的状況においてＩＬＯは、民間・公務・公共部門における労働基本三権保障について、条約・勧告などの国際的な文書の形をとると否とを問わず承認する方向を指向し、ことに前記の勧告などとの関連において、ストライキ権承認とその行使において、集団的労使関係のルールの形成とその履行とその後のストライキ権行使を提言していることを見落しえない(2)。

このような集団的労使関係のルール形成の国際的なＩＬＯの試みは、とりわけ一九六〇年から一九七〇年代にかけての国際的な技術革新と、その労使関係に及ぼすＩＬＯ加盟国内部状況を前に、労働基本三権保障思想を軸に、経営参加の思想を含めて一層促進していく(3)。

このような動向、すなわち第二次大戦後のＩＬＯの国際経済社会での秩序形成は、第一次大戦後のそれと若干異なり、体制のいかんを問わずＩＬＯにおける新興加盟国の加入に伴う国際的な技術援助による多角的な南北問題の解決を前提に、そのフィラデルフィア宣言にもとづく社会主義と平和の実現との関係で、普遍的な市民的自由と労働者の権利の保障の「場」づくりにあわせ、ことにストライキ権の保障とその制度的保障についても同様なことを意図しているのである。

以上の労働基本権思想とその制度的保障にみるＩＬＯの基本的人権保障は、前述したように、市民的自由（civil liberty）と労働組合権（trade union right）とを、つねに並立して強調している。そしてこの動向は、国連、ＩＬＯ加盟国にみる政治・社会的状況を前提にした普遍的人権宣言の具体化とみることができるが、極めて注目すべきことといってよい。ＩＬＯの場において、わが国の憲法二八条に規定する「労働基本権」保障が、国際文書として具体的形態をとるのは、第二次大戦以降のことに属するが、今日これと並行してつねに市民的自由も並立して注視されている。若干重要と考えられるので、この点について、ＩＬＯの労働基本権思想のコロラリーの問題として、一、二問題点につき言及する。(4)

第一の点は、ＩＬＯが、労働基本権のコロラリーとして市民的自由の問題を重視するのは、労働者の労働基本権、とりわけ組合結成権が市民的結社の自由を媒介として展開・発展をみた西欧諸国の歴史的な法的展開状況に固執したことによって主張されているわけではないことである。この点について、ＩＬＯがつぎのように指摘することからも明らかであろう。〝幾つかの国においては、法によって課せられている特別の制限――主に労働者団体に対する――が、団体権の自由な行使に対するきびしい障害をなしている。団体自身にとって、正当であるある種の行動形態も労働者やあるいはその団体に長い間否認された。今日その立場は、つぎの状況にある。労働組合の自由に対する数々の制限というものは、一般的意味あいにおいて、市民的自由が奪われている場合、たとえば一般的に結社の権利、集会の権利、思想・表現の自由、恣意的な逮捕・投獄・追放からの自由、独立かつ公正な裁判所の前で――有罪が明らかとなるまでは無実の推定を有し――公正かつ公開の審理をうける権利が奪われている場合などに、よりしばしば当面するのである。条約・勧告適用専門家委員会は、一九五九年に、結社の自由の行使は、「必然的に、一国の住民により享受される市民的・政治的自由の一般的な背後状況を反映する」ことを指摘し、「すべての国において、ひたすら基本的人権の尊重を確保することのできる法の支配（rule of Law）の擁護の重要性」を強調した〟と。(5)

ここで理解できることは、労働組合権（労働基本権）の有効な行使の基礎に、普遍的人権としての市民的自由の保護、積極的な国家権力による法的保護が保障されていなければならない、という普遍的命題が存在することである。この点に関し、さらに、ＩＬＯは労働組合権（労働基本権）にかかわる市民的自由の諸基準は、㈠積極的な結社自由の行使の保障基準（集会、結社、思想、表現、流動の自由）㈡恣意的な国家権力の介入に対する保障基準（恣意的な逮捕、拘禁、追放からの自由、公正な裁判の権利、刑罰法規の遡及的適用からの自由、非人間的な国家権力の処遇からの自由、人格保全の権利、プライバシーの恣意的な介入からの自由など）㈢例外的情況のもとで、一時的な制限が市民的自由に加えられる際のその範囲ならびに条件に関する基準、の三つに分類している。(6)

このような市民的自由は、すでに指摘したような国連の人権宣言、国際規約などで具体化されていることに対応し、ＩＬＯは労働基本権保障との関連において、これらの市民的自由の保障――とりわけ国家権力の介入からの自由、労働基本権侵害からの自由――を基礎に、労働者としての市民の人権として、重視していたとみることができるのである。

ことに、わが国の場合においても、日本的労使関係状況を前提に、労働組合の組合活動と政治活動との間の不明確なデマケーション、さらに政治スト現象などにみる法理の展開が、憲法二八条と憲法二一条との並立による労働基本権と市民的自由との擁護を中心にみられる。ＩＬＯにおいても、広くこのことを重視し、労働基本権擁護の基礎に市民的自由の擁護があることを深く認識しており、一方この区分の至難なことをも認識していることから、市民的自由の重視と労働組合権とのかかわりを指摘したといってよい。

第二に、ＩＬＯが、労働基本権と市民的自由との関係を論ずるのは、今日の労働組合運動状況における個々の勤労者（権利主体）の権利と集団としての労働者（場合によっては使用者）団体自体に関するその保護の位置づけといってよい。すなわち、市民的自由は、本質的には個人的なものであるが、団体の利益との関係で、その権利行使によって団結が組織される場合、その集団的利益と個人的利益との相互的関係の問題をも内包する。(7)

このような団結組織と個々の組合員との関係においても、前述の労働基本権と市民的自由との問題が発生することは、労働組合運動が強力になればなるほど、その組合内民主主義貫徹の問題と絡んで、第一の点で論じたような国家（使用者）の労働基本権、市民的自由の侵害あるいは類似の問題を生み出すことは必然的である。このことは一般論として、組合内部の問題に属し、国家法が関与しない、国家権力が関与しないということを仮定しえない。とすると、このような場合に、第一の点で論ぜられたような形で、国家法が市民的自由の保障の問題として同一平面上の問題としてかかわりうるか、という問題が提起される。この点に関し、ＩＬＯは、「表現の自由」が、労働組合の生命であり、血であると指摘し、労働組合の日常活動の中で、組合と組合員の表現の自由の享有を強調する。しかしこの場合、組合の自由と組合員の自由について、国家法のそれにかかわる点を問題にするが、必ずしも内部問題におけるその両者の関係を明示するわけではない。(8)

これに類することは、組合内部における各個人の自由の行使と組合組織との権限との関係で起るが、これらの点に関しＩＬＯの公的報告は十分言及しない。この点については、ＩＬＯは、組合内部の関係当事者間の自由問題以前の問題として、まず国家権力や使用者との関係において、労働基本権、市民的自由の保障の具体的制度化こそがその先決であるということから問題に取り組み、ついでこのルールに即してその内部問題を民主主義原理に即して考えうる、としているからにほかならないからであろうか。

（1）　国連一九六六年「経済的、社会的、文化的権利に関する国際規約」八条(d)項は、同盟罷業権を承認し、ＩＬＯ・ＵＮＥＳＣＯ一九六六年「教員の地位勧告」、一九七三年ＩＬＯ・ＷＨＯ「看護職員に関する合同会議結論」なども、ストライキ権保障を明らかにしている。さらに、ＩＬＯ公務員合同会議における公務部門でのストライキ保障とその関係制度の整備も同様で、ストライキ権保障を制約されている部門へのストライキ権保障が指向されている。なお、関連して、ＩＬＯ理事会結社自由委員会も、団結権侵害提訴事案への「所見」において、ストライキ権保障を前提に、その紛争の平和的処理制度の有効な活用を指摘してきていることは周知の事実である。

（2） I.L.O., Governing Body, REPORT OF THE DIRECTOR-GENERAL First Supplementary Report (1969) —Comparative Analysis of Int'l Covenants on Human Rights and Int'l Labor Conventions and Recommendations—, pp. 23～28.

（3） 労働者の経営参加、とりわけ産業的、全国的規模の労使協議制度として、「産業的・全国的規模における公の機関と使用者団体、労働者団体との間の協議、協力に関する勧告」（ＩＬＯ一一三号勧告、一九六〇年採択）、「企業内の労使間のコミュニケーションに関する勧告」（ＩＬＯ一二九号勧告、一九六七年採択）、「企業内苦情審理に関する勧告」（ＩＬＯ一三〇号勧告、一九六七年採択）、「企業内の労働者代表に与えられる保護と便宜に関する条約」（ＩＬＯ一三五号条約、一九七一年採択および勧告一四三号（一九七一））など参照。

（4） この労働組合権と市民的自由との関係については、すでに、ＩＬＯ理事会結社自由委員会への幾多の団結権侵害提訴事案でも指摘されてきている。

（5） I.L.O., "THE I.L.O. AND HUMAN RIGHTS" (Report of the Director-General (part 1) (1968), p. 36.

（6） I.L.O., Trade Union Rights and Their Relation to Civil Liberties (Rep. vii) (1969), p. 8.

（7） I.L.O., Trade Union Rights and Their Relation to Civil Liberties, p. 40.

（8） I.L.O., op. cit., pp. 43～44.

三 ＩＬＯと「労働権」思想

すでに指摘したところであるが、わが国における「労働基本権」の通説的理解によってみても、労働基本権を憲法二八条に限定する立場とあわせ、憲法二七条の「労働権」を含めて理解する立場もみられている。

ＩＬＯは、すでにみたようにその労働者の人権として、「労働権」(right to work)、「労働の自由」(freedom of labor)

を重視してきた。すなわち、フィラデルフィア宣言で指摘された「物質的進歩」と「精神的発展」の追求は、ＩＬＯとともにＩＬＯ加盟国——いかなる生産体制をとろうとも——の目的であり、このためにＩＬＯの行動手段として、すでにのべたように、労働者の「自由」、「尊厳」、「経済的安定」、「機会均等」の条件の創出のための国際的努力を可能な限り注いできた。ただしかし、ＩＬＯは、労働者に対して失業の脅威を与えないことの必要性、重大性をみてとってはいても、ＩＬＯ自体の直接行動の外にある加盟国を含めて、国際的な「失業」現象規制に対してはともかく、この現象の原因究明とそれに対する対応の国際的模索のためのアプローチに腐心してきた。とりわけ、第一次大戦後の経験、世界的大不況の経験、さらに第二次大戦後の戦後資本主義の再編にともなう資本主義生産体制下の「失業」に対し、ＩＬＯは、社会保障制度の問題にあわせ、「完全雇傭」のための戦いをいかにして組織するか、を課題とすることになる。(1)

ことに第二次大戦後の経済復興と技術革新にともなう合理化政策に対処するため、かつ労働の自由を空文化させないために、その不断の進歩は、「雇用選択の自由の権利」に結実させ、国家は、「自由に選択された生産的、完全雇傭を促進する積極的政策」をとるよう、一九六四年「雇用政策条約」（ＩＬＯ条約一二二号および勧告一二二号）さらに一九七五年「人的資源開発における職業指導および職業訓練に関する条約」（ＩＬＯ一四二号）（勧告一五〇号）などを生み出し、また一九七六年六月の世界雇用会議にみる国際的な雇用政策創造への歩み出しは、そこに限界があるにせよ注目すべきことであった。すでにＩＬＯは、戦後再建課題として、その国際的な社会政策の一環である「雇用保障」実現のための軸として、一九四四年「職業安定組織勧告」（ＩＬＯ七二号勧告）、「戦時より平和への過渡期における雇用組織勧告」（ＩＬＯ七一号勧告）を採択していたが、ＩＬＯにおいても、わが国においても労働の自由は、職業選択自由などを内包した積極的な労働権として十分意識されたものではなかった。(2)

今日、高度経済成長政策から低経済成長減速政策への軌道修正に伴い、わが国においても「雇用選択の自由」との関係における労働権保障を、現段階の国家独占資本主義の国家における労働権と団結権との関係で把え直す議論が展開をみている(3)。

何れにせよ、ＩＬＯは、古典的な「労働の自由」の意味した人身拘束的な強制労働の廃止（一九三〇年「強制労働禁止条約」、ＩＬＯ二九号）、さらに現代社会において新しい型の「強制労働」のあらゆるものを廃止することを意図した一九五七年「強制労働禁止（改訂）条約」（ＩＬＯ一〇五号条約）にあわせて、ＩＬＯのその機能における限界を前提としつつも「完全雇用」と「経済開発」と「人権としての人間労働の尊重」とを結合する「雇用選択の自由」へとたかめられる人的資源開発への行動において、開発途上国、既開発国家を含め、新しい国際的な雇用政策(4)および関連政策(5)を採用する、否採用せざるをえなくなったとみる。

このようなＩＬＯ労働権思想とその具体化においてみられる雇用選択の自由は、必然的に自由な労働市場における労使の結びつきを一歩進め、積極的な国家の雇用サービス体制と失業保障制度の整備と解雇権の自由の抑止＝解雇保護、そして社会保障権にもとづいた体制の整備を前提せざるをえないことを意味するといってよいのである。ＩＬＯの前総長モース氏が、前記の一九六四年の雇用政策条約・勧告の採択を契機に、「世界雇用計画が、ＩＬＯの全く新しい出発である(6)」と述べたことは、前述の意味において注目したい。しかも国際的な南北問題に直面し、ＩＬＯはフィラデルフィア宣言に則り、「いずれかの国が人道的な労働条件を採用しないことは、自国における労働条件の改善を希望する他の国の障害となる」というＩＬＯ憲章前文に即し、世界雇用計画が現代国際社会における人権問題として労働権、強制労働からの自由、雇用の機会平等思想を把えていることに注目すべきであろう。

このことは、人間の尊厳の実現と結びつき、そのために社会制度の発展すなわち団結権の擁護、労働・生活条件の改善と結びついているのである。そして、このＩＬＯの労働思想と雇用計画は、わが国を含めＩＬＯ加盟国の問題であり、とりわけわが国のような経済発展国家の国際的協力の問題としても提示されているといってよいのである。

（1）B.I.T. "TRENTE ANS DE COMBAT POUR LA JUSTICE SOCIALE（『社会正義のための三十年の闘い』（国際労働局日本駐在員事務所編訳）（昭二六）、六三〜六五頁。

（2）沼田稲次郎『社会法理論の総括』（勁草書房）三三頁。

（3）沼田稲次郎・前掲書三七頁以下、松林和夫「雇用保障法制の理論課題」日本労働法学会・学会誌労働法四五号所収参照。

（4）一九四九年「職業指導勧告」（ＩＬＯ八七号勧告）、一九六二年「職業訓練勧告」（ＩＬＯ一一七号勧告）などに加えて、一九五五年「身障者の職業更生に関する勧告」（ＩＬＯ九九号勧告）、さらに一九六四年「雇用政策条約」（ＩＬＯ一二二号条約およびＩＬＯ一二二号勧告）を採用した。この雇用政策に関する条約・勧告については、森永健二「ＩＬＯにおける労働権と雇用保障」法律時報昭四九・一〇の詳細な論稿がある（なお、前記一九七五年採択の移民労働者「人的資源開発」条約、勧告など参照）。

（5）関連政策として、「各種差別待遇禁止条約」（ＩＬＯ一一一号条約）および一九六三年「使用者の発意による雇用終了に関する勧告」（ＩＬＯ一一九号勧告）など採択。またＩＬＯにおいて失業に関する条約（ＩＬＯ二号条約、一九一九年）、ＩＬＯ一〇二号条約をこえた失業保障の新しい型の採択が検討されていることは、一九七五年社会保障専門家委員会の討議からも理解される。

（6）DAVID A MORSE, The Origin and Evolution of the I.L.O. and Its Role in the World Community, 参照。

むすび

以上、ＩＬＯの「労働基本権」を対象に、労働基本権と、そして市民的自由との関連、さらに労働権を中心にその歴史的な思想的展開・発展を概念してきた。しかし、このＩＬＯの労働基本権思想を前提にして、わが国のＩＬＯとのかかわりの状況をみるとき、今日の日本は、政府・労使当事者を含めＩＬＯの世界的雇用計画、基本的人権保障の国際的制度化などの国際的な社会政策の動向からみて、どのようなかかわりあいをしたか強く反省を迫られているのである。なるほど、一九七六年現在ＩＬＯへのわが国の財政寄与度は、今日世界第三位の状況にある。しかし、そのＩＬＯの国際的な労働基本権保障を前提にした国際的社会政策の担い手として、わが国は余りに弱い地位にある状況を改めてかいま見ることができるのである。このことは、日本的労使関係状況、日本的な労働、社会保障政策とその立法状況という基礎的事実にもとづいた、その日本的なイデオロギー状況を示すものにほかならないし、ＩＬＯの思想に即した脱皮とともに国際的な担い手への歩みが、名実ともに迫られていることを指摘しておきたい。

III　ＩＬＯ一〇二号条約の思想とその意義

はじめに

これまで、ＩＬＯといえば日本の場合には、ＩＬＯ八七号条約（団結権擁護に関する条約）、ＩＬＯ九八号条約（団交権の原則に関する条約）あるいはＩＬＯ一〇五号条約（強制労働禁止に関する条約）など、労使関係の条約に振り回され、これですべてが完結をしているような印象があった。しかし、昭和五一年三月、政府のＩＬＯ一〇二号条約（社会保障の最低基準に関する条約）の批准という事実はともかく、ＩＬＯの社会保障思想の普及とそれに伴う制度成熟化その他に果たした、ＩＬＯ一〇二号条約の役割りは非常に重要なものがみられた。

これに絡めて、わが国において、日本ＩＬＯ協会は、早くからＩＬＯ一〇二号条約を含めて、この条約の検討研究をすすめて来たことは、いまさら筆者が説明するまでもない。

そして、ＩＬＯ一〇二号条約に関する研究も、これまでかなりの数に達してきた。その端緒的なものの一つは、日本ＩＬＯ協会北海道地方本部「社会保障とＩＬＯの最低基準について」（末高信教授口述（昭二九・七））ついで平田富太郎『社会保障研究』（日本評論社、昭三三）所収の第四章（国際社会保障の基準）、その後、ＩＬＯ東京支局調査部長高橋武氏（現在北九州大学法学部教授）の「ＩＬＯの社会保障条約とわが国の批准に関する研究」（別冊「資金と社会保障」昭三五・三・一一）、そして昭和四〇年から約二年一〇ヵ月の間、日本ＩＬＯ協会の「世界の労働」誌に載せられた研究、後にそれは同氏の『国際社会保障法の研究』（至文堂）に結実をみた。

このようにＩＬＯ一〇二号条約を中心に、社会保障に関する条約研究については、当初わが国の社会保障関係法制との対比――批准を含めて――を中心にした研究がみられ、その後日本政府のＩＬＯ条約批准の動きを反映し、条約と日本の社会保障法制の比較研究が現われてきた。(1)

そこで、前述の研究をふまえて、筆者は、ＩＬＯ一〇二号条約の検討の視点につき、この「社会保障の最低基準」条約の持つ思想的というべきか、哲学的というべきか、その底にあるものの意味を中心にして、このＩＬＯ一〇二号条約の解説を試みたいと考える。とりわけ社会保障の最低基準という一〇二号条約採択後に、ＩＬＯの社会保障政策が、国際労働政策あるいは国際的社会政策との関係でどういう動きを示したか、ついでこの一〇二号条約の日本政府の批准に伴い、日本の社会保障法制と、その法および行政体系が一体どのようになっていくべきか、あわせて言及する予定である。

(1) そのうち幾つかのものを紹介しておく。佐藤進「ＩＬＯ条約・勧告と日本の社会保障制度の現状と問題点」健康保険昭四九・八、横尾和子「ＩＬＯ一〇二号条約覚書」社会保障旬報昭五一・二・一一日号、その他ＩＬＯ一〇二号条約の各論的分析が幾つかなされている。

一　ＩＬＯ一〇二号条約採択の前後の状況

ＩＬＯ一〇二号条約（社会保障の最低基準条約）は、一九五二年に採択されたが、非常に膨大な条約でその内容については後述するが、この条約は、一九五二年に唐突に採択されたものではない。それは、ＩＬＯが一九一九年に創設されてから、ＩＬＯは、各種の勤労者対象保険の条約を数多く採択する。そして、この数多くのＩＬＯ社会保険関係条約（医療、失業、老齢、労働災害など）の採択に伴い、今日的表現を使用すれば、それらの条約はいずれも、給付と拠出という保険技術を採用した勤労者対象の保険制度を軸に制度的展開をおしすすめる誘因を形成した。

現実に当時の制度の動向を見るとき、一九三五年アメリカ社会保障法、一九三八年ニュージーランド社会保障法や、イギリスのビバリッジの一九四二年社会保障に関する報告、そういう制度的動向の中に散見されたことは、必ずしも保険技術を用いなくとも、勤労者の生活問題について対処する技術が、医療の給付面、所得保障面あるいは家族手当などの社会扶助面に生まれてきたこと、それから「社会保障」という思想の展開であった。この動きをいち早く見てとったのが、ＩＬＯで、これは「Approaches to Social Security」（社会保障への接近）（一九四二年）という公刊研究で分析された(1)。

戦前のＩＬＯの社会保険関係条約は、勤労者を対象にした、いわゆるビスマルクの勤労者対象の保険技術をもとに展開をみたものであるから、それらの条約の何れもが、保険技術を中心に、条約による制度の拡散化、国際化をおしすすめていくという発想が出ざるをえない。しかし、必ずしもそうでない仕組みによって、勤労者の生活保障を考えるというプランが現われてくることになると、保険技術を軸にすえた従来の条約による制度規制では間に合わなくなってくる。ＩＬＯは、前述のようにこの問題をいち早く見てとった。この点について、ＩＬＯは、新しい実験ということで、保険技術にあわせてＩＬＯ条約の射程の中ではこれまで十分とり上げられなかった、今日の生活保護法＝公的扶助法と言われるものとの間に、ニュージーランドなどで見られた国家の費用を使用し、勤労保険とは異なり、一方資力調査を伴い、いろいろ受給者に権利面で問題のある、既存の公的扶助より近代的な改善を、人権保障に即して実現している「社会扶助」（Social Assistance）の形成という仕組みを見てとったことから、それらを含んだ制度に対して、新しい器を用意せざるを得なくなる。

その新しい器の見て取りと、同時に第二次世界大戦終結に伴う、ＩＬＯの、筆者なりの言葉を用いれば、ＩＬＯの手による国際労働経済秩序＝国際的な公序形成のための構想へのこの取り組みとそのための取り組みが、一九四一年の大西洋憲章（Atlantic Charter）、一九四四年のフィラデルフィア宣言、あるいは今日のＩＬＯ憲章の前文などの新しい人権保障条項をもとに開始されることになる。当時、芽を出しつつあった社会保障の思想の展開に伴い前述の新しいＩＬＯの器の形成を、底から支えていく思想的なものの形成とあわせて、新しい社会保障政策、あるいは労働経済秩序の再建構想が具体化されることになる。

これを具体化したものが、一九四四年のＩＬＯ「所得保障勧告」（ＩＬＯ勧告六七号）、同じく一九四四年の医療サービスに関する分野の「医療サービス勧告」（ＩＬＯ勧告六九号）、加えて当時あまり重視されなかったが、筆者は非常に大切なＩＬＯの国際社会政策形成の土台をなしていると考えてきた、同じく一九四四年の「職業サービスに関する勧告」（ＩＬＯ勧告七二号）が、一連のＩＬＯの国際社会政策具体化の方策として生み出されてきた。

この新しい器を図式的に整理してみると、戦後の勤労者、あるいは家族の生活再建の問題を考える重要な政策として、「所得保障政策」、「医療サービス政策」、「完全雇用政策」という三つの柱を軸にした戦後の再建構想が出てきたと筆者は見る。このような一九四四年の各々の勧告のうち、所得と医療をベースに、九つの社会的事故に対し、包括的かつ最低限の社会保障の実現ということを、条約の形で打ち出したものが、ＩＬＯ一〇二号条約ということになると考える。

（1）　社会保障研究編『社会保障への途』（社会保障研究所）参照。

二　ＩＬＯ一〇二号条約の意味とその内容

この一〇二号に具体化された条約内容は、まさに条約の名称が示すように、最低基準に関する条約である。したがって社会保障という名称をとりながら、その保障の間取りも、どちらかといえば勤務者やその家族の人間生活を脅かす、最低の、緊急な社会的事故を内容として持っているというふうに考えることもできるといってよい。さて、ここで一言言及する必要のあることは、この条約が採択される過程では、ＩＬＯ事務局は別に最高基準をも設定しており、通常、これを二重基準といい、何れにせよ最低と最高の基準を設定し、ＩＬＯ加盟の各国政府に、ＩＬＯの考えている構想はこうだということを提案した。しかし当時、第二次大戦後の再建が、戦勝国、戦敗国を含めてなされている過程において、余りに高い条約基準を出しても、なかなか受け入れられないだろうということから、結局、条約採択がなされたときには、最低基準、後述の最低基準が条約基準になってしまったといういきさつがあることは忘れてはならない。

この点、当時の状況とすれば、やむを得なかったのであろうが、その後このＩＬＯ一〇二号条約において漏れた最高基準が、ＩＬＯ一〇二号条約採択後、各種のその個別の条約に具体化を見ていったと考えれば、ＩＬＯの考えていた一連の政策は、そこに一貫して反映をしているとみられるのである。

筆者は、冒頭、これまでの研究を辿って、その思想的な面を軸にすることを指摘したが、このＩＬＯ一〇二号社会保障条約がきわめて技術的な性格を持っているということを否定するものではない。むしろ、この技術的な面はいうまでもないが、とりわけこの条約に意味があるとすれば、国際的な社会保障思想ともいうべき、ＩＬＯが従来考えてきた、体制のいかんを問わず、社会正義を実現するために、国際経済社会の秩序づけのためには、社会保障思想、人間の生存の権利を実現する思想を、軸にすえなければいけないという考えに注目したい。

ただ、そうはいっても、社会保障＝人権思想を、理念として掲げるだけでは、各国政府の施策、あるいは行政の指針にはなり得ないということから、今日的な表現を借りれば、最低基準のために軽量化モデルを使わざるを得ないということで、前述の思想の上に、技術的な意味での軽量化モデルによって国際的な社会保障の指標の最低基準の確立を具体化したのが、このＩＬＯ一〇二号条約の基本的な点ではないかと考えている。それと同時に、ＩＬＯ一〇二号条約は、国際的文書として社会保障の権利を、制度的に国際社会において定着を促していく、その土台になったと考えている。

以下この一〇二号を簡単に紹介する。ＩＬＯ一〇二号条約は、社会的事故として——この事故は、保険事故という意味ではなく、すなわち戦前のＩＬＯ保険関係条約の改正と絡めてみると、そこでの保険事故という言葉としては適切ではなく、むしろ人間が「生まれてから死ぬまで」の間において人間がこうむる、そして人間の生活を不安におとしいれるであろうと言われる社会的な事故、情況を幾つか定義する。その定義をした事故に対し、保険制度を含めて幾つかの技術的な制度をこれに対応させて、その事故から守る、そしてそのための最低基準を実現することによって、勤労者並びにその家族の生活を、生存権を維持しようとする試みがなされた。

(1)　本条約の定める対象

そこでこの一〇二号条約は、どのような社会的事故を挙げているかというと、第一に医療給付（第二部）について定める。これについては、事故の制度的対応として、「医療サービス給付」ということで挙げておいた方がいいかもしれない。

第二に「疾病給付」(第三部) がある。この疾病給付は、疾病にかかった場合の「所得保障」にかかわる制度である。前述の医療に関するものは、現物給付であろうと、医療費償還であろうと、いずれの形をとろうと、ともかく医療のサービス給付にかかわっている。この疾病給付は、疾病にかかって休業した者に対して所得保障をすることにかかわる。

第三に「失業」(第四部) があり、これは失業に対し支給される所得保障である。

第四に、「老齢給付」(第五部)。人間は老齢となることから、そのときに稼働能力がなくなるか、あるいは減退するということに対して、所得保障をする。

第五に、「労働災害——業務災害給付」(第六部)がある。これは、今日の業務上の労災に対し、所得および医療補償給付をいう。

第六に「家族給付」(第七部) がある。これは、主として子供を持ち、子供に対する扶養義務のある者に対して、児童手当と呼ぼうが、家族手当と呼ぼうが、所得給付をする。

第七に「母性給付」(第八部) がある。これは、妊娠、分娩、それに起因する所得喪失に対し医療、所得保障をする。

第八に、被業務災害をはじめとして、先天的、後天的な障害に対して「障害給付」(第九部) をする。これは、障害保障ということになる。

第九に、主たる働き手が、何らかの事故によって死亡した場合に、残された遺族に対する生活保障、これに対する制度的保障である「遺族給付」(第一〇部) がある。

以上の九つの「社会的事故」とそれに対する給付が、この一〇二号の実体的規定と言うべきもので、これらが、その中心規定と考えられる。

(2)　人的範囲と資格要件

この一〇二号で取り上げられている社会的事故は、今日的な表現を使用すれば、きわめて古典的な、根源的な事故と考えてよい。医療給付、疾病給付、失業給付、老齢給付、業務災害給付、家族給付、母性出産給付、障害給付、遺族給付この九つの事故に、今日、勤労者およびその家族の生活事故はとどまらないことを考えればよい。

何れにせよこれらの九つの事故に対し、所得保障、あるいは医療現物、もしくは療養費償還払いによる医療給付を行なうことによって、その貧困防止に対応するという構図が示されている。このほか、条約は、一つ一つの事故に対し、少なくとも、最低の強制的な人的適用範囲の問題をまず定める。たとえば、被用者については何%、あるいは全住民を単位にした場合、その双方を含む場合に何%という人的適用範囲の、いわば最低適用基準を示している。

それに加え、受給資格要件について、従来の戦前の社会保険関係条約より一歩進め、受給資格要件の緩和を前提に前述の九つの事故に対して、かなり緩めた受給資格要件、最低受給資格要件を定めている。

さらに社会的な事故に対し、最低給付水準を、医療並びに所得に関して、この九つの部門について定めている。前述したが、最低と最高の二つの基準を提示し、結果として最低の基準になったわけであるが、その所得、医療サービスの最低基準が定められている。

いかなる算定の物差しを用いるかということについて詳細に長期的給付の年金、あるいは短期的給付の医療疾病の際の現金給付について条約は定めている。一例を指摘すると、疾病の場合に、妻及び二子を有する男子を基準に、その所得（ここでも所定基準を示す）の一〇〇分の四五支給とか、老齢給付の場合に、年金受給年齢層が妻を有する男子の場合に、一〇〇分の四〇の支給とか、最低の支給基準が定められている。

さらに、受益者の受給権の保護に関して、共通規定ともいうべき、条約の第一三部においてこれを定め、苦情申し立て並びに司法機関で争う権利を保障し、さらに行政運営への参加権、さらに財源拠出に対する配慮など、すべて詳細に規定されている。

このほか重要なことは、この社会保障最低基準の条約上の給付については、内・外人均等待遇に関する定めがある。要するに、内・外人ともに、差別なしに、受益権については均等に人権保障に即して処遇をする旨定めている。

(3) 条約採択当時の背景

さて、ＩＬＯ加盟国――体制のいかんを問わず――といっても、社会保障にかかわるその労使関係法、あるいは社会保障法は異なり、社会保障の最低基準に関するこのＩＬＯ一〇二号条約は、わが国をとって見ても、労働法の体系に属する失業保険、これを所管別にみれば労働省所管の失業保険、今日で言う雇用保険、あるいは労災保険のように、労働法でいわばまかなわれる部分、厚生省所管の医療・年金関係保険がある。そして、いずれの国でも、歴史的な流れとのかかわりで、これを見ると、その複雑な法体系でＩＬＯのこの社会保障の最低基準の制度的実現がなされていると考えられる。しかしその法制が異なるにせよ、国際的な共通事故に対し、その最低保障について、遵守基準を設定する。

とりわけ、この条約で重要な点は、一九五二年という時期を考えにいれ、一九五二年をみるとき、わが国でもようやく戦後復興が行なわれた時期で、それほど社会保障の体系的整備が十分なされているわけではない。いわんや、この条約のモデルを提供していると考えられているイギリスにしても、ニュージーランドにせよ、フランス、西ドイツその他の西欧諸国にしても、前述の最高基準のところまでいっているかどうか疑問があり、最低はともかくとして、社会保障思想に基づいて、その制度内容をいかにして実現するかというのは、模索段階にあったといってよい。

それに加え、ＩＬＯ加盟国は、体制のいかんを問わず増加する。とりわけ戦後に、かつて植民地と言われた国々が独立して発展途上の国ということで加盟する。ＩＬＯに加盟をしても、このＩＬＯ一〇二号条約と社会保障思想の普及展開に伴う制度的な保障は、必然的であるということがわかっていても、行政、財源面で社会保障制度は財源を必要とするし、専門的行政技術も必要であること、条約制定、条約批准により、その内容がすべて各国家で具体化されるということは至難であった。

これらの与件を考慮にいれると前述の最高基準を設定しても容易ではなく、さらに最低の基準を九部門について全部満さなければ批准ができないということになると、条約をつくった意味がなくなる。何故なら、条約は、少なくとも勧告と違って、義務創設文書といわれ、しかるべき機関、わが国の場合には国会に付託して批准を義務づける。そして、その義務づけられたものを国内法化するということを通じて、いわば国際秩序のルールを具体化して、これを守ってもらうという趣旨が生かされないと意味がなくなることから、条約の批准については、きわめてゆるい条件をつくり、その批准を促進した。

(4)　批准を容易にする弾力的条件

その条件は何かといえば、前述の九つの社会的事故に関する部門のうち、とりわけ失業、老齢、業務災害、廃疾(障害)、遺族という社会的事故について、このうちの一つの部門は、絶対的必要批准条件とし、これを含めて、あと残りの家族給付、母性、疾病、医療、この四つの社会的事故の残りを任意に批准をすればいいことにした。批准のための事故の選び方は幾つかある。たとえば、一つの部門、前述の五部門について、場合によってはこの強制的批准条件部門を全部批准をすることができるし、このうちの一部門のみ選択し、あとの残りは、医療、疾病、家族手当、出産の中から二つ選んでもいいが、いずれにしても三つの部門を充足することによって批准を可能にするという方法を創出した。これこそ、弾力的な批准手続条件の創設ということで、条約批准促進のためのＩＬＯの発明ともいうべき苦心の産物といってよい。

執筆時、九部門全部を批准している国は、ベルギー、西ドイツ、ルクセンブルグなどであり、八部門批准国はギリシア、オランダ、七部門批准国がメキシコ、ユーゴなどで、六部門批准国がイギリス、ノルウェーなどである。

一番確実で批准の容易なのは、三部門批准であり、わが国は疾病、失業、労災、老齢の四部門の批准を行なった。このわが国の四部門批准については、周知のごとく失業と労災と疾病、老齢の際の所得保障給付の四部門であり、何れも「所得保障」にかかわっている。筆者は、実際には五部門、前述の失業、労災、疾病、老齢の所得保障給付に加えて「医療給付」を公衆衛生制度その他制度的連結をした上で、条件づきということで、大体五部門はパスできるのではないか、とも考える。日本政府は、最も安全な道、非難を受けない、同時に将来の課題ということを含めた上で、四部門の批准を果たし、一九五二年採択の、この一〇二号条約の仲間入りをしたといってよい。

三　ＩＬＯ一〇二号条約採択とその後のＩＬＯの動向

つぎに社会保障の最低基準に関するこの一〇二号条約が採択された後、一体どういう国際社会保障政策がとられたかということを振り返ってみよう。条約面では、ＩＬＯの一〇二号条約の最低基準に対し、前述の高度基準――これは条約採択の際には落ちたが――、この高度基準へのＩＬＯのアスピレイションが非常に強く働き、その後人的適用範囲、給付水準、内容、支給期間、受給要件その他をもっと緩め、かつ給付水準を高めた条約の採択をみる。

一九五二年のＩＬＯ一〇三号条約（母性保護に関する条約）、一九六二年のＩＬＯ一一八号条約（内・外人均等待遇に関する条約）、その後一九六四年のＩＬＯ一二一号条約（職業労働災害給付に関する条約）――これは昭和四八年の労災保険法その他改正の動因になった通勤途上災害を、労災保障の事故として含むか、あるいは他の制度によって同じ給付水準のものを導入するかということで、制度の指針を示した条約――、さらに、一九六七年のＩＬＯ一二八号条約（老齢、障害、遺族給付改訂条約）、一九六九年にはＩＬＯ一三〇号条約（医療の給付に関する条約）がこれである。

これらは、ＩＬＯ一〇二号条約の改定ではなく、戦前の社会保険関係条約の改定という形をとりながら、実は、一〇二号条約を、総論的な、古典的な社会的事故に対する、いわば最低給付水準を定めた条約として、これとむしろ並列して、各個別の労災、老齢、障害、遺族、医療、母性保護などについて漸進的に高い基準を設定するということを試みている。

失業給付については一九七五年一一月から一二月にかけての、ＩＬＯ社会保障専門家委員会で採り上げられ、わが国でも、昭和四九年雇用保険法が成立し、失業給付（現金給付）と雇用促進サービスを含むサービス給付との一体化がすすめられた。これは、ＩＬＯがかねがね考えていたサービスと所得保障とを一体化するという発想の具体化であると考えられるが、今後どう失業給付面で具体化するか、今後の改定にまたれるであろう。

家族給付の問題についても同じことが起こってくるかもしれない。筆者は、前述したようにＩＬＯ一〇二号条約をこのような技術面のみで理解すべきではないという発想を提起した。繰り返しになるが、この一〇二号条約の発想は、社会保障思想の展開発展に絡み、その後、一九六一年のＩＬＯ一一五号勧告（労働者の住宅に関する勧告）、一九七四年のＩＬＯ一四〇号条約（有給教育休暇に関する条約）などの採択を見るとき、ＩＬＯの国際的社会保障政策は、労働者の福祉、あるいは、もっと時代に即応するような形で教育を重視する、そして雇用安定と絡んでいるとみる。筆者自身、社会保障の体系化について、いろいろ法律学の体系化という面、あるいは古典的な社会保障の概念の面で批判を受けているイギリス的な発想やＩＬＯの考え方などを導入して、法体系化を考えていることからそう感ずるのかもしれない。

(1)　雇用政策とのかかわり

冒頭指摘したように、一九四四年に、ＩＬＯの戦後社会の再建に関するフィラデルフィア宣言、あるいはＩＬＯ憲章に基づく、基本的人権の尊重ということに絡め、それを具体化するような形で、前述の「所得保障勧告」「医療サービス勧告」「雇用サービス勧告」などを軸に、その基本的なものがＩＬＯ一〇二号に具体化されたことを理解できる。

ＩＬＯ一〇二号とかかわりあいをもつ、問題の雇用面はどうするかということが疑問になる。この点、ＩＬＯの元総長デイヴィッド・モースの悲願としていたことであるが、ＩＬＯの雇用政策を考えないと、ＩＬＯの国際的社会政策、社会保障政策を理解することができないのではないかと考える。これは世界どこでもそうであるが、社会保障が、そのまま社会保障制度だけで一人歩きできるものではない。体制のいかんを問わず社会保障制度を維持するためには、やはり一国、さらに国際社会における生産性が高められ、同時にそれに対応して、一国さらに国際的な完全雇用政策が軸にならざるを得ない。これは、イギリスのビバリッジが早くから指摘していたことである。すなわち今日南北問題その他を考えるとき、デイヴィッド・モースの表現を使えば、ＩＬＯはWorld Community Programsの作成・実現ということを考え、World Employment Policyの作成・実現を考えたということであろう。コミュニティという言葉は、日本の福祉などでは、「地域福祉」などと結びついて使われているが、戦後再建をへて、さらに新しい秩序づくりという意味で、ワールド・コミュニティを使用したと思うが、このワールド・コミュニティ――協調的な世界社会、世界連帯社会の実現、フィラデルフィア宣言のいうような、体制のいかんを問わず世界連帯社会という発想――をＩＬＯは社会主義国、資本主義国、それも高度、あるいは発展途上の社会主義、資本主義国を加えて、そこで打って一丸とした新しい国際労働経済秩序の秩序づけを実現するわけで、そういう意味でコミュニティという言葉が使われたと考える。

いずれにせよ、今日的な南北問題、その他の問題を考えるとき、雇用問題、それも一国の中での完全雇用ということのみならず、国際的な完全雇用政策の実現というものに、非常にウェートをかけざるをえなくなる。これは、最近のＩＬＯの雇用問題に対する重視、かなり国際的なPerspectives（展望、見通し）を前提にした政策を考えているということで、一九六四年のＩＬＯ一二二号条約（雇用政策に関する条約）の採択、さらに、一九七五年のＩＬＯ一四二号条約「人的資源開発における職業指導、職業訓練に関する条約」採択のいかんを問わず、それを前提にした雇用に関する政策が具体化をみている。

筆者なりにこういう点を見るとき、いずれにせよ、一〇二号の描いた円というものは、非常に大きい広がりを示しているというふうに理解できよう。

同時に、一〇二号条約の採択に伴い、具体的に、たとえばヨーロッパ諸国、EC諸国を軸に、ヨーロッパ社会憲章にみる社会保障権の重視、一九六七年の国連の社会的、文化的な人権規約の採択にみる社会保障権の重視、少し前後するが、一九五三年ウィーンでの世界労連社会保障憲章の採択も、これに大きくかかわっているといってよい。この憲章は、ILO条約が、ある意味で母体になっているといってよく、一九五二年の一〇二号条約をより進めた形で採択をみる。その後EC諸国、ラテン・アメリカ諸国、あるいは北欧四カ国その他の諸国で二国間、多国間の社会保障条約が次々と制定をみて、実際に前述の内・外人均等待遇条約に加えて、具体的にその考え方を実現した。

いずれにせよ、ILOの一〇二号条約についてその内包する面について指摘した。

(2) 社会保障についての微妙な差

ILOの社会保障の最低基準に含まれている――私は古典的事故、基礎的事故といったが――ILOの社会保障の社会的事故と、日本の社会保障制度との間取りとの間には、かなりニュアンスがある。日本の場合、社会保障概念は、むしろ広い意味でその間取りを見ると、憲法二五条の二項で定められている社会保障――いわば狭い意味での所得保障―社会福祉サービス、公衆衛生――予防を含めて医療サービスや社会生活関連環境整備サービスといわれるものを含む――など考えられるが、ILO一〇二号条約は、必ずしも前述の日本の社会保障制度、憲法二五条二項でいう全制度が盛り込まれているようには見えない。

それは、ILOの性格といってもよいが、勤労者対象の社会保険を軸に勤労者並びに扶養家族の基礎的な社会的事故に取り組んだということが、前述の九部門の最低基準条約になったとみてよい。

ILOの社会保障の最低基準に関するものには、今日わが国で社会福祉サービスといわれるもの、たとえば児童福祉とか、老人福祉とか、母子福祉とか、身障者福祉、精神薄弱者福祉などといわれるようなものは、ここには盛られてはいない。さらに、公衆衛生といわれる、全国民大衆の疾病予防的な意味の公衆衛生、公害などを含む生活環境保全といわれるようなものは、部分的には医療給付サービスなどにはかかわるが、必ずしも対象にしていない。

加えて、所得保障の実現には、今日二つの制度、あるいは三つの制度があるといわれる。一つは、所得保障の最低限維持、これは救貧的施策として、生活保護制度がある。

つぎに、防貧的といわれる施策として、勤労者並びに地域住民対象の社会保険制度がある。それから、前述したILOが第三の領域と呼んだ社会援護、社会扶助、これは公費負担であるが、公的扶助と異って受給資格要件を緩やかにして、所得、現物、あるいは医療サービスその他を受けることのできるもので、このようなものがある。保険でない家族手当などでは、社会扶助と言われるものに入れられよう。

公的扶助は、ILO一〇二号条約には、含まれていない。

ただ、公的扶助に関するものや社会福祉に関する考えは、まるっきりなかったわけではない。それは、前述の一九四四年「所得保障勧告」の中に、サービスに関するもの、あるいは公的扶助に関するものが若干入っていた。すなわち、「強制保険制度の適用されない窮乏に対しては、社会扶助によりこれを充足しなければならない。ある種の者、特に被扶養者たる子女及び貧困な障害者、老齢者及び寡婦は、所定の表に従い、合理的な率において手当を受ける権利を有しなければならない」こと、「各場合の必要に適合する社会扶助は、窮乏に悩むその他の者に、これを講じなければならない」ということで、社会保険とは違う制度であることを指摘していた。

これを読むときに、ＩＬＯはその規制の射程の中に新しい形での、生活保護の場合には資力調査をし、被扶養者調査など、かなり厳格な要件充足を前提にして、生活保護を適用する。しかしＩＬＯの考えている社会扶助は、国はお金を出す、しかし公的扶助のように、厳格な、プライバシーを侵害するような形の生活保護の方式ではなくて、緩やかな法律で条件を定め、それに適合すれば、自動的に給付をする制度、これが社会扶助であったが、この考え方が一九四四年勧告の中に入っている。ただし、一〇二号条約の場合には、このところまでは射程の中には入れなかった。これは、当時のＩＬＯ一〇二号条約の純化という意味では、その方がよかったのかもしれない。そういう点で、わが国の社会保障法体系とＩＬＯ一〇二号の社会保障体系との間には、若干ずれがあるということに注意すべきであろう。

(3)　高度成長とそれ以後の課題

この一〇二号条約が採択された当時においては、その後高度経済成長政策に伴って起きてくる、いわば公害問題その他は、この一〇二号の社会的事故その他の問題としては、全然採り上げられていないことは当然であろう。おそらく、今日、ＩＬＯの社会保障部の専門家たちの中には、この中にこれらの社会的事故を入れて良いかどうかは別にして、今日の公害問題、その他を含める問題、あるいは住宅問題は、おそらくほかのセクションとの絡み合いもあり、その射程の中に入れざるをえないのではなかろうか。何れにしても、以上一〇二号条約採択以降の、ＩＬＯを含め国際社会での反響といってよい問題を指摘した。

そして、そのことが、今日世界各国で社会保障法という名前をとるかどうかは別にして、包括的な社会保障の権利を前提として、それを実体的に加え、内・外人均等待遇、社会保障の最低基準あるいはそれ以上のものに即して、制度化が行なわれているものも事実である。ことに、注目すべきことは、EC諸国、北欧諸国をはじめとして、すでにILOの一〇二号条約の基準は、はるかにその水準が超されてしまっている。さらに一歩進めて言えば、前述のILO一二一号、ILO一二八号、それからILO一三〇号条約の水準さえも抜いている国もみられる。

四　ILO一〇二号条約とわが国の社会保障法制の課題

わが国の条約批准に伴う問題について一べつするが、わが国は、関係法で、このILO一〇二号条約基準を、人的適用範囲、給付資格、あるいは給付期間その他の面で、最低を、確実に満たしているといわれる「労災、失業、老齢年金、疾病休業中の所得給付（疾病）」の四部門を軸に批准した。このことについては、筆者は当り前といえばいえるのかもしれないが非常によかったと考えている。そうみた場合、残っている問題が奈辺にあるのか。

一九五二年にこの条約が採択された後、このILO一〇二号条約に、一体各国の関係法制度がどの程度適合しているかということについて、ILOはILO条約・勧告適用専門家委員会報告書を提出した(1)。

これをみるとき、当時すでに、日本の場合適合が指摘されていたのは批准した「疾病給付」、疾病の折り、六割の所得保障をするという疾病給付に関する部分、失業給付部分が、ほぼ適合することが指摘された。疑念が表明されていたのは、老齢給付の問題、労災給付――当時の労災――であった。「家族給付」については、当時制度がなかったので、全然問題にならなかった。「母性給付」については、問題が出されていなかった。「障害給付」「遺族給付」に関する部分について、とりわけ給付率について、もっと詳細な報告が必要とされるという表現の形で、当時制度が十分成熟をしていないこともあった点でやむを得なかったかもしれないが、以上の指摘がなされていた。

年金給付については、障害や遺族のところは、ＩＬＯ一二八号条約があったにしても、給付水準は、昭和四八年以降、勤労者の平均所得の六割給付の思想が入り、同時に国民年金にもそれと同じようなリンクをさせたものを導入したということからいえば、老齢に関するものは「所得」の意義とその取り方いかんの問題、何をもって平均的労働者の賃金と言うか、その辺の問題はあるにしても、一応条約の条件は、人的その他の面で、ほぼ満たしているのではなかろうかという気がする。

遺族その他についても筆者は、それほど問題があるとは思えない。障害についても、障害年金の受給資格その他のところなどを配慮すれば、それほど問題はないのではないか。ただ、通常の年金、労災事故にみる欧米諸国の遺族補償あるいは障害補償といわれるものと比較すると、老齢年金の水準を引き上げる動向にあわせ、遺族給付はこれを土台に高いところでは、八〇％その他を支給をする。

それから障害年金、とりわけ業務上災害その他の障害年金の場合には、重度廃疾障害その他については、通常の年金の一〇〇％を超えて、さらに常時介護手当その他を入れると一五〇％以上に及ぶものもみられている。何れにせよ条約水準は満たし、すでにアヘッドしている国がたくさんみられるということを指摘しておきたい。

ただ、家族手当になると、第三子というところで月額定額三千円（現行法では五千円に改訂）、そうすると、これは所得の取り方いかんに抵触の問題が出てくる。ＩＬＯ一〇二号の基準は五％であるから、たとえば平均所得が十万円の場合だと五千円ということで、給付水準が、第三子の場合果たしていいかどうか、またその支給水準がいいか、なお問題がある。にもかかわらず、社会保障の制度的機能を十分果たしていないということで、児童手当制度の財源面からの見直しがいま行なわれていることを考えるとき、そう簡単にこの制度を廃止されては困るといってよい。

手直しをするというのは、どういう手直しをするのか、筆者にはわからないが、見直しをするとすれば、欧米のような形での受給対象の拡大、給付内容改善、受給資格の緩和などの面で見直しをすべきであろう。

さいごに一番困るのは、「医療給付」にかかわる問題であろう。条約が、今日厳格な意味での予防的給付と治療的給付、それからリハビリテーション医療と言われるようなものを、包括的に、とりわけ一三〇号勧告に即して——非常にその基準は高い——、包括的な医療給付の問題が、しかもWHOの「健康」概念を軸にして提起されているということになると、わが国の医療制度が抱えている問題は非常に多い。所得に関する問題は問題ないとして、医療サービスの問題は非常にきびしい。善意で見ても、予防にかかわる公衆衛生関係制度、各種公費負担医療たとえば児童福祉に関するものとか、母子保健に関するもの、身障者、精薄者にかかわるもの、老人医療に関するもの、さらに各種の保険医療などを、全部連結させれば、必ずしも不適合と言い切ることもできない面がありはしないか。いずれにしても、医療の抱えている日本の問題は、かなりあるということである。

さらに出産自身が、わが国の場合には、社会的保険事故の対象にならない。わが国の場合には、出産費保障という形で問題を処理しているが、出産費保障と出産そのものを医療給付の対象にするということとは、おのずからこれは性格が違うということで、これは極めて問題である。

ただし、労働省所管の労働保険に関するものは余り問題がないが、厚生省所管の医療にかかわるものが、非常に問題が多い。また家族給付に関する問題が若干ある。

（1）この報告書は、国立国会図書館『社会保障の最低基準』（昭四〇・二）として訳出されている。

むすび

このＩＬＯ一〇二号条約を、改めて、今日見直してみて、冒頭指摘したように人権としての社会保障の思想、それに裏打ちされた社会保障の権利、その権利を実現する社会保障制度の体系的整備とは、一体どういうことを意味するのか。それとかかわって、関連的な制度――前述のＩＬＯの動向を見るとき、たとえば労働権と結びついた完全雇用の施策、さらには教育、住宅などの労働者福祉――これらのものは必ずしもＩＬＯの社会保障部の所管ではないにせよ、他のセクションとの活動とからんで国際的な社会政策の施策として、具体化をみつつある。そういうグローバルな施策の展開過程から見るとき、このＩＬＯ一〇二号条約は、前述したようにただ単に技術的な面での最低基準を計量化して表現したものにとどまり、それ以上に、その基礎にある「生まれてから死ぬまで」の各種の社会的事故について、それに対する最低基準を、当時は一九五二年であったが、当時の社会的事故を前提として設定したこと、そして今日それを引き伸ばしてみるとき「豊かな社会」になった状態を仮定し、そのふくらみというものは、医療、所得、雇用、さらには住宅、教育、福祉サービスと言われるような、かなり広い、国際的な社会保障政策とその体系化への息吹が見てとれる。

このことは、日本の場合、憲法二五条、あるいは憲法一三条のいう快適生活権保障、憲法一四条の普遍的平等保障といわれるようなものが、抽象的であるが、かなり今日重視をされているということ、そこでこのＩＬＯ一〇二号条約批准を通して、日本の制度が「生まれてから死ぬまで」とりわけ古典的な社会的事故に対してさえ、一体対応しているのか、さらにこういう制度的対応ができる、できないということは、現代労使関係のみならず、現代家族の生活安定を通して、責任のある勤労者国民をつくり出すもとになっていくのではないか、大いに検討反省することが大切といってよい。

ＩＬＯ一〇二号条約を通して、ＩＬＯが考えていたことは、無責任社会の噴出ではなくて、そのような制度を媒介として総合的な施策を通すことによって、一国の経済的発展、同時にそのことが国際的発展に寄与することができるという思想を内包していたのであり、とりわけここに思いを込めていたのではなかろうか。

第二編　現代法体系下の社会保障法学の位置と法理

I　現代法体系下の社会保障法学の位置づけ

一　社会保障法という用語の登場

一般に、現代高度独占主義段階にあって、古典的な市民法とは区別される意味での現代法体系下の社会保障法は、民法や商法のように必ずしも統一的な法典を形成しているわけではない。また、社会保障法という用語が法律用語として登場してきたのは、第二次大戦後のことであり、わが国の六法全書においてその名称が登場をみたのは昭和四〇年代のことである。

さて、このような歴史の浅い社会保障法が、社会保障関係実定法の総合的な名称として、法的に認識されるにいたるのは、現行日本国憲法二五条の生存権保障を導きの糸として、展開し普及してきた戦後の現代法体系における社会法の中に組織づけられている労働法あるいは経済法とは重畳しつつも、戦後の社会保障制度の展開・普及にともなって、それが独自の法対象、法領域を切り開き、体系化を試みざるをえなくなった法的な必然性に起因するものとみてよい。

なお、このいわゆる社会法自体は、後述のように戦前・戦後を問わず資本主義体制下の抽象的・古典的な市民法体系にある、私法ならびに公法秩序を修正すべく登場してきたことも否定できない。そこで、この社会法とその体系中の社会保障法、および今日なお公・私法とかかわりあいをもつ社会保障法について問題点を指摘したい。

二　社会法の概念と社会保障法

(1) 自由放任原理の破綻と市民法修正原理としての社会法の生起

現代資本主義社会の内部における社会・経済体制的な諸矛盾は、資本制生産社会における予定調和的な経済的均衡とレッセ・フェール（自由放任）にもとづきその発展を規定した古典的・抽象的な市民法の三大原理（法的人格の平等性、私有財産＝私的所有権尊重、契約自由＝私的自治）を前提に、その私生活は生活個人責任原則によって支えられるという法的事実を著しく形骸化していった。このことは、今日の労働関係をみても容易に理解できるが、個別的な労働者と使用者の関係も抽象的かつ法的には平等な関係であるが、実際には社会的にみてその力関係は著しく不平等である。また、その結果がいかなるものとなるかについても、失業現象の発生などを見れば明らかである。

かくして、市民法自体がまさに抽象的・古典的なものへ転化し、ここに資本制生産社会内部における諸矛盾との関係において生起する階級的諸矛盾に対処し、この抽象的平等に対して実質的に平等と自由を実現するため少数者の、しかも社会的強者の自由放任によるその社会的弊害を抑止し、可能なかぎり多数の、しかも体制の被害者たる社会的弱者層の生存を可能にする法の創生が個別的労働法その他を通じて必然的となってくる。しかし、このような条件のもとで創生される法――社会法――は、決して社会主義社会秩序形成の法ではなく、とりわけ現代資本国家における抽象的・古典的な自由国家的権利（自由権）に対して、いわゆる社会国家的権利（社会権）との共存を前提に、現代資本主義経済と照応する法秩序内部の法であり、抽象的・古典的な市民法秩序の補強的性格を内包しているといってよい。それは、現代社会における市民法とその市民法の貫徹に対して内在的な批判として登場したにせよ、この市民法秩序を根底から崩壊しせめるものではなく、市民法内部の特別的な法として存在するにとどまるものといってよい。

(2)　社会法の意味と社会法の領域にあるもの

このような社会法の生成・展開の過程をみるとき、一般的にその生成当初においては、市民社会において法的人格を否認されるような階層はともかくとして、まさに資本制生産過程にある社会的弱者層としての労働者の地位改善のために国家権力による私的な労働契約関係への介入による、自由放任の修正という形で具体化をみたことから、社会法＝労働法自体として把握されたこともあった。しかし、今日では、社会法をいかに定義するかについて必ずしも統一した見解があるわけではない。あえて定義すれば、現代高度独占資本制法秩序において、憲法二五条の生存権、一三条の幸福追求権保障を軸に、憲法一四条の人間平等原理のもとでの現代社会における生活関連環境の中で、快適にしてしかも幸福な生活を営むため、その実現を目的とする現代法体系中のこれらに関する法の総称といってよい。

この観点からみるとき、今日、社会法は、かつて社会法と同視された労働法――この労働法の法体系も、今日個別的労働関係法と集団的労働関係法とに大別される――と、これと重畳化しながらも独自の存在を主張しつつある社会保障法と、さらに市民社会の流通消費過程にある社会的弱者層の保護を対象とする経済法とをその領域に含ませているとみてよい。この法体系中、社会保障法は、独占資本主義段階において社会的弱者としてその階級的な具体性を承認された労働者階級のみならず、労働者階級以外の地域住民などの社会的弱者に対し、その生活諸事故に対し生存権確保のため、その生活援助のための国家の措置による国民扶養化を意図する法の体系を総称する。しかし、ここにどのような法が含まれるか、その対象＝体系化については説が岐れている。

三　社会法体系中における社会保障法と労働法との異同

労働法と社会保障法との異同性

すでにみたように、もっとも近接している労働法と社会保障法とは、勤労者対象保険などの分野をみるとき、その対象はかなり重なりあっている。しかし、社会保障法は、今日その時代の流れといわゆる社会的必要(social needs)充足のための流動的な社会保障への要求に関連して、その取り組む領域は、労働法に対比して、量的にも、また質的にも変化しつつある。それは、公・私法の融合現象としてもみられている社会法の一分肢であり、一部の論者を除いて労働法学の部門においても、公法部門、私法部門からも独立の法域として承認され、一応現代法体系の中でその定着を認められつつあるものと考えられる。両者のあいだには、つぎのような異同を指摘できる。

(ア)　この両法は、一般的には広義の社会法の相互に独立しある部門にあり、いずれも憲法二五条の生存権や憲法一三条の幸福追求権(快適生活権)、憲法一四条の普遍的平等保障の実現を中心とし、古典的・抽象的な市民法体系に対して（とりわけ私法体系）、現代的な特別法としての性格を内包する。

(イ)　特別法といっても労働法は、私的かつ公的な従属的労働関係を対象として、その労使対抗関係——個別的あるいは集団的な——を場として、とりわけ自主的・自律的な集団的労働関係を媒介にして自律的な秩序形成を通じて、生存権擁護を実現するということを予定する。これに対して、社会保障法は、生産過程を中心として従属労働関係にあると否とを問わず、また生産・流通過程にあると否とを問わず、現代社会にあってその生存権を脅かされている具体的な社会的弱者階層、体制内部の被害者層である生ける人間を対象として、どのような生存権擁護の技術・手段をとると否とを問わず——拠出・給付の保険技術方式をとると、無拠出の社会援護（扶助）方式をとるとを問わず——国家の責任によって、かつ国家的必要行政水準設定により、現金や医療を含む包括的な非現金＝社会福祉サービスなどの給付を中心に国民的扶養、社会的扶養を軸にして生存権擁護を実現するという点できわめて他律的性格をもっている。これに対し、労働法は、自主的な労働組合運動を媒体としつつ、対使用者との関係でその生存権擁護を図るものであり、また社会保障法においても労働組合や市民の運動を含め広く運動を媒体とするとはいえ、社会保障法の場合、国家との関係でその法の目的別の構成関係法の複雑な性格によって、その生存権擁護の実現にはニュアンスがあることは否定できない。

(ウ)　特別法といっても、いずれも従来は社会行政の対象にあったといえ、労働法は従属労使関係を対象とした労働力取引という、私法的領域に密着するのに比し、社会保障法は、私生活責任原則を社会的扶養という点で修正し国家を援護責任主体とする点において——公的扶助法、社会保険法、社会援護（社会扶助）法、さらに社会関連環境整備に関する法とその行政において——公法的領域のそれも非権力的な役務行政の領域に密着している。しかし、労働法の場合には独自の法理論が自主的・自律的に形成されるのに対比し、社会保障法は社会保障の法制度を構成する各関係法の法規制と法律関係およびその権利実現の実質面では、生存権保障との関連において、責任主体が国家であることと、したがって公法的領域のいける法理がなじみやすいという性格をもつ。しかし、この領域にあるものは、国家（権力行使主体）と国民という関係における形式的・古典的、また公権的規制に服せしめるよりも、その実体的関係から判断して、統一的な法概念ならびにそれに対応した法規制の設定の困難なことにも関連し、公・私法の融合・接近化現象の中でその法律関係を判断する以外にない領域にある。

四　労働法は社会保障法に融合されるか

以上、労働法と社会保障法とは、生存権擁護という点で融合接近化する面もあり、かつ、その法対象領域——とりわけ社会保険の分野など——が重畳する部面もあるが、社会保障法は独自に存在していないと解することも、無原則に労働法と社会保障法とが融合し、社会保障法は労働法を融合するとする見解にも賛成しえない。なぜなら、社会保障に関する法がたんに生存権保障を目的として、その実現のための技術的なものの総体として処理されてきたところに問題があり、現代法体系の中で、それが社会法というイデオロギー的な性格をもつ法の内部にあり、生存権保障という目的に対応して現代の福祉国家機能とか社会国家的機能と絡みあって必然化されてきただけに、ことさら今日その位置づけを考えなければならない問題を負っているといってよいからである。

五　私法と社会保障法との関係

現代法の内部において、独自の法的位置を占めつつある社会保障法は、前に説明したようにわが国においては、今日まだ統一的な法典を形成しているわけではない。社会保障法の前史とその後の歴史的発展をみれば理解できるように、現代の社会保障法を構成する各種の関連法をみるとき、今日なお、多くの法の分野とのかかわりあい、なかんずく、私法秩序内部の多くの法とかかわりあいをもっていることが知られる。

(1)　公的扶助法（現行生活保護法）における国家による要生活保護者に対する現金・現物あるいは各種のサービスの無償給付という現象をみるとき、民法上の贈与契約による給付に類似し、民法における私的扶養責任の修正原理としての国家の公的・社会的扶養を前提として登場した点に注目すれば、こらは民法の親族・相続関係の特別法として性格づけえよう。そして、公的扶助の法原則は、私的扶養責任の補足という点で、今日なおこの領域と密着し、かかわりあいをもっているとみてよく、今後現代社会における「家族」と「人間」の生活に対して民法上の家族法の変容と社会保障法による「家族」、「人間」の生活保障とがどのように絡むべきかなお一層今後の研究に値する問題を多くもっている。

(2)　社会保険法（勤労者対象、地域住民対象とを問わず）は、生活危険の分散と共同分損化という点で発展し、私保険技術にみられる拠出＝給付原理を援用しつつあり、商法体系中の私保険法における保険契約（付従契約）規制に類似しており、今日私保険の社会保険化、社会保険の私保険化現象に注目するとき、その保険当事者関係は、国家による強制加入方式によることから公法上の当事者関係が擬せられ、権利実現は公法上の規制による給付とその行政救済に服す法の仕組みがとられている。

しかし、社会保険法の法関係は、私法の「付従契約」的性格をおびるものとして把えられつつあり、この面に即して権利の迅速かつ適切な実現が公法的にも望まれている。なお、労災保険などの分野では定型的な損害補塡の性格をもつことから、必ずしも生存権保障に即した「社会的責任」を担っていないという点で、民法の「不法行為」とも連結し、ここから今日社会保険と民法の「不法行為法」との限界づけや調整についても今後なお多く検討すべき問題をもっている。

(3)　社会援護（社会扶助、社会福祉）法は、公的扶助法と社会保険法との交配現象によって生み出されたみてよく、ここでは第一に述べた法の交錯があるし、また従来展開されてきた消極的な国家による権利実現の方法についても、権利性の面から、また公法上の権利救済の実現の面で検討すべき問題が多くあることは否定できない（ことに各種社会福祉関係法の分野）。

(4)　生存権・生活権に関する社会生活関連環境整備に属する分野、とりわけ都市生活環境・住宅分野・公害分野などでは、私法領域にある契約法、不法行為法など、さらに公法上の諸規制と多くかかわりをもつ。ことに、公害法分野は、私法関係とその救済と同時に公害が人間生活・生存に深くかかわりあいをもつことから、公害規制として社会保障法の領域からも社会保障的視点から公法的救済手段が講ぜられているが、これによって公害の私害的責任を免れさせるものではなく、その関係など検討に値する問題を多くもつ。

いずれにせよ、すでにのべたように、現代社会に生じた社会的危険に起因する損害の公平な分担という視点で不法行為制度の展開・発展が、社会保障法における社会保険法ならびに社会関連環境整備などの法分野に深い影響を与えた。今日、過失責任主義また危険責任・報償責任の観念を基礎とする無過失責任主義がかなり広範に採用され、さらに社会的責任論という点で、社会的に弱い階層である被災者へのより完全な補償の視点から法技術的にも、不法行為法と社会保険法その他の法とは、相互的に深いかかわりあいをもって発展し、影響を与えていることは注目すべきである。

六　公法＝行政法（給付行政）と社会保障法との関係

今日の社会保障法の法領域にある行政分野は、従来いわゆる消極的な「警察行政」あるいは「保育」的な「社会行政」の公法領域にあった。それも必ずしも現行憲法二五条に保障されているように、「権利」の体系において把握されていたわけではなく、消極的な秩序維持の一態様として公権力による慈恵的、恩恵的かつ高権的な行政処分行為あるいは干渉行政による行政処分行為の対象として把えられてきたといってよい。しかし、これらの分野は現代社会における現代法体系のもとにおいては、社会的福祉国家機能の増大化に対応して、公法部門においても、従来公法の各論部門において消極的に把えられてきた行政作用の法体系の再編という面で把えなおされ、この結果憲法二五条の生存権保障実現に即した「生活配慮（Daseins-vorsorge）」に重点をおく、いわゆる給付行政(Leistungs-verwaltung)が、独立の法行政部門として認められ、社会保障行政作用はこの部分の中心的位置を占めつつある。そして、現代法社会保障法は、すでにみたようにこの分野が経済法、労働法、教育法、社会保障法等の諸隣接法領域へと独立化し、交錯して現代行政法体系においても限界線を設定しがたいという点で、この行政作用法分野の領域においても、行政法学者の分類する給付行政(1)あるいは空間行政、整序行政などの行政作用法域と多く関係しており、重畳化しているといってよい。

右のような点から、この非権力作用の部門は、国家行政主体がその扶助責任主体として受益者に対向し、法形式的には行政作用として現われている。しかし、従来の侵害あるいは干渉行政の論理思考は当てはまらなくなっているとし、その行政作用は、実質、形式とも権力支配の性質をもたない行政サービス的なものであり、法技術的形式においても行政作用を介入させる必要はないということから新しい行政理論形成が試みられつつある。一般的に、この種の行政にあえて国家による行政行為という法形式を介入させているのは、それが権力行政ということではなく、行政機関による給付という形式をとることから行政の合目的技術として、これらの法律関係を明確化ならしめ、全体的・統一的に処理しようとすることにあることは事実である。しかし、これに対して社会保険給付が商法の保険法の保険契約、公的扶助給付が民法の贈与契約に法形式的に類似しているということが強調されるのは、国家の非権力的行政作用による給付は権力的行政作用と異なることを示す点にウェイトをおいて法的に考えるものにほかならない。したがって、この領域については、憲法二五条の生存権の保障に即した、権利の迅速にして適切な実現という要請に対応するよう法の適用・解釈にあたっては配慮が重要であり、公・私法のいずれかによって一元的に割りきる必要は必ずしもない。しかし、これに関しては、現在なお十分ではないことから、今後この種の行政に対応した法理の形成が、古典的な行政理論をこえて望まれ、とりわけ権利の実現、このために給付行政における行政機関の作為・不作為に対する行政作用の、またこの作用に関する司法救済の面での実態分析に即した法理の形成が法の学際協力の面からとくに望まれるのである。

（1）「給付行政法」の領域に属する法領域にあるものとして、(1) 社会保障行政（公的扶助、社会保険、社会福祉、公衆・環境衛生）、(2) 供給行政（公共用公物・公企業による役務提供）、(3) 資金補助行政あるいは資金交付行政、(4) 計画行政（生活空間行政、地域整備行政、公害・開発整備など）などに法的に整理されている。

II　社会保障の理想と現実
――権利体系からみた社会保障法の理念と現実を中心として――

一　問題認識の視点

第二次大戦前、大戦中加えて戦後直前とは異なり、昭和三〇年代のわが国の急速な高度経済成長政策の展開とその拡大による広汎な影響は、わが国はいうまでもなく国際経済社会にとっても驚異的なものであった。昭和三〇年代をへて、昭和四〇年代後半からこの高度経済成長政策も、経済安定＝低経済成長政策への軌道修正をみるにいたるが、国内におけるその政策の影響は、産業社会、地域社会、加えて人間の生活単位である家族社会を変貌せしめたことは周知の事実である。いうまでもなく、この影響は、わが国の総体的な「富」の増大をもたらし、いわゆる生産優位の神話を形成した。しかし、この政策は必ずしも国民個人単位における「富」の社会的な公正配分をもたらし、社会的共同消費手段の充実をもたらしたわけではない。なるほど、戦前、戦後直後の労働力過剰供給下の低所得、長時間、低消費生活構造を大きく変えたことは否定できない。しかし、欧米諸国に比して余りに急速な特殊＝日本的な高度経済成長は、日本的な生活構造を、前述の産業社会、地域社会、家族社会での構造を変え、いわゆる「ひずみ現象」を増幅し、これに対し福祉政策の非対応が一層この現象を加速化したことも事実である。

これまで、わが国の「貧困」現象といわれたものは、日本資本主義の畸型的な発展過程によってもたらされた、いわゆる絶対的貧困による生活自体の維持の困難を意味した。そしてこれらは、古典的貧困原因（低所得、長時間、低消費生活水準に深くかかわる、雇用不安＝失業、疾病、多子、出産、老齢、障害、主たる働き手の死亡、労働災害や自然的災厄などの）による所得喪失あるいは減少であった。しかし、戦前はいうまでもなく、戦後直後においても、これらの貧困原因に対する政策的対応は貧しかった。とりわけ、戦後の憲法制定とその生存権保障のもとにおいても、地域農村社会はいうまでもなく都市部において、事実として存在していた「家族制度」を軸にした日本的な生活慣行によって、この貧困に対する貧しい政策的対応は中和されていた。戦前戦後直後の尨大な失業現象はドイツ同様に、大河内一男教授の「見えざる失業」として、このわが国の場合、ことさら日本的な社会システムの中で潜在化させられていた事実を想起すれば十分である(1)。

何れにしても、絶対的貧困による社会的諸矛盾が顕在化しえなかったのは、この前述の日本的な社会システムによること大であった。しかし、第二次大戦の敗戦を契機に、戦前の人権抑圧体制に代って、新憲法体制下のもとで人権保障体制が創出をみ、法的にはここに憲法二五条の生存権保障とその制度的実現が、平和主義、民主主義、基本的人権尊重と絡めて、国の権利としての国民に対する最低生活保障責任義務に加え、国民生活の維持、向上のための諸施策実施義務を具体化することになった。

このような状況下において、絶対的貧困からの解放を、国の責務として希求し、人権保障的視角からの「緊急的」生存権保障として措定し、さらにこの保障をベースにして、真に健康で、文化的な最低限度の生活からの向上を意図していたことは、憲法二五条の合意であった。

かくて戦後直後の生活状況をへて昭和三〇年代の高度経済成長政策とそれに伴う国民生活の変貌に対する生活保障の法政策は、緊急的な生存権保障から、快適にして、安定した生活保障への指向にあったといってよい。しかし、現実は、わが国の史上想像を絶する「ひずみ現象」＝反快適生活保障現象＝反生存権保障現象に当面し、新しい生活保障のための権利体系の構築に迫られたことも否定できない。誰も予想しえなかったこの「ひずみ現象」が、高度経済成長政策にとって、所得上昇とその生活内容の質・量的変化というプラス面に対し、そのプラス効果を減殺するマイナス面の一層の増大を顕在化せしめたことによって、ここに新しい国民生活態様にあわせて国民生活感情、新しい権利としてその均等化を伴う生活意識を醸成したことも事実であった。すなわち高度経済成長政策の展開とその拡大によって、量的規模においても、質的規模においても、従前に比して人間の存在とその生活基盤を脅かし、崩壊を生み出した事実が、憲法二五条の保障する命題の含意と絡めて、その延長、拡大において、その希求した快適生活の実現に背理していることへの事実認識にもとづき、新たな視角からの生活権意識を生み出しているといってよい。とりわけ、前記の古典的貧困原因に加え、新型の貧困原因（しかも大量の組織的な、体制的な、非人間的な）は、人間自体の存立と生活基盤を破壊する各種の広汎な企業公害、都市公害、権力公害その他住宅、都市生活環境の破壊などを媒介にしてもたらされ、これが現代社会における人間の生存権を脅かすことから、国民がこれに敏感になっている事実に注目すれば十分である。かくしてこのような現代的な生存権否認を生み出した、高度経済成長政策において創出された政策効果に対し、権利としての快適生活保障、「生まれてから死ぬまで」の人間のライフ・サイクルにかかわる快適生活実現の制度保障要求は、極めて必然的であるといってよい。ここから、後述のように憲法二五条の生存権保障の内実化要請として、物質的な「緊急的かつ緊要」の最低生活保障＝所得保障にあわせ、具体的な人間生活維持手段である医療、雇用、住宅、教育、社会福祉、自然的社会的生活環境保全などの充実要求が、生ける憲法規範の始動を求めて提起されてきたのである。とりわけ、今日憲法二五条（生存権）に加え、憲法一三条（幸福追求、快適生活権）、憲法一四条（普遍平等原則）が、他の社会政策的基本権——憲法二六条（教育権）、憲法二七条（労働権）、憲法二八条（労働基本三権）——とあわせて、既存の権利とかかわらせつつ具体的な権利名称、たとえば、「健康権」、「環境権」、「住居権」、「安全権」などを設定しつつ、現代社会の古典的貧困原因ならびに現代的貧困原因の克服の可能な限り、現代生存権、快適生活権をいかに制度的実現とその保障によって、とりわけ社会保障制度の充実によって実現するかを求めている動向に注目したいのである。

憲法上の社会政策的基本権、社会国家的人権は現代の高度独占資本制生産体制下にあって、労働力商品所有者である勤労者ならびに小生産手段所有者である小自営業層、いわゆる現代の生産・流通過程において、その生存、生活を脅かされている、体制的被害者＝社会的生活被害者とも目さるべき社会階層の人間としての尊厳と自由を守るためのもので、それ以外の何ものでもない。(2)

したがって、その具体化ともいうべき社会国家的人権保障条項は、それが極めて抽象的な文言にせよ、それが憲法規範として規範的意味をもつのは、その含意と立法意思とそのたえざる実現は極めて具体的な内実化を内包しているものと考えられるべきである。(3)

現代高度独占資本主義下の著るしい社会生活変動状況のもとで、生存権とはいかにあるべきか、快適生活権とはいかにあるべきか、という命題に対し、この制度的保障とそのための制度的実現を求められている社会保障制度の役割とその重みは極めて重いといわねばならない。少くとも、憲法二五条生存権保障が明文化された理念的意味とその法制実現は、すぐれて憲法感覚を内包した、具体的な法内容とその実現の行政と不可分のものであることを知る。さらに、この社会保障の法制とそれにもとずく行政の司法審査においても、すぐれて憲法感覚を内包した憲法規範の含意を具体化した関係法の解釈への要請とも不可分である。

ことに、生存権保障の名宛人が国民といっても、繰返しになるが社会生活の面での体制内の社会生活被害者という弱い層である。これらの層は、勤労者、地域住民、個別的には核家族化社会の児童、母子（父子）、身障者、精薄者、老人であり、これらの層の生存権保障は、貧困に対して連帯感によって戦う力の培養をシステム化することであり、これが「医療保障」「所得保障」と「社会福祉サービス保障」などとの一体化により救貧以上に予防にウェイトをかけた社会保障制度機能であるといってよい。

（1）　大河内一男『労働組合と失業問題』（昭二二、白日書院）二四一頁以下参照。
（2）　沼田稲次郎『社会法理論の総括』（昭五〇、勁草書房）三八六頁以下。
（3）　伊藤正己「現代国家と個人」（橋本・和田編『現代法と国家』岩波現代法講座2所収）七一～七二頁中の左記の指摘参照。

「欠乏からの自由は現代社会の自由として新鮮味のあるものであるが、憲法の平面では弱い権利である。しかし、国家は、それぞれの程度において、資本主義の歪みを修正するために、立法措置をすすめている。わが国においても、社会保障のための諸法令が展開する過程にある。このような立法のうらづけをえて、生活権は、はじめて具体化しうるのです。立法がどの程度に生存権の保障を制度化しているかによって、その国家の理想的な福祉国家への接近度がきまると考えられる。そして、憲法の保障は、この立法を指導し、それを促進するプログラムであると同時に、それが具体的な立法となって結実したときには、現代における個人と国家との関係の在り方を示すものであるから、それを解釈し運用するための指導標としての役割をもつことができる。その限度では、欠乏からの自由も、裁判規範たる法の意味をもちうることは認めなければならないであろう。」

この所論は、人間の自然的権利のベースにある「欠乏からの自由」は、社会の視角からも、生存権、社会保障権の在り方に関し、裁判規範として法解釈の根底にすえられていることを指摘する。

二　生存権実現と社会保障思想の展開とその意味

資本主義生産社会においては、古典的には市民法体系を軸とする限り、絶対的な私的所有権尊重、契約自由原則、法的人格と私的自治原則の法理が貫徹し、この法理を媒介に社会生活関係が規制されてきた。この法理にもとづいて、私人の生活関係は、私生活維持個人責任原則をベースに規制されてきた。しかし、この資本主義生産社会においては、いかに私生活維持個人責任原則をベースとしつつも、人間が、法的人格主体である人間が非人間化される社会的事故が多発するとき、その生活は脅かされ、いかんともしがたい状況はつねにおこるものである。この状況に対し、これに耐えられない人間を、自然の法則として死、飢餓へ、前述の「欠乏の自由――欠乏からの自由ではない――」として放置した自由放任期はともかく（この時期には慈恵的救済がみられるが、人間を非人格化した）、今日集団的、組織的な貧困者の多発に対し、政策主体として、救貧対策とあわせ防貧対策をとらざるをえなくなる。そして、これらの対策も、貧困無資力層に対する公的扶助の充実、さらに個々の社会的事故、たとえば労働災害、疾病、負傷、老齢、障害、主たる働き手の死亡・失業に対するに個別的な制度、それも限られた勤労者対象の労働保険の導入、多子に対する家族手当制度の導入、さらにそれらの制度の地域住民層への拡大などを媒介に膨張していった。しかし、公的扶助と社会保険制度とは連結はなく、制度の機能も極めて弱かった。

しかし、これらの個別の、しかもその限定された個別の給付による制度的対応によっては、人間の生存、生活は維持できないことは、今日老人福祉対策をみるとき、所得保障（公的年金）と医療保障、社会福祉サービス保障、住宅、雇用サービスなどを連結しなければ不可能であることによって知られよう。このような処から、社会保障思想にあわせて、制度転回が求められるのである。

今日、以上のような状況に対して、「社会保障」なる用語はいうまでもなく、社会保障思想も、国際社会はいうまでもなく、わが国内におい定着をみせている。

ただ、この「社会保障」という用語というも、社会保障思想というも、それは比較的新しい時代の所産である。社会保障が公的な法文名辞として現われるのは、一九三五年アメリカ連邦社会保障法、その後のニュージランド社会保障法である。そして、その思想を広くおしすすめたものは、資本主義社会での生存権否認の体制的状況とその克服のための政治や法の動向であり、これを汲みとって一層これを進めた一九四二年イギリスのビバリッジ報告であり、一九四四年ＩＬＯフィラデルフィア総会で採決された「フィラデルフィア宣言」といわれている(1)。

アメリカの連邦社会保障法は、国家の国民生活への公的介入として、まず連邦政府によるアメリカ国民全体に統一的な公的老齢年金制度導入とその適用拡大（遺族、障害者）を主軸に、連邦政府の行政指導による各州のばらばらの不整合な公的扶助、社会福祉、失業、労災保険などの統一化指向を試みることによって、生活危機に陥る国民の生活対策を考える政策をとった。また、ニュージランド社会保障法は、古典的な救貧的公的扶助法のデメリットや社会保険法のメリットを配慮して、これらの制度の統合化にもとづいて、全国民に対し、社会的諸事故に対し、国民平等な公費負担の所得、医療給付を行なう「社会援護（社会扶助）」方式の導入によってこれを試みようという画期的な発想を導入した。何れにせよ、前者は、一九二九年の世界的大不況による国民生活の危機、アメリカ資本主義体制の危機に対し、アメリカ的公共福祉理論を前提に、私生活維持個人責任原則を修正するために連邦社会保障法を導入したのである。後者は世界的大不況の余波にかかわり、厳格な資力調査による受益者の権利否認、プライバシー侵害、行政機関による自由裁量による救貧的な公的扶助制度を止揚するべく、またナショナル・ミニマムを全国民に実現するために、各種の社会的事故に対し、個別的に対処する各種の制度を統一的な立法によって、しかも新しい権利体系の実現を試みたものである。

これらの新しい法の実験を契機にその理念による実践と体系化を試みたものが、一九四二年のイギリスのビバリッジ報告であった。(2)

このイギリスのビバリッジ報告は、イギリスの第二次大戦後の国家再建、国民生活再建に関連して、再建を阻む「五つの巨人（窮乏、疾病、無知、狭隘、無為）」に対する闘いを目標に、既存の制度（公的扶助、各種の個別的な社会保険制度など）を、所得、雇用、医療、児童などの施策を統合化し、いわゆるナショナル・ミニマムを社会保険制度とナショナル・ヘルス・サービスを軸に改革提言を試みたのである。

この新しい時代の社会保障の潮流とともに、イギリスのビバリッジの発想を深くみてとっていたＩＬＯ事務局は、つぎのような「社会保障」のもつ意味を提示したのである。「社会保障とは、社会が適切な組織を通じて、その構成員がさらされている一定の危険に対して与える保障である。この危険というのは、本質的には、僅かな資力しかもたない個人が、自己の能力あるいは思慮のみでは、あるいはまた家族構成員との私的な協力をもってしても有効に対処しえない事故をいうのである。これらの事故の特性は、労働者自身およびその被扶養者の健康と人間的品威を危険におとしいれる点である。したがって、国家がその市民一般の福祉のために存在する市民の結合体である以上、社会保障の促進は、その国家の本来的な活動作用なのである。(3)」

かくて、一九四四年ＩＬＯフィラデルフィア総会は、ＩＬＯの目的に関する宣言（フィラデルフィア宣言）において、「基本的所得を与えて、保護を必要とするすべての人々に対し、この基本的収入と総合的医療制度とを確保するため、社会保障措置を拡充する」（フィラデルフィア宣言（f））と定める。そして、この具体化として、一九四四年に、「所得保障に関する勧告」（ＩＬＯ勧告六七号）、「医療保障に関する勧告」（ＩＬＯ勧告六九号）を採択する。これらの勧告は、一九五二年に「社会保障の最低基準に関する条約」（ＩＬＯ一〇二号条約）として成文条約として採択され、わが国の社会保障制度の体系的整備の指標となっていることは周知の事実である(昭和五一年、日本政府は、この一〇二号条約を批准した。わが国は、この条約の九部門の社会的事故のうち、傷病給付（傷病手当金）、失業給付、老齢給付、業務災害給付の四部門にかかる関係法が条約基準に適合しているとして、最低三部門を充しているという点で批准する。しかし、医療や年金給付部門で制度上問題がまだ残っている部分が多い[4]）。

これらの社会保障思想の潮流について、イギリスのビバリッジとならんで、フランスの戦後社会保障改革の推進者として著名なピエール・ラロックは、つぎのようにこれを指摘する。「一つは道徳や正義の名によって欠乏と闘おうとする傾向であり、欠乏というものをなくしてしまいたいという欲求であり、もう一つは勤労者階級が何時も何かにたよっていなければならないという状態や、潜在的な劣等感からのがれようと絶えず努めつつあったことである。この劣等感というものは、雇用されている身の根本的な不安定と、およそ自分の労働力をもとでに生活しているすべての人をおそう、あの明日への不安とに少からず原因をもっているものである[5]」という二つの考え方や行動において非常に異なった二つの流れが合流して、発したものとしている。

何れにしても、世界的大不況をへ、さらに第二次世界大戦を経験した世界の、とりわけ勤労者を中心とする国民が、その遭遇する人間の生存を脅かす諸原因に対し、その人間としての生存という基本的人権を擁護するために既製の思想やそのもとでの制度の単なる積みかさねをもってしては対応しえないことから、社会保障制度の充実を迫ったといってよい。このことは、イギリスの社会保障制度分析の名著として版を重ねている『近代イギリスの社会サービス』の著者ペネロープ・ホールの至言によっても明らかであろう。彼はいう。「経済的ならびに心理的安定の双方に対する必要は、長びいた経済不況に起因する自己喪失と不安定を、全面的戦争の緊張と緊迫にとって代えられた世代によって、心底からかつ広く感得されたのである。さらに、多数の人々にとって、社会保障のもっとも重要な側面は、欠乏からのがれる自由（freedom from want）、すなわち個人が、自己自身および家族の生活を維持することができない所に、生活必需品を購入するに足る十分な所得が保障されなければならないという保証である。[6]」

社会保障という用語はいうまでもなく、社会保障思想の基底には、人間の生存の重みとその存在を根本から脅かしている―いかなる体制をとろうとも―その社会的諸矛盾＝社会的不安定要因（原因あるいは事故さらに広く諸情況）に対し、そこから免れる自由を前提に、国はそれに個人が戦う力を醸成することによって、人間として積極的に生きる政策をとることを予定しているのである。従って、すでにみたように、そのもとでの制度的保障とその実現という場合も、従来個別的に、しかも特定のニーズをもつ層の、その特定の社会的事故に対して、部分的に、その都度的にしかも慈恵的、恩恵的にあるいは極めて受益者のひ弱な権利のもとでなされた救済政策に対し改革を迫っている。そして、さらに、これらの思想は、一国内はいうに及ばず内・外人均等待遇という国際的な生存保障という形で普遍的人権保障を内包するまでに展開をみたことも注目に値いする。[7]

（1） Pierre Laroque, From Social Insurance to Social Security (Int'l Labor Review, 1948, June), p. 566.
（2） ビバリッジ報告（山田雄三監訳）『社会保険および関連サービス』（昭四四、至誠堂）参照。
（3） I.L.O., Approaches to Social Security (1942), p. 83.
（4） 角田豊『社会保障法の現代的課題』（昭五二、法律文化社）四九頁以下参照。
（5） Pierre Laroque, op. cit., p. 566.

（6） M. Penelope Hall, The Social Service of Modern England (1960), p. 352.
（7） 佐藤進『社会保障の法体系（上）』（昭四四、勁草書房）三〇頁参照（著作集第一巻）。なお、ＩＬＯも、ＩＬＯ条約一一八号（内・外人の社会保障における均等待遇に関する条約）（一九六二）を採択し、この国際的な社会保障権の定着を促進している。

三　わが国の生存権保障の理念とその制度的保障とその現実

1　わが国の生存権保障にかかわる憲法二五条は、その第一項（「すべて国民は、健康で文化的な最低限度の生活を営む権利を有する」）の「緊急的かつ緊要な」生活保障にあわせ、その第二項（「国は、すべての生活部面について、社会福祉、社会保障及び公衆衛生の向上及び増進に努めなければならない」）の総合的な生活保障施策実施義務を定めている。

すでにのべたように、法的には現代の高福祉化への指向とその課題究明において、現代社会における社会権として、とりわけ体制内の社会的弱者、前述のように沼田稲次郎教授の言葉を借用すると「体制的社会生活的被害者」としてその生存権を脅かされている具体的な、社会的に弱い生活主体に向けられている憲法二五条の法意は、憲法二五条一項の「健康で文化的な最低限度の生活」保障と、それを含めてその実現の手段を定める同条二項と合体して、具体的に健康で、文化的な生活の希求を望む国民に生活を保障しようとしていることは否定できない。しかし、この憲法二五条の法的意味に関しては、ここでは一々論及しえないが依然として「プログラム的規定」という法意にとどまり、単に国家の国民に対する道義的義務のみを確認しているとする解釈にとどまりうるものなのであろうか。かく解することの新しい権利構築への障害という面からの批判が提起されていることに注目しておきたい。[1]

このようなプログラム的規定とする解釈は、現代社会が高度独占資本制社会であることに対応するに、依然として古典的な市民法規を前提としつつ私生活維持個人責任原則を貫徹することに通じ、今日国民の生活を脅かしている各種の社会的諸事故（あるいは社会的諸情況）を個人に帰せしめること、従って生存権保障を国民の消極的な補足的責任にとどめようとする表現にほかならないと解することもできる。もう一歩進めれば、このような解釈を前提とする限り、生存権保障は、まさに行政主体のレーゾン・デートルに委ね、そしてこの結果これが生存権を脅かす法的な原因を形成、創出していることを意味し、生存権の当面する新しい課題の解決に事実的にも、法的にも阻害要因となっている。現代行政管理国家は、今日の高度資本主義生産体制と癒着が強く、この体制に起因する生存権を脅かす社会的諸事故（あるいは社会的諸情況）を生み、それに対しての、その「善意行為」にのみその解決を委ねていると評しうるであろう。プログラム的規定解釈あるいはこれは同視の解釈の憲法二五条の生存権法理、また憲法一三条の快適生活権の法理に対し、新たなる人権擁護の視角から、その法理の転回が強く唱えられていることは現代生存権が、もっと深部から人間生活の現実に注目して把えかえさなければならないという現代の要請からなのである。

ここから生存権保障に対応する社会保障行政の「質」ならびに「量」的な対応は、権利としての社会保障法の体系化とそれにもとづく国家の積極的な行政、さらに行為によって改善することを可能とする行政訴訟ならびに行政救済の法理の形成が求められ、高福祉社会への指向における社会保障の法的課題として、これが解決を迫られているのである。(2)

後述のように、わが国の場合にも、憲法訴訟と絡めて社会保障訴訟が、具体的な社会保障関係法とそれにもとずく行政行為に対する受給権保護をめぐって提起されている。この点について、一般論的な視角から、アメリカと対比してその訴訟現象に対する現職の時国康夫裁判官の危惧があることも否定しえない(3)。

何れにしても、具体的な人間の生存と生活内容は変容する。この限りでは、憲法二五条、憲法一三条、憲法一四条、憲法二六条、憲法二七条、の憲法規定に即する具体的な立法施策も、量的、質的に変容を迫られると仮定すると、国の道義的責任を含めてその具体的施策義務の履行について、受益者として、その不履行を受忍せざるをえないものなのか、立法府への働きかけにあわせ、行政行為の法的効果について司法機関に訴訟を提起することは当然であろう。ただ、この場合、時国裁判官の指摘する裁判所の憲法判断の説得力と説論を求めているものは、生存権について、訴えをなさざるをえない受益者であるということなのである。

2　わが国の生存権保障規定の立法制定系譜とその行政の流れは別稿に譲るが(4)、池田政章教授の表現によると、生存権の戦後史は、「生命と生活の憲法史(5)」であり、その生存権の変容に即するとき、

第一期（飢餓と独占資本復権の時代――ほぼ昭和二〇年代）

第二期（国民皆保険と経済政策優先の時代――ほぼ昭和三〇年代）

第三期（経済成長と生命軽視の時代――ほぼ昭和四〇年代）

第四期（人間に値いする生存とは何かが根元的に問われている時代）

と時期区分され、「新しい人権論の一切を含めて、人間の尊厳とは何かという観点から、その意味が問い直されている。それが生存権をめぐる現代的課題である」と指摘する。

さて、わが国の生存権保障とその実現のための社会保障法制は、憲法二五条に即し、大別して「所得保障」と「社会福祉サービス保障」との総合化政策にもとづき、救貧はいうまでもなく防貧を目的とする包括的な施策をとってきた。

いうまでもなく、社会保障制度が、流動的であり、弾力的であることから、社会保障法の法対象領域の間取りの取り方には、識者の間に相違があることは否定できないが、まず憲法二五条、一三条、一四条などに即して社会保障の権利——その内実化として第一に、手続的権利、第二に具体的な実体的内容をもられること、第三に行政機関、司法機関への争訟の権利、第四に社会保障行政、運営参加権の保障——が確保されなければならないとする視角は、今日ほぼ一致する。(6)

わが国の社会保障法の動向をみるとき、前記の池田政章教授の概括的な史的展開の中で、その社会保障制度は、「所得保障」と「社会福祉サービス保障」とにかかわる構成制度区分にもとづいてみると、ＩＬＯ一〇二号条約（一九五二年採択の「社会保障の最低基準に関する条約」。昭和五一年日本政府批准）に即して、体系的な制度整備を指向する方向を辿っている。この条約は、前述したように、主として特定の社会的事故に対し「医療保障」および「所得保障」を実現することを目ざして——拠出・給付の保険技術方式をとると、無拠出の公費負担方式をとると、何れにしてもどのような方式を、それらの保障実現のためにとろうとも——、人間適用対象面で、各種の社会的事故（医療、疾病〈傷病の際の休業保障〉、出産、多子、老齢、障害、主たる働き手の死亡、労働災害、失業の九部門）とそれらに対する最低給付水準の確保の面で、緩和された受給資格と受給権の確保の面で、内・外人均等原則の確認、拠出の際の適正コスト負担の確保などを内容とする基準を設定した。

この条約とその後採択をみたこの条約の九つの社会的事故の部門ごとの、個別的なＩＬＯ条約（労働災害給付に関するＩＬＯ一二一号条約（一九六四年）、老齢、主たる働き手の死亡（遺族）、障害給付に関するＩＬＯ一二八号条約（一九六七年）、医療、疾病、給付に関する一三〇号条約（一九六九年）ならびに附属各勧告）に即してみるとき、わが国の社会保障制度の現実は、主要西欧諸国に比して望ましい状況にない。何故ならば、わが国のＩＬＯ一〇二号条約批准部門は、失業給付部門（雇用保険法）、労働災害給付（労災補償保険法）、老齢（年金保険法の老齢年金給付部門）、疾病給付（医療保険法の傷病手当部門）にとどまり、何れも、所得保障（社会給付）の領域にかかわる法の部分である。ということは、医療給付（出産、医療現物給付）のかかわる医療関係法の領域には、わが国の場合問題が極めて多いということである。詳しくは、言及しえないが、わが国の医療保障を実現する関係法制の仕組みは、拠出・給付にもとづく保険方式をとる各種の医療保険法が、人的適用対象別に制定をみている。そして、これらの法は、第一に疾病の際の治療を中心に医療現物給付を行なうが、健康予防やリハビリテーション給付は極めて弱い。第二に、加えて、今日医療保険で問題となっている法定給付外の差額徴収ベッドの一般化、附添看護人費用の自己負担、リハビリテーション医療、予防医療の貧しさは、さらに医療給付期間の不十分さは医療保障に即していない。第三に公的扶助医療は、拠出制保険の中でも低給付の国民健康保険法の医療給付に準じ、その必要医療という点で格差がある。これは、各種拠出制保険間においても格差がみられ、憲法一四条に即し問題がある。第四に保険医療の適用しえない給付に対し、公費負担の福祉医療が給付されることになるが、その医療と福祉とを結合する給付は極めて貧しい。第五に公害その他、健康権、環境権にかかわる健康予防、疾病予防の医療関係＝公衆衛生体制は不備である。第六に医療給付にかかわる医療給付体制の無政府性というべき現象、たとえば僻地、離島における過疎地域の医療機関の貧しさ、さらに救急医療、夜間医療、特定医療給付部門、たとえば歯科診療、脳神経外科などの不備などがみられる。とにかく、医療給付にかかわる制度は以上を含めて、これ以上になお問題をかかえているということである。

憲法二五条生存権保障をはじめとして、医療保障の権利（「国民は、医療給付の制度がどのようなものであれ誰でも、差別をうけることなく、何時でも、何処においても、いかなる状況のもとにあろうとも、その健康の保全に加え、健康が毀損され、社会的更生（リハビリテーション）を必要とする場合、予防・治療・リハビリテーションの包括的医療給付を、その休業期間の定期的な所得給付とあわせて、無償あるいは、適切な経済的苦痛を伴わないコスト負担によって国からうける権利を有する」）からみて、極めて問題のある状況にあり、ここからきびしい生存状況におかれているということである。今日救急医療をめぐり、「医療たらいまわし損害賠償訴訟」が提起され、国ならびに地方自治体の医療保障責任と医療機関の責任が問われている現実は、一つの相であり、極めて深刻である。

つぎに、「所得保障にかかわる制度」は、(1)無拠出＝公費負担の生活保護法制、(2)拠出・給付の各種の社会的事故＝保険給付事故（非業務災害、疾病、死亡にかかわるもの、労働災害、失業、老齢、障害、主たる働き手の死亡による遺族の年金による生活保障）に対する健康保険、労災補償保険、雇用保険、年金保険などの社会保険法制、(3)さらに無拠出＝公費負担の社会手当（社会援護）法制（無拠出の地域住民の児童にかかわる児童手当法、児童扶養手当法、特別児童扶養手当支給法、無拠出の国民年金法にもとづく老齢福祉年金、障害福祉年金、母子福祉年金）などが存する。しかし、無拠出の公的扶助＝生活保護法の給付は、厳格な資力調査や扶養調査を媒介として、プライバシーの侵害などが行なわれる可能性を内包し、その厚生大臣の一方的決定による保護基準にもとずく給付額も十分でない。加えて、ＩＬＯ一〇二号条約批准において問題となった社会保険法における障害年金給付、遺族年金給付は、色々問題を残しており、さらに、勤労者の児童にかかわる拠出制児童手当法も、その受給児童の厳格な資格要件（第三子に対する義務教育期という）と給付額の低さも問題とされている。労災補償保険法、雇用保険法の法定給付もＩＬＯ一〇二号条約基準を充すといえ、決して十分とはいえない。ことに、公的扶助生活保護法のデメリットを克服するべく創設をみた、前記の公費負担による各種の社会手当（社会援護）は、その給付額の低さに加え、何れも受給に際し年齢制限、所得制限、加えて拠出年金制度との併給禁止など制約が加えられ、後述の堀木訴訟をはじめとして各種の社会保障訴訟が提起されている現状にあることは、極めて問題である。

このほか、「所得保障」の補足的、補充的性格をもつとされる「社会福祉サービス保障」は、特定の対象の必要なニーズに対し、福祉的医療現物給付や施設収容あるいは在宅での福祉サービス給付によって、その層の人間的な生活を可能とさせる技術であるが、これも極めて不備である。何故なら、児童、母子、身障者、精薄者、老人などの実定社会福祉法は、法に給付措置を設けているが、何れの法においてもその受益権は「反射的受益権」と解され、この権利も行政の措置権限によって実現をみるという弱い性格にあるからである。ことに児童福祉法の児童施設も多様化し、加えて施設も量的に少い。

そして、上記の関係法にもとずく省令に定める最低基準、措置基準も極めて低い。ここから、国の基準の低さを補足する各自治体の「上積み」給付とあわせて、各自治体の「超過負担」による施設建設が試みられ、大阪府摂津訴訟（東京地裁判昭五一・一二・一三原告敗訴、行集二七・一一＝一二・一七九〇、東京高判昭五五・七・二八行集三一・七・一五五八、判時九七二・三）が提起されている現実にある。

以上、社会保障制度の現実は、生存権保障の理念から問題を多くかかえている。

（1）　芦部・小島・田口編『憲法の基礎知識』九九頁以下、佐藤功「生存権の保障、法律と予算」（清宮・佐藤編『憲法演習』所収）五八頁以下、横川博「生存権の保障」（清宮・佐藤編『憲法講座』2所収）二一九頁以下、池田正章「社会権と人権論の再検討」、大須賀明「社会権の権利法」（池田・大須賀論文は、「法律時報」昭四六・一月号所収）、山下健次「社会権の法的性格」ジュリスト五〇〇号特集「判例展望」、中村睦男「権利としての福祉生存権の現代的意味」ジュリスト・特集「現代の福祉問題」五三七号、奥平康弘「人権体系及び内容の変容」ジュリスト増刊・日本国憲法六三八号所収）の所論など参照。なお、大須賀明編『生存権』（三省堂）は、生存権に関する主要論文を一書にとりまとめている。

（2）　山下健次「社会権の法的性格」ジュリスト五〇〇号特集「判例展望」、奥平康弘「人権体系及び内容の変容」ジュリスト増刊・日本国憲法六三八号二五〇頁など参照。

(3)　時国康夫「憲法訴訟の方法と憲法判断の手法」ジュリスト増刊・日本国憲法六三八号二三〇頁。時国裁判官は、つぎのごとく指摘する。「最近米国では、法律に具現された政策と反対の立場をとるものが、立法府に働きかけて、その法律を改正あるいは廃止してゆくという、出費もかさみ、長年月の努力も要する正攻法を避け、最小限の出費と、最小限の努力で、社会に大変革をもたらすことを期待して、安易に裁判所に法令違憲の判断を求める傾向が増大していることが指摘されているが、遠からず我が国でも同じ現象が現われてくるのではないかと危惧される。この現象は、議会制民主主義に対する一種の不信と表裏一体をなす現象と考えることもできるが、同時に、裁判所が法令に憲法判断を加えた場合の立法府、行政府に対する影響力についての過信や、裁判所に対する過度の期待や要求に根ざす現象だと分析することも可能である。裁判所には、憲法判断を求められている多くの問題を、政治家が解決するような積極的方法で解決するための資料のもち合せもないし、また、そのような機能も能力もない。……今後一〇年間あるいは二〇年間における、憲法訴訟の領域での最大の課題は、憲法判断の説得力と理論を高揚進化させる方策と方法論如何ということと思われる」と。

(4)　佐藤進「社会保障法と英米法」ジュリスト・特集「日本法と英米法の三〇年」六〇〇号ならびにその参考論文参照。

(5)　池田政章「生存権」ジュリスト増刊・日本国憲法六三八号参照。

(6)　小川政亮『権利としての社会保障』、同『社会事業法制』、荒木誠之『社会保障法』、西原道雄編『社会保障法』、佐藤進『社会保障の法体系（上）』（著作集第一巻所収）、角田豊ほか『社会保障法入門』など参照。

四　社会保障訴訟と社会保障行政

今日、何れの国においても、第二次大戦後、社会保障思想の展開、普及に対応し、社会保障制度改革が試みられ、それも刻々と社会的状況に対応して制度改正が行なわれている。にもかかわらず、この主要欧米諸国において、アメリカの場合生活保護層の「福祉受給権（Welfare Right）」の主張とその確立のための運動をはじめとして、(1)イギリスにおける福祉受給権にあわせ各種の社会保障（社会保険、補足給付、医療その他）の不服申立ならびに訴訟が提起されている。(2)

これらのことは、わが国を含めて、何れの国においても社会保障行政における受益権が、行政救済、司法救済の対象となっていることを示す。

この点、わが国においても、朝日生存権訴訟（一審・東京地判昭三五・一〇・一九、二審・東京高判昭三五・一一・三、三審・最高裁大法廷判昭四二・五・二四）は、今日のいわゆる社会的弱者救援運動、とりわけ生存権擁護のための権利と訴訟救援の組織的運動の先駆であった。

社会保障立法は、民主主義的な三権分立論の建前のもとでは、議会によって制定をみるが、この専門的、技術的、しかも複雑な立法は、立法制定手続上は議会によって論議されるが、多くは行政主導による政策立法的性格にも起因し、従って行政の政策ならびにその実現手段の選択が強く作用する。このことは、わが国の憲法二五条の生存権保障が法形式的には立法過程をへるといえ、それは行政機関を中心に実現されていることから理解できるところである。このことは、前述の朝日訴訟で争われた社会保障法体系の一部である公的扶助（生活保護）法とその生活保護基準—厚生大臣による保護基準決定—の問題をみるとき明らかであり、また社会福祉サービスにかかわる社会福祉関係諸法にみるサービス給付基準ならびにサービス施設基準の決定問題をみても明らかである。とにかく、朝日訴訟は、その判決の結果はともかくとして、社会保障関係法の法的性格、そして行政機関主導のもとでの、かつ多数保守党議会で制定をみる社会保障立法と行政機関への委任とそのもとでの社会保障行政の構造的性格を明らかにした。そして、この司法審査過程は、社会保障の受給権の実態を通して、生存権、生活権自体の性格とその内容を明らかにしたことも事実である。そして、この司法機関による行政機関の社会保障行政の審査を通じて、その限界はあるにせよ、行政行為に関するコントロールの役割を果してきたことは見落しえないのである。この朝日訴訟を契機として、社会保障制度のなかの所得保障制度にかかわる制度のうち、比較的内容の弱いとされる社会援護（社会手当）の領域に属する各種の福祉年金法制に関する社会保障訴訟が提起されたことも周知の事実である。そして、この種の社会保障訴訟は、憲法訴訟と絡めて提起されたことは、牧野訴訟（老齢福祉年金夫婦受給制限違憲訴訟、東京地判昭四三・七・一五原告勝訴、和解解決）、宮訴訟（普通文官恩給と老齢福祉年金併給禁止違憲訴訟、東京地判昭四九・四・二四原告敗訴、控訴人死亡）、岡田訴訟（遺族扶助料と老齢福祉年金併給禁止違憲訴訟、札幌地判昭五〇・四・二二判時八〇八・四三原告敗訴、札幌高判昭五四・四・二七判時九三三・二二原告敗訴、上告）、松本訴訟（老齢福祉年金夫婦受給制限違憲訴訟、神戸地判昭四九・一〇・一一原告敗訴、大阪高判昭五一・一二・一七原告敗訴）、堀木訴訟（障害福祉年金と児童扶養手当併給禁止違憲訴訟、一審・神戸地判昭四七・九・二〇行集二三・八＝九・七一一原告勝訴、二審・大阪高判昭五〇・一一・一〇行集二六・一〇＝一一・一二六八原告敗訴、最大判昭五七・七・七民集三六・七・一二三五）などに明らかである。これらの年金関係法訴訟においては、何れも憲法二五条、社会的公正配分にかかる憲法一四条の普遍平等原則の法解釈を通じてその憲法条項の具体的な立法政策とのかかわりあいが論ぜられたのである。

ことに、わが国の公的年金法制は、すでに論ぜられたわが国の社会保障法体系の中で所得保障を実現する主要な構成制度でありながら、国の所得再配分、とりわけ社会的な公正配分が十分実現をみていない領域にある。とりわけ、既存の公的年金制度は、人的適用対象別の複雑な制度で、何らかのこの人的適用対象別の拠出制年金保険制度への国民強制加入を前提としつつ、加えて年金保険政策による未適用老齢層への国庫負担＝無拠出老齢福祉年金制度を補完的・補充的制度と併用させつつ運営されてきた。しかし、同じ年金法体系のなかにありながら、その財源に起因するのであろうが、拠出制年金制度と無拠出制年期との受給金額の著るしい格差を残し、とりわけ拠出制年金給付と無拠出制福祉年金給付との併給はいうまでもなく、何れの制度においても年金給付事故である老齢と障害と遺族との単一給付事故を重視することによって、老齢と障害、遺族と障害となどの重複事故への給付を認めることなど試みられていない。かと思うと、軍人恩給と無拠出老齢福祉年金の併給は、法定所得制限を前提とするなどにより、恣意的に政策的に認容される道を開いている。何れにそても、年金自体の認識とあわせて、これを実現する年金法制に関する統一的視角にたつ政策不在が、憲法問題を内包せしめつつ、この領域の訴訟を増加したことは否定できない。このほか、社会保障の内容と解される医療保障にかかわる医療受給権をめぐる加藤悦夫健保訴訟(継続的療養給付権、傷病手当受給権をめぐって争われた事件。第一審・東京地判昭三七・四・二五原告勝訴、第二審・東京高判昭四二・九・八同上、第三審・最一判昭四九・五・三〇民集二八・四・五五一同上)、また田村「患者たらいまわし」訴訟も、何れも憲法二五条生存権などをめぐって、その制度的実現の在り方を問うている。

このほか、人間の生命、健康、生活環境にかかわる公害問題につき、訴訟の一つである大阪国際空港公害訴訟(一審・大阪地判昭四九・二・二七判時七二九・三、原告主張一部認容、二審・大阪高判昭五〇・一一・二七判時七九七・三六、原告主張認容、最大判昭五六・一二・一六判時一〇二五)にみる憲法一三条、憲法二五条論、さらに租税行政を争った大島所得税訴訟にみる憲法一四条、憲法三〇条などにおいてもこれをみることができる。

このほか、人間の生存や生活にかかわる行政をめぐって、数多くの訴訟がその結果のいかんにかかわらず提起され、その司法審査による行政行為の検討が、司法審査によって、その行政実態がかなり克明にされ、判決に現われる例もあれば、何らかの形で、行政へのインパクトを与えている例のあることも否定できない。

社会保障行政の行政効果、作用は、司法判断のなじまない領域にある問題であるかもしれない。しかし、現代の高度独占資本主義下の行政管理国家状況は、その行政を無制約とする神話を生み出している折、この神話を否定しうる可能性が残されるとすれば、限界の存するにせよそれは司法機関であり、受益者による生存権保障の現況をよりよく改革するための権利擁護の運動とそれに支えられた司法的救済を求める運動であろう。これを、安易というわけにはゆかない。この点、先進的なイギリス、スウェーデン、さらにアメリカにおいて、訴訟援護サービスが、社会保障の法と行政領域に位置づけられていることの意味は、極めて注目すべきことといってよく、単に人権としての裁判をうける権利にとどまらず、社会保障を通じて生存を確保する権利と争訟権とが一体化していることを意味するのである。(3)

以上、問題を指摘したが社会保障の理念と現実のギャップが大きいことは、それだけ生存権の制度保障が不十分であることを知っていただきたいのである。

(1)　右田紀久恵ほか『社会福祉の歴史』（有斐閣）一七五頁以下。

(2)　Fabian Society, The fifth social service (1970), p. 121. 以下。

(3)　佐藤進「社会保障と貧困者訴訟援護制度——社会保障体系における社会援護法と貧困者民事・行政訴訟援護制度」（「週刊社会保障」昭四四・五・五号）参照。なお、イギリス、スウェーデンにおいては、社会保障給付の中に、Legal service を位置づけていることは、各政府公刊書によって知ることができるのである。わが国におけるこのようなシステム化要求として、第二次藤木訴訟（東京地判昭五四・四・一一原告敗訴、控訴審係属中に原告死亡、東京高判昭五九・七「本人死亡により終了」とした。最三判昭六三・四次男の訴訟承継の正否について上告棄却）が提起されたことを知るべきであろう。

III　社会保障の法体系化と問題点

一　現代社会と生存権保障の意味

(1)　生存権保障の対象領域の広がりと法の広がり

現代資本主義社会における「高福祉化」指向ということは、人間の現代生活状況の変化に対応して、国家自体が今日的な与件状況のもとで、憲法二五条の生存権保障はいうまでもなく、憲法一三条の「幸福追求権」に加えて人間の人権普遍的平等原則（憲法一四条）などの人権保障に即して、その生活を可能ならしむる政策を策定し、これを実現するという政策的義務の積極的な遂行を意味しているということにほかならない。これを、消極的に「プログラム規定」であるからとして、解することもできようが、この種の法解釈と行政対応ではすまなくなっているということである。

高福祉化の指向の実践的理念として、「生存権」を措定し、これを史的に見る限り、憲法二五条の生存権保障の内容は、戦後の日本国憲法制定当時と今日とでは異なっていることは事実である。とりわけ、戦後の与件状況と今日の高度経済成長政策の展開・発展との与件状況との間には大きな相違が存在し、それによって生存権保障内容とその実現の問題も規定されていると考えてよい。ことに、戦後の国民経済状況のもとでの国民生活――当時の戦後の経済構造に規定された労働力過剰供給下の低劣な賃労働、長時間労働のもとでの労働生活と低消費のもとでの消費生活状況――のもとでは、著しい物質的貧困が、人間の生存を脅かし、この克服こそが直接的な生存権保障の対象であったといってよい。それだけに、「緊急且つ緊要的な程度と意味とをもつ」緊急的な「生存」権の保障に対する権利保障が中心課題であった。(1)

かくして、日本国憲法二五条という法規範設定は、生存権保障をもって、生活個人責任などと結びついている自由権をこえて、現代的基本的人権＝社会権の有力な支柱をなす。第一次的・古典的な貧困とその克服を目ざし、「健康で文化的な最低限度の生活」保障のために、憲法で例示されてきた既存の法制度ともいうべき、「社会保障（社会保険中心の所得（現金）＝経済保障）」、「社会福祉（社会事業を中心とする非所得＝施設収容、医療給付その他のサービス保障）」、加えて広義の予防給付的な「公衆衛生」サービスなどの社会的技術をもってこれに対処せしめようとしていたことも否定できない。(2)

そしてこの生存権保障の理念に照らして、既存の法制度を軸にしつつ、広義の社会保障という概念にもとづいて、これを実現するための法制度が、戦後はいうまでもなく、昭和三〇年前後を始期とした高度経済成長政策の展開・発展期において制度的に展開をみてゆくことになる。しかし、これらの制度的展開が、生存権保障の理念に即していたかといえば、今日なお朝日訴訟、さらに堀木訴訟その他の所得保障にかかわる制度をめぐる生存権保障訴訟にみられるように、必ずしも十分でなかったことも否定できない事実である。

昭和三〇年代の高度経済成長政策の展開とその発展は、その生産力増強のために、戦後の経済構造を変質せしめ、生産過程ならびに消費過程での人間生活状況にも変化をもたらしたことは周知の事実であり、前述の第一次的・古典的貧困に加えて、新しい型の人間生活への脅威を創出する。そして、この脅威は、昭和四〇年代後半からの低経済成長政策への軌道修正においても変ることなく存在している。この新・旧の脅威は、現代の資本主義生産体制に規定されているとしても、前述の高度経済成長政策下のそれは、その量的規模においても、質的性格においても、従来に比して一層の生活基盤自体の存立を脅かし、その崩壊を生み出したのである。物質的貧困はともかく、自然的存在としての人間存在そのものを脅かす生活基盤への脅威に対し、生存権のふくらみとして、たとえば日照権、快適生活環境のもとで生きる環境権、健康の保全をめぐる健康権、安全の権利などの具体的な生活にかかわる権利主張が普遍的になされ、自由権として、かつ社会権として、憲法一三条の快適生活権を用いていることをみれば十分理解できるところである。いわずもがなのことかもしれないが、この島国に封じこめられた一億人口が現代的な文化的にして健康な生活水準のもとで、総生存状況におかれるためには、生産優位による国民総所得の上昇、このための致富衝動の推進こそ当然という生産優位の神話が、皮肉にも決定的にこの生存権保障を脅かしたことは否定できない。したがって、現代の高福祉化指向ということもこの生存権否認からの転換を内包しているといってよい。ことに、この新しい型の大量の、組織的、体制的な生活基盤の破壊は、各種の企業公害、都市公害現象、また権力公害現象などの諸現象により、前述の第一次的貧困原因のみならず、人間の自然的生存自体を脅かす現代貧困原因を生み出していることに注目しておきたい。

このような現代的な生存権否認の状況に対し、まさに現代的な生存権保障を規定する前記の憲法二五条さらに一三条はこの第一次的な貧困のみならず、現代的貧困の救済とその予防を直接的に対象とする、せざるをえなくなっているといってよい。そして堀木訴訟控訴審判決が憲法二五条の一項と二項とを分離し、第二項の施策はプログラムとして、しかも救貧政策があれば防貧政策はなくもがな、という発想は、福祉財政面を含めて福祉政策の許すところではないであろう。かくて現代的状況のもとでは、この生存権保障は、憲法規範的要請として従来はその視角の中に入りえなかった領域の問題をも、すでに述べた広義の社会保障措置(所得保障と限定的な非所得保障)にとどまらず、普遍的な生存条件の破壊に対し、積極的にこの破壊された生活基盤の保全回復、整備とともに、予防を含めた、安定しかつ健康で生きる生活基盤の創出をもその内容とせざるをえないことは当然である。憲法二五条、憲法一三条の今日的な生存権、具体的な生活権保障は、いわゆる高福祉化への指向に対応し、一応憲法の定める「社会保障」、「社会福祉」、「公衆衛生」という例示的な所与の技術手段を媒介として、その制度的・個別対症療法的ではなしに包括的・総合的な制度の制度の連結を前提に、その拡大化された対象領域すなわち生活基盤整備の問題にも取り組むことを予定された。

再言すれば、憲法二五条が、従来その憲法条項中の「社会保障」や「社会福祉」において限定したとみられる「社会保障」概念、ＩＬＯが指摘したような、疾病、多子、老齢、障害、働き手の死亡、労働災害、失業などの生活危険事故＝所得喪失原因、それに対処するに公的扶助、社会保険技術あるいはその間にあって生み出した社会援護（扶助）技術をもってすることとしたことから、さらに公害、都市問題、住宅問題などの生活関連環境整備に対する対策を含めて一歩進められねばならなくなっている。しかし、これらの問題と政策のための法と行政が、法学者の社会保障法学の法の体系化の視角の中にいかにとりいれられるかは、後述のようにかなり見解のちがいがみられる。とりわけ、問題は、生活関連環境整備にかかわる都市、住宅問題などといかにとり組むかについてである。

何れにしても、公害さらに住宅、都市生活問題現象などを始めとして、想像を絶するほどの新しい型の現代的貧困ともいうべき、生存を脅かす生活環境破壊現象とそこに起因すうる生活危険あるいは生活危険情況に対して従来の所得保障中心の社会保障施策とあわせて積極的なサービス行政の対象として社会関連環境整備、保全を必然的に問題とせざるをえなくなったと考えることは、誤ってはいないのではなかろうか。社会保障は、現金や現物や医療サービスというものに限定し、公害の救済はともかく、予防サービス行政、公住宅サービス行政に及びえないものなのだろうか。しかし、行政権力が、この脅かされている生存権保障の取組みとして、前述の生存権保障のための技術諸手段を媒介とし、しかも包括的・総合的に、しかもさらにこの諸手段に加えて積極的な行政措置をもって、計画的かつ総合的な政策をもって対処したか、といえば極めて問題があるといわねばならない。ここを基点としてみるとき、高福祉化への指向以前になお内在的問題が今日なお未解決のまま残っている。

(2)　現代的生存権保障と社会保障の法理の現実

現代高度独占資本主義生産体制の矛盾現象とも呼ぶべき、すでに指摘したような古典的・第一次的貧困現象とともに、より基底にある生活環境の破壊現象とそれに起因する生活危険情況に対し、憲法二五条、一三条、一四条などにもとづく現代的生存権保障は、単に古典的市民法の基礎原理ともいうべき私的所有権尊重に根ざす私的生活個人責任原則の補足的性格のものということにとどまらず、より積極的な保障を内包しているといってよい。とりわけ、今日脅かされている憲法上の生存権の名宛人は、国民といっても主に社会的に弱い勤労者階級や地域住民層という、エモーショナルな意味の社会的弱者総という性格規定をこえて、沼田稲次郎の言をかりると、体制の被害者（社会的生活被（阻）害者）という、当然に国家や資本がその被害に対して措置を義務づけられている層である。(3)

これらの層の具体的な人間の生活・生存権を脅かしている、その具体的な原因とその創出状況は、個々の社会的阻害層の個別的責任に帰せられるものと、そうでないものとの区分がなされるにせよ、総体的にはこの区分をも不要とするような状況にまで達し、これに対して対処が行なわれざるをえない状況がきている。このことは、個人生活自己責任の法規、自由権論理をもってしては対処しえない状況の到来を意味している。たとえば、個々の生活主体の疾病について、その疾病原因が業務外の場合には医療保険法あるいは生活保護法の医療扶助の、加えてそれ以外の特別法（児童福祉法の「育成医療」給付、公害にかかる健康特別措置法による医療給付など）の給付原因、保障要因として、また業務上の場合には労災保険法の給付原因、保障要因とに区分されるにせよ、給付される医療の現物給付は――社会保険適用層たると、生活保護適用層たるとを問わず――、量的にも、質的にもかなり均質化された法定規格医療給付がなされる方向を辿っている。しかし、この疾病に伴う所得喪失に対する所得保障の方法は、拠出にもとづく社会保険の場合と無拠出との場合に相違がみられる。ここで指摘したいことは、疾病現象の原因によって、区分がなくされるような、かなり健康の保全、環境の保全、安全の保全に照し、平等化、普遍化が行なわれる方向にある。また、すべての面において、安全、安定の確保のために、「予防」と「治療」（救済）とを一本化する方向が、医療はいうまでもなく、公害などの面でもみられ、都市環境整備の面でもみられる。しかし、医療をとっても、所得保障にかかわる法をとっても、法は人的対象別に、原因別に、また拠出の有無別に、また具体的サービスの可能の有無別に応じて、とりわけ給付内容に差がみられ、社会保障の法の体系化においても何をメルクマールとして設定するかについて困難を生んでいることも事実である。生存権という基本的人権保障の有力な内容をなす医療保障――しかも脅かされている生存権に対する――さえ差別がなされていることに、今日の問題がある。そして、これが前述のように、制度別を媒介にして行なわれているところに問題があるとすると、これを克服するために、一本の所得保障、医療保障、社会福祉サービス保障の関連サービス保障の実現のための体系化を試みることは将来課題として基本的なことである。高福祉化への指向において、この医療保障、所得保障は、拠出による相違の是正、さらに拠出と無拠出との給付の格差の是正の実現といっても、高福祉＝高負担論の前提において、しかく容易でないこと、さらにそれ以前の問題の未解決を控えていることも事実である。

とりわけ、法的には高福祉化への指向とその課題究明において、現代社会における社会権としての憲法二五条の生存権の法意が、憲法二五条一項の「健康で文化的な最低限度の生活」保障と、その実現の手段を定める同条二項と合体して、依然として「プログラム的規定」の法的意味、たんに国民に対する道義的義務のみを確認しているにすぎないとする解釈が、生存権保障の実現の桎梏となっていることさえ否定できない（朝日訴訟最高裁大法廷判決、堀木訴訟控訴審判決など参照）。新しい型の人権として、環境権、健康権、安全権などに関し、また快適生活権について、憲法一三条が援用されているが、この解釈についても同様な性格づけがみられる。このような解釈の定着は、現代社会が高度独占資本生産社会であることに対応するに、依然として法的には古典的な市民法理を前提とした、私的生活故事責任原則を貫徹せしめ、これとあわせて、国家に消極的な補足的責任を軸とする生存権解釈への法的認識の根強さを示すものにほかならない。

司法機関、行政機関における憲法解釈にみる古典的な法理の転回にあわせ、現代社会のニーズの実現に積極的に対応する社会保障＝給付行政、とりわけ国家の積極的な作為による量的・質的な行政施策への希求をこめて現行の社会保障実体関係法、ならびに行政訴訟、救済の法理の対応こそが、高福祉化への指向における社会保障の法的課題の基礎にあるといってよい。

社会保障法学も、この憲法の生存権保障、快適生存権保障、普遍的平等保障の人権保障に即して、法の対象の拡大とともに従来のような古典的分類を許した制度のみならず、新しい社会的事象に対応した新しい制度の創出とその広がりに対し、静態的な制度分析をこえて、前記の理念の実現のために給付を中心として社会保障の法の体系化とその中への取り込み領域の確定とも関連して、これを目的的に体系づけようとする努力がここさいきんなされている。しかし、その拡大化していく複雑な社会生活現象とこれを対象に、いかにして統一的な法理念と法的な権利・義務関係としての側面からの体系化が、社会保障というものの流動的な性格によって至難ということから、今日な

お確立した体系化がなされていないことも事実なのである。(4)

(1) 法学協会『註解日本国憲法』上巻(2)(有斐閣、昭二八)四八一頁。
(2) 拙著『社会保障の法体系化(上)』(勁草書房・昭四四、著作集第一巻)一二二頁以下、著作集第一巻。
(3) 沼田稲次郎『社会法理論の総括』(勁草書房・昭五〇)三八八頁以下。
(4) 制度区分を前提に四部門説(「公的扶助」「社会援護」「社会扶助」「社会生活環境整備」などの)をとりつつ、「所得保障」「医療保障」「社会福祉サービス保障」の総合化を考え、とりわけ公衆衛生、公害、都市問題、住宅問題の社会保障の取りくみを発想してきた(前掲・拙著『社会保障の法体系化(上)』、著作集第一巻参照)。しかし、この発想に対して、とりわけ社会生活関連整備の領域にみる「社会保障」の拡大は拡散化、ことに法の体系化について法学者の間から問題が提起されてきているが、今日なお法の体系化とは何か、いっそう視点も異なり、必ずしも確たるものがみられていない。

二　社会保障の法体系化の諸理論の意味

(1) 社会保障の法の体系化とは

すでにのべたように現代の高度独占資本主義段階のきびしい社会生活の現実を前提に、これに対して現代社会生活における高福祉化指向という希求との関係において、社会政策的基本権、生存権的基本権とか、社会権といわれるような新しい型の基本権の一つとして、いわゆる「生存権」、さらに「快適生活権」が、法的規範、単なる法名辞としてでなく「行為規範」としてかつ「裁判規範」として展開をみ、とりわけその現代に即した内容づけを求められつつある。(1)

第二次大戦後の、ことに一九五〇年代以降、欧米諸国においても、わが国においても、社会保障という概念にもとづきそれに関連する制度が展開し、その間取りは、かなりニュアンスがあるとしても広がりをましており、これに対して社会保障のすべての関連法を統合する単一の法が制定をみているわけではない(2)。

現代の社会保障法という概念は、関係法に関する法の包摂的な概念とみることもできる。たとえば、民法は、総則、物権、担保物件、債権、親族、相続部分などは分かれつつも、一応単一の法として成立している。これに対し、労働法は、それなりの原理をもって、それが極めて時代の流れを反映して、かなり多くの関連法を包摂している展開をみている。しかし、社会保障の法の体系化は社会保障の概念とその制度的理解の多様さから、「社会的給付」というメルクマールをとるとしても、とかく容易でない。

そこから、社会保障に関する法現象とこれに対する法学的研究、とりわけその体系化を意図する研究は、生存権保障とは何か、生存権の保障内容、とりわけ社会保障の権利を前提として義務主体たる国の範囲はどこまでか、それを実現するにあたり、新しい型の法の出現、またこれらの個別の法制度の不整合性の体系的整備にあわせて、要保障事故、状況に対して、その対象とするものをどの範囲までとり組むかに関連して提起されてきたといってよい。ことに、社会保障の法原理とそれに即した体系化による構成法の間取りが無限定なものではないと仮定した場合、とりわけ社会保障法が構成制度の説明に等しい、便宜的なものでないとした場合、どのような内容の関係法を包摂するのかということにあわせて、単なる制度の説明にとどまらない体系をもった社会保障法学の確立とそのための法の体系化のための理論づけが問題とされてきた。しかし、社会保障というものは、それが目的的、かつすぐれた実践的な概念で、しかも人間生活の変化に対応する社会的必要を充足するということにかかわり、それだけに弾力的かつ流動的拡大的な傾向をもつだけに、学問的純化という点から社会保障自体の内在的性格を強く出さんがために—ここから無限な広がりへの可能性をもつといっても、そこには限界があることは承認しえても—法の体系化という点から、逆に体系確立の便宜上から狭く限界づけることは極めて問題があるといってよいのである。何れにせよ、体系化の視角は別として、現行の社会保障制度を前提に、その制度をどう把えるかについて理論化が試みられていることに注目したい。

そこで、社会保障の法的側面における体系化とは一体何なのか、筆者なりに考えてきたことを提起して、問題の提起をしたいと考える。何故なら、筆者の『社会保障の法体系（上）』（昭四四・勁草書房、著作集第一巻）刊行以来批判をこめた研究がみられたことからである。さて、今日法と行政の分野で一応その位置づけをえた社会保障法と社会保障行政が、現代法体系の中で、独立した法の一部分を形成していることを明らかにするには、単に静態的な構成制度の分類学的視点では無意味であることは、同感である。生存権保障のための制度的な広がり、とりわけ生存権擁護のための権利という点と絡めて、これを実現するために在来の関係法の歴史的創設の歩み、その後の展開・発展の歩み、そしてそれとの関連においての新しい法の創設、さらに統合化などのベースにあるものを明らかにたどることは、今日なお必要である。現実は、人間の生存権尊重とその実現ということに関連して、生活保護法とか、各種の関係社会福祉法とか、各種の関連社会保険法、さらに人間の生存権擁護に関連した「人間生活環境」の保全に関する各種の公害関係法あるいは公衆衛生関係法、都市計画法、住宅関係法その他の尨大な法制の展開をみている。この尨大な社会生活の保全という点からの生活関係法の集積に対し、生存権さらに快適生活権の実現のために、その具体的な社会保障権を座標軸とした社会保障法の合理的、合目的的なとり組みと、それに対する統合的な性格が浮かび上がっているのである。前述したようにこれらの法は、憲法二五条一項はいうまでもなく二項に即していえば、戦前から存在している狭義の社会保障＝「所得保障」に関する公費負担の生活保護の原型に関する法（たとえば救護法などの公的扶助法、しかし、これらは今日社会事業といわれるサービス体系化に位置づける見方も多い）、各種の拠出・給付にもとづく社会保険関係法の原型（たとえば健康保険法、厚生年金保険法などに加えて戦後新しく制定をみた労災保険や失業（雇用）保険）、また「公衆衛生」関係法の原型に関する法（たとえば伝染予防法、また医師法など）などを母法に戦後改正をみたものを中心に成る。そして公害、住宅、都市生活環境に関する法の制定、さらに狭義の「社会福祉」＝「社会福祉サービス保障」の原型（社会事業法など）を絡めて新しく戦後の社会的必要に対処するために制定をみた「社会福祉」関係法、さらに、これにかかわり創出をみている社会援護（社会手当）に関するものなどがあり、これらを土台にしていることも事実なのである。このような在来の歴史的事実にもとづく法の集積を前提にしてさえ、学者や社会保障あるいは福祉の実務家達は、これをどのように全体的に体系的に整序すべきかについて、まず制度自体の性格把握についても、これまで必ずしも厳格な制度分類基準を立てていたわけではない。しかし、制度の中心をなしていた公的扶助と勤労者対象保険（社会保険）は、人的適用対象、財源、その権利化などからみて違いがあることなどをメルクマールとして、そこで区分していたであろうし、これは今日までも変っていないと考える。その上に、かなり法的把握において異質的な社会生活関連整備にかかわる公害、住宅、都市などの問題領域の法が増加していることから、その整序化が一層問題となっているとみてよい。

(2)　社会保障の法の体系化のための視点

①　関係制度の総合的判断（法の性格、財源、給付目的法別などの）に基づく構成制度区分に基づくもの（権利性に重点をおき、総合的判断によって制度機能を区分するもの）

(a)　二部門説（広く公的扶助法と社会保険法に区分

(b)　三部門説（公的扶助法、社会保険法と社会福祉、公衆衛生、医療関係法の関連部門を含むとする区分）

(c)　四部門説（公的扶助法、社会保険法、さらにと社会援護法、社会環境整備法〈公衆衛生、公害規制、公共住宅、公教育的給付〉を含ませる区分）

このような制度部門分類＝区分説は、すでに述べたように二部門古典的分類説から、制度拡大化を前提とした四部門分類説にいたるまで、その詳しい分類基準は必ずしも明らかにされていなかったが、筆者が推論する限り、どの所論も、所与の制度を前提に機械的かつ技術的に分類を試みられたわけでないと考えている。それ自体、制度の歴史的性格を、また現代における制度機能に加えて、財政その他を顧慮しつつ、やはり後述の幾つかの分類基準を内包させつつ、権利の性格を背景にいれていたとみてよい。筆者も、前述の古典的分類とも呼ぶことができる区分を前提に、四部門説をとってきた。(3)

もちろん、この種の制度分類を中心とする法の体系化については、体系化への一つのステップとして、社会保障構成制度を適当に分類羅列してきたわけではなく、制度理解のために、それらの制度分類基準を用いていたと考えることができよう。

②　つぎに、制度の整序化のために上記の部門説では、制度別に固定化され、社会保障の法原理からみて十分でないとすると、これらの制度区分に対し、各種の基準が用いられていること、組み合わされていたことも否定できないとみることができるので、これをもとに検討してみよう。

(I)　財源別にする区分（拠出か無拠出か）（主要財源が主に、(a)公費負担によるか、(b)拠出＝給付によるか、(c)その折衷であるか）

(a)に属するもの――公的扶助法と社会援護（社会事業）法と公衆衛生法

(b)に属するもの――各種社会保険法（拠出＝給付型をとるも、国庫支出に多く依存する国民健康保険は(b)型に入れることも可能であろう）

(II)　適用人的対象別による区分（主に(a)勤労者対象か、(b)地域樹海か、(c)全国民対象かによる）

(a)　勤労者対象（各種の勤労者対象の社会保険など）

(b)　地域住民対象（各種の地域住民対象の社会保険など）

(c)　国民対象あるいは国民の中の特殊的な要必要層対象（各種の公衆衛生関係法、社会福祉関係法にもとづく社会福祉サービスなどの給付、あるいは、低所得層に対する生活保護法など）

(III)　要保障事故ならびに情況による給付目的内容別による区分（給付内容によって、(a)現金給付の単給か、(b)現物給付の単給か、(c)医療その他のサービス給付の単給か、その他各種の給付併給によるか）

(a)　現金給付の単給（失業保険法、地域住民・勤労者対象の年金保険法、児童扶養手当法、福祉年金法）

(b)　現物給付の単給

(c)　医療その他のサービス給付の単給（各種の社会福祉関係法）

(d)　(a)・(b)・(c)の組み合わせ、(a)・(b)の組み合わせ、(a)・(c)の組み合わせ、(b)・(c)の組み合わせなど

(i)　現金給付・医療現物サービス給付の併給（生活保護法）

(ii)　現金給付・医療給付の併給（勤労者・地域住民対象の健康保険法、労災保険法）

(iii)　現金給付・医療給付の併給（被爆者援護法・公害救済関係法）

(iv)　現金給付・医療給付の併給（母子保健法など）

(v)　医療給付と収容サービスの併給（社会福祉関係法）

ことに、さいきんは、②の(iii)をベースに、前述の制度分類論に対し、ことに医療について、人的対象別に、また財源別に、給付内容について差をもうけるべきでないとする視点から、もっと整合的にこれを把えるべきだとする試みが現われてくる。ことに社会保障の目的的機能的性格から、筆者自身四部門説をとりつつ、漠然としていたが、「所得保障給付」と「社会福祉給付」とのちがいを前提に、これと類似しうる機能的分類ともいうべき、「所得(現金)給付」と「サービス給付」とに区分する考えをとる方向を示したのである。これについて、「所得保障給付法」(生活危険給付法と生活不能給付法とに分けられる)と「障害保障給付法」(非金銭的給付)とに区分し、これを社会的給付として社会保障の間取りを画する荒木誠之教授の見解がみられ、これを中心に諸説が展開されてくる。(4)

何れにしても、筆者が社会保障の法学的側面からの研究において、昭和四四年『社会保障の法体系(上)』を刊行して以来、前述のように筆者への批判をこめて、法学として存立するための社会保障法の法原理とは何か、それに即して、社会保障法学の固有の規整対象は何か、そのための対象に対する目的的なしかも法の総合化としての研究が多くみられたことは社会保障法学の確立のため注目に値いする。

とりわけ、前記の荒木誠之教授の有益な分類については、別稿で問題点を指摘したのでそちらに譲りたい。(5)ただ、前述したように、社会保障を構成すると考えられた制度の古典的分類とそれに類似する分類では、社会保障法がモザイク的となること、加えて社会保障の対象拡大に対して、無限に拡大し、社会保障法が制度解説になってしまうことへのおそれを配慮する発想から、前記の荒木分類が展開されてきたことは傾聴に値いする。とりわけ、荒木教授は、社会保障の法給付、「社会的給付」としての、(1)所得保障給付(傷病、老齢の所得能力喪失という生活危険に対処する生活危険給付法と、現実の生活不能に対して給付される生活不能給付法とに分類される。この給付には、現行の社会保険、公的扶助の法が入ることになる)と、(2)障害保障給付(労働能力=所得能力を損う状態に対して能力回復を目的とする非金銭的給付の法——医療とリハビリテーション）に分類し、ここに社会保障法の対象を画する立場をとる。いわば、構成制度中心の分類から法制を給付目的別に、かつ機能的に総合するためにこの理論展開をされたことは注目に値いする。

医療の一つとっても、要必要層の一人的対象別の社会福祉法、保険法と連結がなく、タテ割りの法によって、本来的な社会保障の目的・機能の実現が阻まれている現実をみるこの所論の立場はよく分るのである。前述の(2)に属する、社会保障の対象は、所得保障に加えて、医療ならびに社会福祉サービス給付保障にかかわる、労働能力回復給付、公衆衛生中の疾病予防（予防接種、健康診断）に限定される。ここでは、生活にかかわる問題が、かなり捨象されることになる。何れにせよ、尨大なばらばらのものを整序するという点では、「立法理念」の主張とも見られるが、既存の制度の有機的連結化ということで実現されるということになれば、必ずしも新しい立論とはいえないのである。

社会保障法の対象確定か、限定化のための給付別分類という視点からの発想とみられるものに、従来の部門説を前提に、給付説をとられるとみられるような角田豊教授の分類（昭和四七年五月学会報告要旨）がみられた[6]。

この分類によると、(1)生活危険給付（所得保障）、(2)生活負担給付（児童手当などの社会扶助など）、(3)医療給付、(4)福祉給付、(5)生活不能給付、とされ、制度区分論にもとづく意義を注目された。

このほか、荒木分類よりも広く間取りをとり、一方社会保障の法対象の無限化に対して、これを画する理論が、籾井常喜教授の所論といってよい。これは、筆者や荒木教授の所論をベースに、しかも批判をこめつつ展開したもので、制度区分を考慮にいれつつ給付にもとづいた、分類説ともみられる[7]。

籾井所論は、憲法二五条の生存権を中心理念として、社会保障法は、生活不能＝経済的困窮＝国民生活への脅威の除去を目的とし、⑴生活危険に対するもの――社会保険、社会扶助手当、⑵生活障害に対するもの――社会福祉措置、公的扶助を対象とし、⑶関連的に医療制度関係法、生活環境整備法(公衆衛生関係法、公害防止関係法、公共住宅関係法、借地借家法、物価統制関係法)を対応させている。この法の体系化は、荒木教授のように画する立場はともかく、筆者同様、かなり広く間取りをとり、「所得保障」と「サービス給付」と「関連制度」とに分類しているとみてよい。なお、このほか、所得保障の法体系化を中心に、その体系化を試みる分析もみられる。たとえば、高藤昭教授の所論がこれで、最低生活保障法（一般最低生活保障法と特別最低保障法とに分かれる）と生活維持保障法（傷病、出産、老齢、廃疾、死亡、遺族、失業保障法に分かれる）とに区分し、制度の体系化のメルクマールとなった制度技術、保障原因を克服する努力を試みる。(8)

何れにしても、筆者が、前述のような視点をもとに指摘してきた構成制度の分類に対し、社会保障法学の基礎原理とこれに関連しての法の体系化にあわせ、固有の法対象は何か、それにもとづいて事故への包括的な給付内容にもとづく生活保障の法の体系化が現われつつあることは、筆者の問題提起以来極めて有意義なことと考えている。

しかし、筆者自身、社会保障法の体系化の視点は何かということが、社会保障の法学的研究の対象を純化するための試みと結びつき、その生存権保障のための具体的な制度による実現と結びつき、これを通じて制度を立法理念と絡めて画定、線引していく試みには賛意を表しつつも、一方では危惧を感ずることも否定できないのである。生存権保障の制度的実現といっても、固有の社会保障の対象と関連制度とでは変化する社会のニーズとも関連してやはりもつ制度の意味も著しく異なるからである。

憲法二五条生存権保障、憲法一三条幸福追求権、快適生活権保障、憲法一四条普遍年金保障に対応して、社会保障法学が前述したように、現代資本主義社会のもとで必然的な生活危険にさらされ、沼田稲次郎教授によると、「体制内被害者」としてその生活を脅かされている階層とその生活危険ならびに状況に対し、この生活権保障のために、諸々の生活領域にかかわるすべての面をカバーせねばならないものではないことはいうまでもない。筆者は、前述の『社会保障の法体系(上)』自身において、筆者自身、静態的にして完結的な法体系化を構想したものではない。社会保障法の現代法体系における法の性格分析、そこでとり組むべき現代的な法の課題を社会保障の権利の視角から究明することにあった。

筆者は、今日古典的な制度分類論は別として、それなりに集積されつつある法に対して、制度の機能とその変容を考慮にいれながら、その要保障事故に対し、所得とサービス保障の面から、社会保障機能を実現した給付別分類による体系化論の意味は、その法原理と立法概念を前提に今日の法制の在り方を問うた意義を高く評価することに、やぶさかではない。しかしこの分類にもとづく体系化論も、既存の制度を前提に、その制度目的に即して制度の有機的役割を重視しつつ試みられているか、というと、なお制度分析に欠くるものがあるように思える。

況んや、国の責任による所得保障＝現金給付、社会福祉サービス保障ならびに包括的医療サービス保障とそにための給付が併給される仕組みを前提に、包括化あるいは一本化される体系が、社会保障の対象とする生活事故、あるいはその類似状況の克服を目ざして考えられれば、複雑な給付分類自体も不要となることはいうまでもない。その意味では、制度分類論克服を意図して、国の責任範囲による給付範囲の限定化という点から、社会保障法の学問的純化ということで対象限定は理解できるが、体系化論争がその視点を明らかにしていないと、極めて非生産的なものとなることも事実であろう。論議の多い(III)の分類に深入りしすぎたのでつぎに移りたい。何れにせよ、「社会的給付」ということで、その内容を限定することの意味の意義づけになお疑問を抱くのである。以上のほかにつぎのような分類にもとづく体系化もみられる。

(IV) 給付実体法と給付組織法とによる区分（各種の受給権に関する実体的関係法とそれらの受給権にもとづいて給付を実現する行政運営ならびに権利救済関係組織法とによる区分）

(a) 給付実体法（かなり給付組織法を伴う）（各種社会保険法、生活保護法、各種社会福祉関係法、公害救済権に関する関係法など）

(b) 給付組織法（厚生省設置法、社会福祉事業法、民生委員法、社会保険関係審査法、公害関係救済法、その他関係法）

(IV) も、どのような法の原理をとるかで、その範囲が広がったり、狭くなったりすることは注意を要する。

(V) 社会保障関係政策による区分（これは、欧米諸国にみられる考え方で社会保障の多面性に注目し、社会保障目的実施に対応する各種の政策による体系化）

(a) 完全雇用保障政策

(b) 医療保障政策

(c) 所得再配分保障政策

(d) その他教育、住宅その他の関連政策

この政策にもとづく体系化も、法の体系化ではないにせよ、広義の社会保障政策を前提とし、法の整序化にとり重要である。

(VI) 各種の社会保障社会受給権の権利の性格とその権利実施のための手続きによる区分

(a) 要保護者の申請にもとづいて、形成行為または特定の性質をもつ行政行為によって相手方たる受給者に対して一定の受給権とこれにともなって法の定める一定の高権的監督をうけるべき地位を設定するもの（生活保護法における権利関係。これは受給金額などに不服ある場合でも、権利主体たる国に対してその増額を求める当事者訴訟

を提起する余地はなく、給付の決定・変更などの処分をとらえて行政抗告訴訟で争う以外に方法がない。しかし、この方法でも、実際に取消判決がなされても、保護機関が何らかの積極的措置をとらない限り、要保護者の求めている給付内容を直ちに実現する手段がないから、立法論として、実効性のある救済手段を考えない限り、権利内容の実効性ある保護には弱いことになる）

(b)　受給資格や給付金額について、一義的とまではいえないにしても法律でかなり明確な規定を設けつつ、給付主体と相手方との間における論争を防止し、給付の法的確実性を担保する立場から、認定、決定、裁定などの高権的処分を介在せしめるという権利関係を設定するもの（各種の関係社会保険法、関係共済組合法、恩給法、社会援護法に含まれる現金給付関係の児童扶養手当法、国民年金法中の老齢福祉年金など。この場合の行政機関関係の決定、裁定、認定などの行為は、生活保護法のような申請に対する形成行為ではなく、確定処分であるといわれ、この確定処分は具体的給付請求権取得のための要件であり、したがって、法定要件の該当する事実が発生し、確認行為がなされるまでは、潜在的効力をもつにすぎないといわれている）

(c)　当事者関係的な構成をより徹底し、法律の定める一定要件を充足する事実が発生した場合、それによって当然に具体的給付請求権が発生し、行政上の特段の行為をまつことなしに、この給付請求権が行使できるとする権利関係を認定するもの(国家公務員災害補償法、地方公務員災害補償法、自動車損害賠償保障法に定める政府の保障事業による損害補償、労働基準法の労災補償など。この類型に属するものにあっては、法律所定の要件充足事実によって、具体的な給付請求権が発生し、権利者は直ちにこれを行使しうる状態におかれるから、認定などの行為はすでに発生している権利を左右するものではない。したがって、当事者は認定をまたずに、民事訴訟あるいは行政法上の当事者訴訟によって給付の訴えを提起できる）

(d)　受給者の申請にもとづいて、給付が開始される権利関係を認定するもの（未帰還者留守家族援護法など）

これらの権利の性格とそれに対応する権利内容の実現の方法としては、(a)から(d)に移るにしたがい、その受給権者の権利保全の度合いが強い。とりわけ、その受給権者の権利の性格は、その受給権の実体的内容に関する実体的権利、手続的権利はいうまでもなく、訴訟権など、これらの小川教授の主張に加えて[9]、とりわけ筆者は受益者の行政計画の作成、決定、運営参加にかかわる「行政運営参加権」を重視したい。

いずれにせよ、社会保障法の構成制度の内容は、社会保障が重要な現代社会の制度である点で、変化を示し、一方ニーズによって、ますます広がる可能性を示している。そして、その広がりは、人間の生存権擁護のための権利を前提としたその保障という点から、従来社会行政として営まれてきているものはいうまでもなく、広く非権力的公役務と考えられるものが広く含まれるとみられる。ここでは、少なくとも社会保障法がそれ自体固有の規制対象をもち、独立した法としての存在意義をもつという点において繰り返したように体系化のために拙速に確定的な対象限定メルクマールを設定し、分類方法を設定することが妥当か否か、という問題をかかえていることは前述のとおりである。この意味で、筆者は、なお古典的分類をもとにした前記の総合的分類説を前提にしつつ、四部門説と給付分類説との合わさったものの上にたっているがこれも体系化の一つの歩みであり、今日決して非科学的な分類でないことをなお信じている。

（1）『社会保障の法体系(上)』一一七頁（本著作集第一巻）以下。
（2）平石長久・保坂哲哉・上村政彦『欧米の社会保障制度』（東洋経済新報社、昭五一）参照。
（3）前掲・拙著『社会保障の法体系(上)』一四〇頁以下。
（4）荒木誠之『社会保障法』（ミネルヴァ書房、昭四五）参照。

（5）拙稿「荒木誠之『社会保障法』書評」季刊「社会保障研究六巻一号（一九七〇）参照。
（6）しかし、角田豊『社会保障法の現代的課題』（法律文化社、昭五二）一四頁以下では、荒木論を「立法理念論」としての意味を評価するも、なお制度的区分論は現行制度分析上重要とされる。角田所論については、拙稿「社会保障法学の現状と課題――故角田豊教授の社会保障法学の軌跡をかえりみて」社会保険「実務と法令」（昭五三・一二）参照。
（7）籾井常喜『社会保障法』（総合労働研究所、昭七）七九頁以下。本書は、主に社会保障論に力を注がれ、この所論に対し、荒木誠之「社会保障の法体系と権利」（季刊労働法八四号）が批判を試みている。
（8）高藤昭「社会保障法の法体系試論――所得保障法を中心に」法政大学社会労働研究二三巻一号参照。
（9）小川政亮『権利としての社会保障』（勁草書房、昭三八）一二五頁以下。

三　社会保障法の構成関係法の特色と体系化の視点

現代社会保障法は、すでに説明してきたように、その対象の広がりとともに、極めて多様な関係法から構成されていることを指摘してきた。そしてこの社会保障法の法原理とは何か、それから敷衍して固有の対象とは何かということに関連し、これを構成すると考えられてきた関係法の法構成概念ならびにその法のもとでの権利性の問題についてみるとき、その権利の性格自体必ずしも一元化されていないことを知る。このため、これらの権利性をいかに整序化するかの視点こそ、体系化を試みる場合もっとも重要であり、単に対象を確定することによって社会保障法の存立を措定しようとすること以前の問題がまずあると考えるのである。もちろん、これらの関係法をさらに分析する際に、どのような体系化のための視点を定めて、整序化を試みるかということ自体にも問題があることはいうまでもない。

社会保障法という法律自体、今日独立した現代法体系の一部門となったといえ、それはかなり広義の包摂概念であり、すでに説明したように給付する内容の多義にかかわって数多くの構成制度からなり弾力的かつ流動的である。とりわけ、人間のライフ・サイクルを通じ、その生活を脅かすもろもろの具体的にして社会的組織的な事故あるいは諸情況に対して、具体的かつ包括的な生活保障のための単一の総合的立法として、単一の対象を措定し、これに対し単一の一元化された行政機関によって運営されているわけではない。現在わが国の社会保障行政は、法の多元化と同様に、所管行政機関自身、厚生省、労働省を始めとして数多くの官庁にかかわり極めて多岐・複雑である。

したがって、社会保障の法の体系化のためのステップとして、まず既存の構成制度の分析の分類としては、現在なお筆者自身前述の総合的判断にもとづく区分により、とりわけ、主要財源や人的対象別などによる権利の性格の相違が克服されずに残っていること、これによって権利の性格が規定されている傾向に対応して、対象とも関連して、関連法の特色を指摘しながら、体系化の以前のベースにある問題の処理こそ必要と考えている。

第三編　現代労働法と社会保障法との交錯過程の問題と課題

I　雇用保障・老齢保障をめぐる現状と課題

1　戦後日本における失業保険の法と行政分析
——憲法二五条（生存権保障）、憲法一三条（快適生活権）、憲法二七条（労働権保障）の制度的実現からみて——

一　分析の視点

雇用保障と関連して失業保障という問題が、わが国で提起されてきたのは、とりわけ第二次大戦後のことに属し、古典的な自由な資本主義経済体制内部における自由な労働市場における労働力需給メカニズムを前提とした労使の結びつきに対し、このメカニズムに必然的な失業現象あるいはこれに関連する雇用不安定現象に起因する、労働者ならびにその家族の、失業に伴う稼得の喪失、現象による不安に対して、政策ならびに立法課題として公的＝国家による雇用機会の創出・確保に関連する雇用安定サービス施策とあわせて失業・雇用喪失に対し、その保障＝所得保障を講ぜざるを得なくなったことを意味する。このことは、わが国においては第二次大戦後の社会政策的な基本権尊重の法思想にあわせて、社会保障思想にもとづく制度的な生活保障の考え方の国際的な展開・普及に伴い、日本国憲法における生存権、労働権保障の定めとともに、この国際的な動向にあわせ第二次世界大戦後の経済的与件状況を前提に、失業保険制度と雇用サービスの導入を試みざるをえなくなった事情とも一致する。

資本主義生産体制において必然的な経済現象たる失業現象に対し、公的＝国家的な失業救済制度が広く展開・普及をみるのは、前述のように第二次大戦以降のことに属するが、わが国の場合憲法二五条（生存権保障）と関連して憲法二七条（勤労権＝労働権保障）の憲法規範的要請と絡んで、とりわけ自由な労働力の需給メカニズムを前提に、その必然的な雇用喪失に対して、一定の法政策上の与件を前提に失業保険給付による生活保障の仕組みが発想されることになった。

ことに法政策は、権利・義務を中心とした法規範関係の体系化と絡みあう。そこで、本節では上記の憲法二五条、二七条さらに憲法一三条（快適生活権）などの規範内容に即し、失業保障ならびにこれと深く結びつく雇用保障が、わが国の雇用の需給メカニズムに対し、失業保障のシステム――とりわけ社会保障制度の内包する所得再配分的機能を有する社会保険ならびに関連制度を軸に――を中心に、どのように法政策的に実現されてきたかについて、戦後の日本経済の展開・発展に関連して、どのように推移してきたか、どのような政策と関連施策上の問題をかかえそれをどの程度実現しえてきたか、を中心に問題点を指摘したい。

二　現行憲法体制下の「労働権」条項の法意と制度的保障の意味

現行憲法は、憲法二九条の財産権尊重にもとづく資本主義生産体制を前提に、この資本主義生産体制下において発生する社会的諸矛盾に対し、従来個人生活責任原理にもとづいて、自救を中心にこの社会的諸矛盾現象に対処してきた状況から、失業を含めて、勤労者ならびにその家族の生活上の諸事故に対し、憲法二五条、二七条を軸に、社会的扶養責任原理にもとづく国家による生存権保障に加え、恒常的な雇用労働＝賃金稼得機会の維持・確保に加えて人間的な就労保障の代替的メカニズムとして、失業保障のメカニズムを予定していると考えることができる。

憲法二五条の生存権保障に関連して、憲法二七条一項（「すべて国民は、勤労の権利を有し、義務を負う」）は、社会政策的基本権の一つとして、「勤労権」＝「労働権」を定める。

現行の資本主義生産体制を前提として、就労機会の創出を、もっぱら私企業の生産政策とその自由な雇用に委ね、その労働の対価としての賃金取得とそれによる生活維持を予定することと関連づけてみるとき、この憲法二七条一項の「勤労権」保障は、憲法二二条一項（「何人も、公共の福祉に反しない限り、居住、移転及び職業選択の自由を有する」）の、予定した個人の基本的な、最適な条件のもとで、その発展能力、生活能力の発揮を前提とした職業選択に支えられた就業の自由、雇用の自由と関連して、これと対応する自由放任原理にもとづいた私企業の雇用選択の自由（採用・解雇の自由）と同一のベースにある、単なる自由権として解されえないことはいうまでもない[1]。

何故なら、私企業のその生産政策に関連して、雇用機会創出の自由、雇用選択の自由を前提に、勤労者の就業の自由、雇用選択の自由を対応させてみても、それは失業の自由のみを意味するにすぎないからである。かくて、前述の自由権から一歩進められた、積極的な生存権内容の概念に関連する、憲法二七条一項の勤労権保障を媒介とする国と国民との間の公的な法規範関係は、単なる自由権としてではなくて、より積極的な権利として国家が、国民に対し、積極的な雇用機会の創出、確保への積極的な要請とそのための公的な雇用とその安定ならびに人間的な就労条件の確保のための政策形成にあわせ、雇用機会の喪失に対して「限定的」な労働権ともいうべき労働機会の提供にあわせて、それが不可能なときに失業中の労働者に対し、失業者に対し相当な生活費支払を求める請求権を認めていることを内包するも、それはなお、具体的な権利ではないという。[2]

すなわち、この憲法二七条一項の勤労権＝労働権保障ともいえども、国に対する具体的な雇用確保、提供のための請求権（完全な労働権）を認めているわけでもなく、国民相互間の、いわば私的な労使相互間の自由な労働力取引関係（労働契約を媒介とする）の形成に対し、憲法二七条二項にもとづく最低労働諸条件の法定による法的規制や、憲法一四条の保障する平等処遇原理による法的規制、また採用後の理由なき解雇に対する法的規制はともかくとして、採用の自由に対し、一定の政策的条件は別として、全面的に、国に対してと同様に企業への雇用強制への要求は認められていない。[3]一定の政策的条件における雇用強制は、身障者雇用促進法や、中高年雇用促進特別措置法に見出されるが、これとても一定雇用率設定による、しかもその未達成企業に対しても厳しい行政罰をもって望むことを内包しない点では、ゆるやかな、しかもその範囲の限定された雇用の間接的な強制にしかすぎないのである。[4]

この点はともかく、国民相互間の、私的な労使間においてしばしばみられる、私企業の生産合理化、雇用調整化現象に伴う過剰人員整理に対して、憲法二七条一項の勤労権保障条項は企業の被用者に対する解雇権行使に対して、これを直接的に制約しうる根拠規定として法的効力を有しうるかについては、これを否認する見解がこれまで有力であるが、[5]やはり何らかの形で制約を迫ることは法的に重要な課題といってよい。[6]

しかしながら、高度経済成長政策の展開・発展に伴う、労働力不足現象の招来といわゆる完全雇用化状況の到来に伴い、この憲法二七条一項の勤労権＝労働権保障の法的意味についても、憲法二五条の生存権、憲法一三条の快適生活権保障と関連して、かなりこの労働市場の変化を前提としつつ、積極的な雇用保障と失業保障を内包するとする憲法規範解釈の展開が促されたことも注目に値する。すなわち、今日のわが国において形成され、また形成されつつある労働権の内容は、失業保障（生活保障、就労保障）に加えて狭義の雇用保障、職業訓練保障としてこの法的保障の歩みを捉え、もっぱら、人間として生活の可能な就労保障、労働権保障へのウェイトを重視する見解がみられている(7)。

この点について、後述のわが国の社会保障下の失業給付にかんする失業保険法および雇用安定関係法ならびに関連法制の推移を辿ってみるとき、とりわけ高度経済成長政策の展開・発展によって、憲法二七条の限界を内包しつつも、広義の雇用安定政策が資本主義生産体制に固有な社会的生活危険＝事故である「失業」。に対する所得保障措置に加えて、高度経済成長政策による労働力化政策とも関連した雇用機会の確保と安定のための積極的な公的職業紹介、それと結合する職業訓練サービス、求職者に対する適職の確保とそのための広域的・広汎の労働力流動促進措置などの非所得保障＝サービスとの総合的な政策化によって少しずつ実現をみたことなどによっている。しかし、このような総合的な政策の実現が、現行憲法二五条、二七条――現行憲法二二条と結合している――を法的な軸とし、一応前記のような内容のものを含む「失業保障」ならびに雇用保障、いわゆる「完全雇用」化の実現に関連して、その法理念を達成しているか、という命題に即してみるとき、それは必ずしも十分ではなく、失業給付はいうまでもなく、雇用労働における労働条件面を含めて雇用関係施策は今日なお多くの問題を内包している。とりわけ、現在の低経済成長政策への移行によって発生している失業現象と、その失業に対する雇用保険法による総合的な施策内容をみるとき、「失業保険法から雇用保険法へ」の流れの中で、失業に対する法と行政施策の内的諸矛盾のソフトな隠蔽をみる思いがすることの指摘だけでも十分であろう。(8)

とにかく、戦後の日本資本主義の再建とその整備は、その独占化、寡占化体制の再編強化に対応する産業構造の変化とその雇用構造の急速な変貌による労働市場内部の変化に対して、雇用保険法制定により広義の雇用安定政策を軸に、失業保障を狭義の雇用政策に吸収する姿勢を示しているが、(9) 失業の解消＝雇用強制による施策の当否を含めて、果たして生存権保障、雇用保障に即する施策が完徹しているのか、といえば疑問なきを得ないのである。

(1) 石井照久『労働権』(中央労働学園、昭和二三年) 六六頁以下。
(2) 石井照久・前掲書六八頁以下。
(3) 石井照久・前掲書八一頁。
(4) 拙稿「身障者雇用促進法改正法の現状と課題」季刊労働法一〇二号 (昭五一・一・一二) 参照。
(5) 法学協会『註解日本国憲法』上巻(2) (有斐閣) 五二〇頁。これに対して、沼田稲次郎『団結権擁護論』(勁草書房) 一一〇頁、角田豊「労働権の研究」(「静岡大学文理学部報告」三〜四号) は、これを積極的に解する。なお、東京生命保険相互会社事件 (東京地裁決、昭二五・五・八) で、「(二)労働者は、『その意志に従って職を選び労働力を提供し、その生存を維持すること、而して他人に妨げられることなく、かかる雇用関係を継続する権利』(労働の権利) を有するのであるから、これを侵害するような解雇は許されない」とする判決がみられたことがあるが (労民集一・二・二三〇)、最近の判決では憲法二七条を援用して解雇を無効とする判決はみられていないことは注目に値する。
(6) 拙稿「社会保障法体系における失業保険制度」ジュリスト四六五号 (昭四五・一一・一所収) 参照。
(7) 松林和夫「労働市場と労働法—雇用失業法制と労働権保障」『沼田稲次郎先生還暦記念』(下) 所収 (総合労働研究所、昭四九年) 六一七頁以下、沼田稲次郎『社会法理論の総括』(勁草書房、昭五〇年) 三七頁以下など参照。
(8) 青木宗也・佐藤進・野村平爾「労働権と雇用保障」(座談会) 法律時報昭和四九年一〇月号、二一一頁以下。

(9) 雇用保険法の制定とその効果については、賛否が分れておることは周知の事実であり、筆者は、所得給付とサービス給付との一体化という点からは一応の評価を惜しむものではないが、雇用保険法の失業給付ならびにサービス給付をみるとき、その内容が気にかかるのである。なお、批判的見解は、小林謙一「『雇用対策法の展開』としての雇用保険法案」ジュリスト五五八号（昭四九・四・一五所収）、同「スタグフレーションと雇用保険」ジュリスト五八五号（昭五〇・四・一五）、拙稿「雇用保険法案の法構造と問題点」、角田豊「雇用保険法案の法制上の問題点」（以上何れもジュリスト五五八号所収）、松林和夫「雇用保険法案批判」季刊労働法九一号、河越重任「雇用保険法案の問題点」法律時報（昭四九年一〇月号所収）などにみられるが、失業給付の充実よりも失業保険における政府対策と労働力対策にウェイトをかけている法の性格に疑問が提出されている点には賛成である。

三　戦後の失業保険・職業(雇用)安定関係法の推移からみた法・行政施策の動向

戦後日本経済の再建とその展開・発展に対応して、筆者自身、法的側面から前述のように憲法二五条、二七条、一三条のかかわりにおいて、社会保障下の失業保障ならびに雇用保障にかかる法と行政の推移を辿る試みをなしてきた。[1] そこで、以下これらの法政の推移を、つぎのような時期的特徴にみる時期区分にもとづいて（第1表参照）、失業保険・職業雇用安定関係法と行政施策の動向とその内包する課題を指摘する。[2]

Ⅰ　戦後直後、昭和二〇（一九四五）年八月から昭和二九（一九五四）年まで——敗戦と戦後日本経済再建と大量失業救済施策に伴う失業保険法制定とその後の制度整備と保険給付政策——

Ⅱ　昭和三〇（一九五五）年から昭和三九（一九六四）年代末まで——高度経済成長政策導入、展開と産業構造の変化に伴う労働力流動化促進のための失業保険給付政策の時期（失業救済施策から雇用対策への移行端緒期）——

第１表　戦後の失業給付・職業（雇用）安定関係法の推移

時期区分	失業保険法関係	職業安定＝雇用安定法関係
	昭和	昭和
Ｉ）戦後直後～昭和29年末	21.8　新生活保護法(500万失業者)、失業保険創設建議 22.6　失業保険法制定（５人以上の事業所労働者適用、ただし、適用除外広し） 24　人的適用範囲拡大 24　日雇労働者に対し、失業保険法適用	22　職業安定法制定 24　緊急失業対策法
II）昭和30年代（高度経済成長政策導入、展開）季節労働者、女子の給付抑制と労働力流動化促進、ならびに労働力創出化進展	30　適用除外かなり限定 30　180日給付制を前提にした90日、180日、210日、270日給付日数段階制度導入 給付最低改訂 ４ヵ月以内の期間を定める季節労働者の加入（同一事業所に勤務）被保険者となる。 33　５人未満の事業所にも加入の道開く 38　扶養加算制度創設（配偶者日額20円、一子20円、その他10円）	33　職業訓練法（職業訓練と技能検定） 33　駐留軍関係離職者臨時措置法 34　炭鉱離職者臨時措置法 35　身体障害者雇用促進法 36　雇用促進事業団法 38　職安法改正 38　緊急失対法改正法
III）昭和40年代前半（高度経済成長政策発展期）	44　失業保険法改正法 ①５人未満事業場への適用 ②90日、180日、210日、270日、300日の五段階制導入→広域就職390日 ③扶養加算改訂→「扶養手当」とし金額改定 ④福祉施設給付（就職支度金、移転費など）改善 44　労働保険保険料徴収法制定（皆保険化と関連して）	41　雇用対策法 41　新職業訓練法（旧職業訓練法廃止）
IV）昭和40年代後半～現在（高度経済成長政策の低迷期）	49　雇用保険法制定(本文参照) 49　雇用保険法施行に伴う関係法整備に関する法 52　雇用保険法改正（雇用保険基金制度）	46　中高年齢等雇用促進特別措置法 47　繊維産業離職者臨時特例に関する政令 48　雇用対策改正法（中企業職業安定に関する大量の雇用変更の届け出） 51　建設労働者雇用改善法

Ⅲ　昭和四〇（一九六五）年から昭和四五（一九七〇）年末まで――高度経済成長政策の成熟と「失業保険」から「雇用対策保険」への政策推移期――

Ⅳ　昭和四六（一九七一）年から昭和五二（一九七七）年現在まで――国際経済状況の変化に伴う低経済成長政策への転換と「雇用保険法」制定、その失業保険行政施策の苦悶期――

Ⅰ　戦後直後、昭和二〇（一九四五）年八月から昭和二九（一九五四）年末まで

この時期は、終戦直後の昭和二〇年就労不能者六〇〇万以上という、戦後直後の尨大な失業者（顕在、潜在）の生活対策に関連して、昭和二一（一九四六）年八月、戦前の救護法に代って新生活保護法制定による絶対的な生活困窮者救済対策とこれに附属する失業保険創設決議に伴い、当時の社会保険制度調査会でみられた二つの異なった失業給付運営方式案（強制国営保険方式と失業保険組合による保険運営方式との）の討議の結果、強制国営保険方式の採択によって、わが国初の昭和二二年六月失業保険法（法一四六号）とあわせて公的な公共職安行政の規制法として職業安定法（法一四一号）が制定をみ、これがその後の戦後日本経済の復興再建過程をへて、漸次法形式的に整備をみてゆく時期といえる。

この時期は、戦後悪性インフレ克服のため、昭和二三年アメリカ占領軍当局による経済九原則、賃金三原則、昭和二四年ドッジ経済安定政策の導入とその実施によって、日本経済復興政策が強行された時期で、上記の失業保険法は、保険財政との関係もあって五人以上従業員雇用の事業場をその適用の場としつつも、かなり広く人的適用範囲に関して、その制限を加えた。ここから、昭和二四年法改正により、人的適用範囲の制限を緩和し、新たに日雇労働者への適用を実施し、給付面で、賃金の四〇～八〇％としていたものを一率六〇％給付へ改正を試みる。

その後、朝鮮動乱勃発と好景気を経、昭和二六年九月対日講和条約締結と独立期を経、動乱終結後の不況と昭和二九年デフレによる繊維産業などでの失業発生に対し、一時帰休制などの導入とこれに対する行政施策として、失業保険法の「離職」認定による保険給付などをもとに措置した時期でもある。

この時期には、失業保険制度は、その創成とともにわが国戦後経済復興の中にあって、当時の日本的な社会生活システム（イデオロギーとしての「家族」制度、これと結びついた血縁、地縁共同体組織に加えて、企業一家の再編ともいえる企業別企業組合を中心とする企業内労使関係）による過剰労働人口の吸収によって、その創成期の弱い失業保険の機能を崩壊させずにすみ、一方朝鮮動乱などによる好況による雇用吸収によって制度の整備を一応なしとげ得た時期といってよい。ことに、日本的な社会生活システムによる遺制存続は、朝鮮動乱後の不況においても、失業者の農村への回帰＝一時帰休などの発想による日本的な失業保険の補足的代替的機能を果たすことを可能にしたのである。

II　昭和三〇（一九五五）年から昭和三九（一九六四）年末まで

この時期は、高度経済成長政策の導入とその展開の時期で、昭和三〇年「経済自立五ケ年計画」、昭和三二年「新長期経済計画」、昭和三五年「国民所得倍増計画」、昭和三七年「全国総合開発計画」と、いわゆる成長政策に伴いわが国の産業構造の変化とあわせて急速な技術革新化のラッシュに伴い、労働力過剰供給状況から、労働力流動化をへて、労働力不足現象へ向かう時期といってよい。このような歩みの中で、昭和三二年雇用審議会は、いわゆる内容はともかく、労働力需給面において「完全雇用化」の方向を打ち出した時期でもあった。いうまでもなく、この時期には前記の日本的な社会生活システムは急速に崩壊してゆき、ここに失業保険制度が失業現象に対し即自的な対応を迫られざるをえなくなるのである。

この時期に、失業保険法の改正では、昭和三〇年法改正においては、人的適用範囲の適用除外を緩和し、さらに季節労働者の失業保険加入を法定条件づきで認め、給付日数については、従来の一率一八〇日を、保険財源と給付適正化という面から拠出年数（同一企業での勤続とその拠出年数という点での）に応じて、西ドイツの制度の形式的な模倣ともいうべき九〇日―一八〇日―二一〇日―二七〇日という四段階給付日数制度を導入した。なお、この時期に、人的適用面において、昭和三三年には五人未満の事業所にも加入適用を行なう法改正を試み一応「皆適用」化の方向をみることができる。このほか、給付改善面として、失業保険給付に扶養加算制度を創設している。

なお、この時期には、経済成長政策導入に伴う産業構造の変化に伴う離職労働者対策として、これに対応する労働力創出、労働力流動化促進政策を媒介に、失業対策から雇用対策への政策的移行がみられ、昭和三三年を契機に、職業訓練法（昭三三、法一三三号）、職業安定改正法（昭三八、法一二一号）、駐留軍離職者臨時措置法（昭三三、法一五八号）、炭鉱離職者臨時措置法（昭三四、法一九九号）、身障者雇用促進法（昭三五、法一二三号）、雇用促進事業団法（昭三六、法一一六号）、緊急失対法改正法（昭三八、法一二一号）と労働力流動化政策と関連して職業安定関係法の制定が目立っていることが注目に値する。

この種の政策に対応して、昭和三〇年代の雇用を軸とする行政サイドからの分析により(3)、この時期から失業給付施策にきびしい措置がとられることになる。ことに、この分析による初回失業保険受給者に占める女子労働者の割合の増加と季節労働者の需給増加（季節性の高い産業における受給率の高さ）は、労働力不足現象に伴う雇用化促進――過剰労働力、不完全就業者の解消――とあわせて失業保険給付の適正化政策を強めてゆくことになった。もちろん、前記のように、この雇用促進化は、産業構造の変化に伴う石炭産業離職者や駐留軍労務離職者の労働力流動化に加えて、身障者や中高年齢層の雇用促進に向かっていったことも注目に値する。

Ⅲ　昭和四〇（一九六五）年から昭和四五（一九七〇）年末まで

この時期は、前述のⅡ期にひきつづいて、経済成長政策の成熟期に対応して労働力不足現象に当面し、この時期の各年代の特徴について、労働省職業安定局「失業対策年鑑」は、昭和四〇年を「完全雇用を目ざして」と題して総合的雇用政策確立への一歩とし、昭和四二年を「完全雇用への地固め」の時代とし、昭和四二年「経済社会発展計画」、さらに昭和四五年「新経済社会発展計画」下の生産優位原則と結びついて雇用対策を強く打ち出した時期である。この結果、この時期には、雇用対策優先のもとで失業保険給付は消極的な施策とされ、昭和四一年雇用対策法（法一三二号）に加え、従来の職業訓練法が時代おくれになったためこれを廃止して、新しく昭和四四年新職業訓練法（法六四号）が制定をみる。この二つの法では、前記の経済社会発展計画のもとで、技術革新に即応する技能労働者の訓練・育成を中心に、対策法のもとでの職業転換給付金制度の創設によって労働力流動化促進を強化していった。このような政策的脈絡において失業対策制度が再検討を迫られたことも事実である。

かくて、失業給付に関する面では、昭和四四年の法改正におい、(1)五人未満企業への適用拡大　(2)給付日数面において、従来の九〇日―一八〇日―二一〇日―二七〇日の四段階制から、三〇〇日を附加して五段階制を導入し、広域職業紹介による流動化促進においては三九〇日の給付制度を導入　(3)扶養加算としての「扶養手当」の増額　(4)福祉施設給付（就職仕度金などの）の改善が試みられた。なお、これに関連して、労働省所管の労災保険・失業保険法の皆保険適用化政策の実現と結びつけて保険科徴収一元化のための労働保険保険科徴収法（昭四四、法八四号）が制定をみる。この時期には、前記の失業保険法改正をもとに、Ⅱ期に引きつづき受給資格の厳格な行政認定にもとづいて女子労働者、季節労働者、さらに若年労働者の失業保険受給に対し、給付適正化のための行政指導が強化され、完全雇用下での失業保険受給現象に対し、きびしい行政サイドからの給付制限が試みられたのである。(4)

この時期の失業給付政策をみるとき、「失業給付」のための失業保険法にもとづく失業保障は、法現象的には、憲法二五条生存権、憲法二七条の労働権保障との関連においては、雇用保障への傾斜の中でその役割は後退を余儀なくされていった、とみることができるのである。現実は、労働力不足現象のもとで、労働力創出のための雇用対策のもとで、失業労働者の失業給付はきわめて行政的にきわめて制約をうけた時期といってよい。

Ⅳ　昭和四六（一九七一）年から現在にいたるまで

この時期は、Ⅲ期とは異なって、昭和四六年後半のアメリカの緊急経済政策としての対日輸入課徴金賦課制度の導入、日米繊維政府間協商にもとづく輸入規制、その後のＯＰＥＣの石油戦争などを契機にした世界的な国際経済の停滞と、これに伴う国内経済の低経済成長政策への軌道修正による冷えこみ、さらに不況の長期化によって予想しえなかったほどの深刻な失業問題を発生させ、それに対する対応を迫られている時期である。

Ⅲ期の、雇用対策一辺倒の政策基調の中での前記の特定産業での失業問題の発生に対し、昭和四七年繊維産業離職者臨時特例に関する政府の公布（繊維離職者手帳の交付、職業転換給付金の支給など）、昭和四八年雇用対策改正法（中小企業職業安定に関する大量の雇用変更に対する届け出義務）などによって政策的対応を試みたことは周知の事実である。この時期の政策は、のびきった産業構造と雇用問題にあわせて、一方失業現象を前に、前述の昭和四二年度の第一次雇用対策基本計画の終了に伴い、昭和四八年に第二次雇用対策基本計画（昭和四七〜五一年）の決定が行なわれ、労働力人口増勢鈍化、高年齢化、高学歴化状況を前提に、「最適雇用」を目標とする政策の方向づけが試みられる。この計画が、昭和四八年経済審議会の「経済社会基本計画」と対応した労働力政策として脈絡づけられていることも否定できない。しかし、昭和四九年代から、失業者は次第に増加してゆく。

このような時期に、従来からパターン化されてきた雇用政策＝雇用対策優先原則にもとづいて、「失業者」も、失業者としてよりも「求職活動者」として規定され、これを対象として、従来関連的に進められてきた「雇用サービス」を中心に、失業給付を位置づけることを意図して、失業給付中心の独立した単独法の失業保険法を廃止し、ここに「失業給付」と「雇用サービス」とを一体化する「雇用保険法案構想」が強く打ち出されてきたことは注目に値する（この雇用保険法案については、労働大臣私的諮問機関である失業保険制度研究会によって提出された昭和四八年一二月の「研究会報告」にもとづき作定されたもので、昭和四八年一二月中央職業安定審議会、中央職業訓練審議会、昭和四九年一月社会保障制度審議会に諮問され、昭和四九年二月に各審議会から答申が出された）。この失業保険制度研究会報告は、⑴失業保険機能は、㈠高齢化社会への移行に対処し、高齢者に手厚い措置を講ずること、㈡エネルギー問題、国際経済環境の変化に伴って発生するおそれのある失業問題に対処できるようにすること、㈢給付と負担の過度の不均衡を是正すること、㈣低所得者層に対する給付面で配慮することなどを重点にその強化を図ること、⑵質的な面で、雇用改善推進のために年齢、地域・産業別にみられる雇用不均衡の是正と生涯教育訓練体系の整備と労働者福祉の増進、⑶以上の制度化のため、保険方式により所得保障と雇用保障を確保するための制度を考えること、をその内容の骨子とした。この報告書内容を、目的の中に盛りこみ、かつその具体的規定を盛ったものを成案とした「雇用保険法案」が構想され、昭和四九年第七二回通常国会に提案された。しかし、参議院で廃案となり、その後雇用失業情勢の鈍化に対して、問題をはらみつつも同年の第七四回臨時国会で再審議され、昭和四九年一二月に政府原案に対して修正が試みられ、衆・参両院の付帯条件を付された上で雇用保険法が制定をみ、昭和五〇年四月から全面施行をみることになった。この結果、戦後の失業給付の中軸であった失業保険法は、廃止されることになる。

この雇用保険法の内容については、本節で詳細には言及しえないが(5)、すでに批判したことに譲り、ここではすでに指摘してきた諸点から内容について簡単にふれる。

(i)　人的適用対象は、全産業労働者への強制適用化を意図している（法五条）（なお、適用除外については法六条）。

(ii)　事業内容（給付事故と給付内容）は、従来同様非自発的失業を認定した上で（法四条2、3および、一五条）、これに対し、必然的な求職活動＝生活安定のための「求職者給付」（従来の失業保険給付で、基本手当、技能修得手当、寄宿手当、傷病手当などを総称する）と就職促進のための「就職促進給付」（従来の就職支度金、移転費、広域求職活動費など）を給付することに加え、新たに「雇用関連事業サービス給付」として、(イ)雇用改善事業サービス（法六二条）(ロ)能力開発事業サービス（法六三条）(ハ)雇用福祉事業サービス（法六四条）に伴う給付活動を定めることになった。今日、不況の深刻化に伴い、法で定める、事業活動の縮小による休業手当支払企業への「雇用調整給付金」支払制度は、法六二条にもとづくものであるが、何れもそのサービス給付内容は、運用の弾力性を維持するためからなのか、法規定からは明らかでなく、内部的な制度運用に委ねられている。

(iii)　失業給付については受給資格は要素である被保険者期間（離職前一年間～六ケ月）（法一三、一四条）を前提に、賃金日額の百分の六〇～八〇を給付する（法一六条）。

(iv)　失業給付期間は、受給資格要件を充足した上で、年齢別に、三〇〇日（五五歳以上）―二四〇日（四五歳以上～五五歳未満）―一八〇日（三〇歳以上～四五歳未満）―九〇日（三〇歳未満）とし（法二二条）、法定要件を充した者については前記の日数を延長する措置が定められている(法二三条など)。なお、待機期間は、従前どおり一週間である（法二一条）。

(v)　季節的雇用ならびに短期雇用の常態者については、「短期雇用特例被保険者」として、特定受給資格を法定して、その給付は「特例一時金（基本手当の日額の五〇日分）」を給付することにした（法三八条～四一条）。

(vi)　日雇労働者の失業給付については、従前と類似している（法四二～五六条）。

(vii)　費用負担については、保険料徴収法の定むるところによるが、失業給付については労使千分の五ずつの折半で、雇用サービス給付については、使用者のみ千分の三を負担する。

以上、雇用保険法の内容についてかんたんに紹介したが、この時期において戦後の失業保険法が廃止され、形の上では国際的なトレンドともいえる「失業補償＝所得給付（現金給付）」と「雇用保障」とを一体化する新しい法が制定をみたことは注目に値する。ことに、西ドイツの失業保険法と雇用促進法とを、日本的に統合化した法がここに制定をみたといわれるのであるが、小林謙一教授がこの法の性格について、つぎの点を鋭く指摘していることは、この法を戦後の失業保険の法と行政の推移からみるとき、国際的トレンドにみられる社会保障下の失業給付と雇用保障とのかかわりとの視角から、それが行政的発想による誘導政策にもとづくといえ、真に保障に即するかという点からかなり当を得ているといってよい(6)。すなわち、法が、(イ)財政的・財源対策の性格　(ロ)雇用対策法としての性格　(ハ)雇用促進法としての性格を強く示し、失業補償は企業の雇用維持誘導政策の結果的な認識に支えられている点で、失業労働者、すなわち失業保険受給者の失業保障的性格は極めて弱い位置しか与えられていないという点に要約しえよう。ことに、この法は、労働力流動化、雇用促進のために、失業給付の給付適正化、失業給付財源適正化優先発想が強く、労働力の安売り、早売りの強制の効果(7)に加え、「職業選択の自由」をも制約する点で、基本的人権保障の面からも問題がある。何れにしても、資本主義社会における「完全雇用」という概念の内容自体明確ではないが、労働力主体の適職選択の自由、いや権利を前提とする限り、行政サイドの失保給付適正化による、誘導的な雇用強制による就労維持は極めて問題のあるところである。

もちろん、この時期に制定をみた雇用保険法の法的ならびに行政的効果は、短日時には測り得ないことはいうまでもない。しかし、拠出・給付という保険技術をもとにして、従来から失業保険法の内部においてかかえて来た、人的適用範囲、受給資格の緩和、給付水準、受給期間、失業、雇用関連サービスを漸進的な法改正によって達成し、なお未解決の問題を残したままで、この問題を雇用対策による雇用拡大化の中に包むことができるのであろうか、という疑問とその解決は、今後いかに解決されるのであろうかを強く感ずる。(8)

今日の雇用保険法は、III期の雇用拡大化過程の中で、それを引きついだとされるIV期において構想されたが、不幸にも、長期的な不況と雇用停滞下の中で、法がその位置を低めたとみうるような失業給付ならびにその実質はこれと深くかかわる「雇用調整給付金制度」さらに目下制度化を予定されている「雇用安定基金制度」のもとで、正面から取り組まざるをえない事態を迎えている現状にあることを指摘しておきたい。

ことに、このIV期における季節労働者、婦人労働者、中高年労働者はいうまでもなく、若年層の失業者の増大とこれに対する給付の増大、一方新たなる雇用情況のもとでの雇用拡大との二重の課題に対して、雇用対策に関する雇用対策法と雇用保険法による行政対応は、すでにのべたような、生存権ならびに労働権保障のもとで、雇用保障＝失業保障とを一体化して実現するためにどのような方向に向かうのか、その法と行政運営の動向に注目したいのである。

そこで、以下、わが国の問題を考える指標として、今日国際的な景気停滞に悩む、主要欧米諸国の失業問題に対する失業給付の法と行政の動向に加えて、ＩＬＯの動向について紹介する。

(1)　拙稿「職業安定制度―雇用安定・失業保障関係法を中心として」ジュリスト特集「戦後法制度の二〇年」、三六一号、昭四二・一・一、所収)、拙稿「社会保障法体系における失業保険制度」ジュリスト特集「失業保険制度の再検討」四六五号、昭四五・一一・一所収)、拙稿「雇用保険法案の法構造と問題点―戦後の失業保険、職業安定関係法の推移からみて―」ジュリスト特集「雇用保険構想の検討課題」五五八号、昭四九・四・一五)など参照。

（2）　筆者の視角から本節ではその時期区分を試みて来た。このほか、失業保障の生成と崩壊過程から、A無制限供給期（一九四五〜六三年）I創成期（一九四七〜四九）II流用初期（一九五〇〜五四）III転換期（一九五五〜六三）B低賃金労働力制限的供給期（一九六四〜七四）IV給付「適正化」期（一九六四〜六九）V再編成期（一九七〇〜七四）VI窮迫販売促進期（一九七五〜）とする見解もみられる（河越重任「雇用保険法案の問題点」「法律時報」昭四九年四月号所収）。青木宗也教授は、戦後の労働政策と法の史的展開について、労働権と雇用保障という視角から、I失業労働者保護政策と法（一九四五〜五四）II労働力流動化政策の展開と法（一九五五〜六四）III積極的労働力政策の展開（一九六五〜七四）と区分する（青木宗也・佐藤進・野村平爾「労働権と雇用保障」（座談会）中の青木報告参照、法律時報昭四九年四月号所収）、などみられている。

（3）　住栄作『雇用政策の理論と展開』二二四頁。

（4）　拙稿「社会保障法体系における失業保険制度」ジュリスト四六五号、昭四九・一一・一参照。

（5）　拙稿「雇用保険法案の法構造と問題点」ジュリスト五五八号、昭四九・四・一五参照。

（6）　小林謙一「『雇用対策法』の展開としての『雇用保険法案』」ジュリスト五五八号、昭四九・四・一五参照。

（7）　竹内静雄・下田喜造「雇用保険は労働者にとって損か得か」季刊・日本の経営文化六号、昭五〇年七月参照。

（8）　小林謙一「スタグフレーションと雇用保険」ジュリスト五八五号、昭五〇・四・一五参照。

四　主要欧米諸国ならびにＩＬＯ失業給付関係法の動向

(1)　主要欧米諸国の動向

今日、各国における、個々の使用者の発意による——労働者の意思によらない——失業に対する現金給付の制度は、前述の社会保障制度のもとで、かなり多様な制度による定着をみてきている。(1)

しかし、資本主義生産体制に必然的な現象といわれる失業現象に対し、失業補償＝保障のための制度をとる国は、年金、医療、労働災害、家族手当などのシステムに対してそれほど多くない。[2] そして、失業補償＝保障のための制度（拠出・給付による失業保険方式をとろうと、無拠出給付による失業扶助（援護）方式をとろうと）は、既開発資本主義国家においては第二次大戦前に導入されたものが多く、第二次大戦後のものは少ないのである。

ことに、第二次大戦後、とりわけ一九五〇年代以降、主要欧米諸国においても、わが国と同様に国際経済競争体制下において景気変動がみられ、失業保険制度も相当な役割を果たしてきたことは否定できない事実である。そして、今日一九七〇年初頭から兆した国際経済における景気停滞化現象は、主要欧米諸国においても失業率を高め、これに対して失業保険給付の充実とその改善を増大せしめてきている。このことは、前述したようにわが国の場合においても、失業保険法から雇用保険法への移行と対応して、予想以上に失業保険給付、雇用関連サービス給付の一つである「雇用調整給付金」給付の増大をもたらしていることと同様である。

失業補償＝保障にもとづく現金給付は、失業労働者ならびにその家族の生活維持のみならず、体制内の総体的需要の安定装置としての役割を有することを前提とするとき、現代資本主義生産体制下の主要欧米諸国において失業現象とその生活維持に対応する失業補償＝保障の制度は、どのような状況にあるかについて、以下指摘する。

まず、一般的に、失業補償＝保障制度について、社会保障制度下の生活保障的視角からは、受給権の保障に対応して、⑴人的適用範囲の拡大　⑵受給資格要件の緩和　⑶給付期間の延長　⑷時代のニーズに即応する給付の創設と対応　⑸財源と拠出　⑹管理運営への行政参加と行政に対する争訟権の保障などが、そのメルクマールとなろう。

そこで、以下、前述の主要欧米諸国の失業補償＝保障のための経済保障（失業給付）に焦点をおいて指摘する。[3]

1　失業所得振替制度の人的適用範囲（第2表参照）

第2表　失業所得振替制度（Unemployment Transfer systems）の人的適用範囲（1974/5年）（％）（＊）

国　　名	失業保険	公的扶助	短期給付
アメリカ	95	—	—
カナダ	99	—	—
日　本	45	—	—
フランス	61	—	—
南ドイツ	93	—	—
イタリア	51	—	—
イギリス	80	—	—

（＊）　Axel Mittelstadt, Unemployment Benefit所収を引用（以下何れも同じ）。

第2表に即する限り、全雇用労働に対し、その制度の人的適用状況は、アメリカ、カナダの北米大陸諸国が高く、EC諸国では西ドイツが高いのに比し、フランス、イタリアは低く、日本は四五％と著しく低い。ことに、日本の場合低いのは、五人未満の零細企業の被用者を含まないから、と分析されていることは注目に値する。[4] この点、わが国の場合失業保険法から雇用保険法への推移の中で、ここで指摘されている人的適用範囲の拡大はそれなりに整備をみてきてはいるが、なお「皆適用」といえ、行政技術的に五人未満の企業の従業員その他不安定就労層を積み残していることは、この企業の従業員ほど失業保障とならんで前述の雇用保障をもっとも望んでいる層であるだけに、わが国への指摘は行政運営面でぜひ解決が迫られている問題というべきである。

2　失業所得振替制度の給付率（第3表）

各国のシステムの相違はともかくとして、アメリカの五一％は、アメリカの失業保険制度が各州を単位としていることから、各州のそれを推定されたものといわれ、わが国のそれは雇用保険法においてみたように稼得の高い層ほど低く、低い層ほど高いということによって六〇～八〇％と弾力差が設けられ、六〇％台はカナダ、日本、西ド

第3表　失業所得振替制度の稼得に対する給付率（1975年中葉）

国　名	失業保険	公的扶助	短期給付
アメリカ	51%	—	—
カナダ	67	—	67
日　本	60〜80	—	75〜90
フランス	40	一率給付	一率給付
西ドイツ	60	51	60
イタリア	一部一率給付	80	80
イギリス	一部一率給付	上限まで	60〜80

イツの諸国である。一方、フランス、イタリアは低い。

この給付率にあわせて、西ドイツの給付の場合は純稼得を基本に給付率を乗じて算定され、課税されないが、カナダの場合は課程されることになっている。

この表によってみる限り、給付率は平均六〇%台をとる国が多い。しかしアメリカの場合、レイオフなどでは自動車産業などでは、私企業によるフリンジ・ベネフィットとして「失業保険給付補足給付」(Supplementary Unemployment Benefits)の制度が導入されたりしていることや、イギリスにみられる過剰人員整備手当法や関連解雇法制の制定、さらに西ドイツでみられる解雇制限法、経営参加法制などとの脈絡をみるとき、この失業に際する給付率六〇%は、失業自体が、解雇権行使と関連する結果的現象であることに対する補償であるにせよ、その労働組合運動組織と闘争力の違いから、わが国のそれと対比してやはり考えるべきものをもつ、といってよい。

3　失業所得振替制度の最長給付期間（第4表参照）

主要欧米諸国の各制度にもとづく最長給付期間は、第4表によって知られるように異なる。この最長給付期間は、失業の型、短期間の労働、正常雇用の失業、一時解雇などにより、また拠出期間の長さ、受給者の年齢などにより、これらの諸状況を配慮した失業補償=保障政策により異なる。[5] なお、この最長給付期間も、後述の受給資格要件にかかわる「待期期間」とも関連する。

アメリカの「六五週間」は、いわゆる一九七〇年代の国際的景気停滞に関連するアメリカの失業増大に伴う、時限的な「弾力制度（Trigger mechanism）にもとづくものである。

この第4表から知りうることは、従来「失業現象」は、資本主義生産社会において必然的な現象であり、短期的性格の現象であり、国家の公的介入よりも経済法則に委ねるということから、平均失業保険給付期間は一八〇日を常態としてきたことに変化をみせていることである。

第4表　失業所得振替制度にもとづく最長給付期間（1975年中葉）

国　名	失業保険	公的扶助	短期給付
アメリカ	65週間		—
カナダ	51		—
日　本	……	—	—
フランス	52	—	52
西ドイツ	52	期間なし	26
イタリア	26	期間なし	52
イギリス	52		—

フランスの失業補償＝保障の制度は、無拠出の公的扶助によって賄われてきたが、イギリス、西ドイツの場合、失業保険制度とリンクして無拠出の失業扶助制度を導入しているにもかかわらずその給付期間は五二週間に延長されてきている。わが国の場合には、前述のように年齢によって九〇日—一八〇日—二四〇日—三〇〇日と、従来失業保険法によって企業の勤続年数＝保険料拠出年数を前提に、九〇日—一八〇日—二一〇日—二七〇日—三〇〇日であったものを改変することによって導入され、法定要件によってその延長を図る政策が、雇用保険法制定によって採られたことと対比的である。

なお、この給付期間は、前述の失業の長期化傾向に伴い、前述の給付水準の引き上げを伴って延長化の方向を示している。しかし、この失業の長期化に対し失業給付期間の延長化によってこれを解決するか、あるいは失業扶助制度あるいは他の公的な扶助制度によってこれをカバーするかは、まさに政策選択の課題であるが、何れにしても最長給付期間は法定条件により延長化の方向を示しているとみてよい。

加えて、わが国でも雇用保険法において政策的配慮が示めされた中高年齢層に対する給付の長期化に対し、オランダなどでは補足的な賃金給付がなされている。しかし、わが国の場合、広域流動の場合はともかく、今後その延長を望まれることは否定できないし、すでに労働組合運動はその延長を求めていることも事実である。

第５表　失業所得振替制度の受給資格要件（受給前の稼働期間）

国　名	失業保険	公的扶助	短期給付
アメリカ	……	—	—
カナダ	8/52週間	—	—
日本	26/52	—	—
フランス	13/52	21/52	
西ドイツ	26/156	10/52	１週40時間以下の稼働時間
イタリア	52/104	……	
イギリス	26/52	資料調査	—

4　失業所得振替制度の受給資格要件（第５表）

失業給付をうけるためには、主要欧米諸国はいうまでもなくわが国においてもその受給資格要件を法定してきた。通常、失業受給資格としては、非自発的な、かつ外的与件状況にもとづいて、一定の被保険者期間と関連して、(1)労働能力　(2)労働意思　(3)労働対応性　(4)求職活動　(5)職業紹介機関への登録が指摘されてきた。これらを、どのように組み合わせるか、すなわちこれらの受給資格要件をすべて充足することを必要とするのか、その幾つかのみで受給を認めるのかによって、受給者の給付資格は厳格になるか、緩和されるかに岐れる。

第５表において、受給資格要件における被保険者期間＝失業給付前の稼働期間が示されている。この点、二六週間から五二週間というのが一般的であるが、その受給資格として、給付期間と関連するのか、これを短縮するカナダに比し、西ドイツ、イタリアでは延長して資格面で制約を加えている状況もみられる。

なお、失業給付原因は、前述のように非自発的な原因であることを指摘してきた。しかし、失業補償＝保障制度は、この古典的・一義的な要件を緩和し、自発的な合理的な理由のある離職をも給付対象にする傾向もみられている(6)。

さらに、従来失業給付の受給の欠格事由とされてきた被用者の非行行為に対する、いわゆる罰則ともいうべきこの欠格事由さえも、緩和するものもみられている(7)。

このほか、前述の受給期間と関連する待機期間（waiting period）の問題については、とるに足りない問題であるが、この待機期間も緩和される動きが一部の国にみられている（たとえば、西ドイツでは、初日から支給され、ベルギーでは一日とされ、イギリスも均一給付に対しては三日間とされ、わが国にみられるような七日間とは著しく短縮されている(8)。）

5　失業所得振替制度の法定拠出と国庫負担（第6表）

すでにのべた失業給付をめぐる制度状況にあわせて、その財源構成も極めて重大な問題である。

第6表で知られるように、財源負担はアメリカとイタリアでは使用者の拠出のみであり、フランス、イギリス、カナダも使用者負担率が高く、西ドイツと日本は労使折半原則が支配する。

そして、失業給付における国庫負担の導入は、公的扶助あるいは失業扶助と失業給付をリンクさせている国においてみられることは当然のことであり、これらはフランス、西ドイツ、イギリスでみられるところである。

この拠出率でみるとき、従来の労使五〇％ずつの折半原則をとる国は、西ドイツと日本で、公費負担の失業扶助制度をとる国はともかく、ヨーロッパ諸国にみられる社会保障制度のうちの社会保険料の使用者負担コスト部分の

第6表　失業所得振替制度の法定拠出と国庫負担

国名	稼得の拠出率(%) 1974	稼得の拠出率(%) 1975	使用者拠出率 1975	国庫負担 1975
アメリカ	1.0	1.0	100	基金が一定財源以下になった折、各州基金へ特別貸付
カナダ	3.4	3.4	58	附加的支出に対し
日本	1.3	1.3	50	保険給付の50%短期給付の一部
フランス	0.8	2.1	80	公的扶助給付短期給付に対する私企業のその90%
西ドイツ	1.7	2.0	50	公的扶助給付
イタリア	3.0	4.0	100	特別給付
イギリス			61	補足給付に対し

相対的増加傾向を失業保険部門でも示していることが注目されるのである。

以上、比較分析のための十分な資料としてではないが、主要欧米諸国における失業給付のための制度に相違はありながらも、人的適用対象、受給資格要件、給付事故の範囲、給付率、受給期間、財源負担面における動向を若干うかがうことができた。これらから一応推測しうることは、労働組合運動の要求の強さと関連して何れも国においても、資本主義生産体制下における必然的な現象として、失業と失業給付に対して、社会保障制度下の失業給付として、その制度の中で失業保障へのアプローチとあわせて、恐らく解雇制限を含めて雇用保障へのアプローチが試みられているということであろうか。

(2)　ＩＬＯの動向

つぎに、上記のような主要欧米資本主義諸国の社会保障下の「失業給付」の法と行政の動向に対し、ＩＬＯはどのような対応を試みようとしているか、について言及する(9)。

ＩＬＯは、失業給付に対して、第二次大戦前においては失業条約（一九一九、ILO二号条約）および同勧告（一九一九、ILO一号勧告）、非任意的失業者に対する給付又は手当条約（一九三四、ILO四四号条約）および同勧告（一九三四、ILO勧告四四号）を採択したが、これらの失業関係条約・勧告は戦前に失業現象に対して保険技術あるいは扶助技術あるいはその併用をしている西欧諸国の状況を反映していた。なお、雇用安定関係条約・勧告において、失業者保護にかかわる条項を設けていたのである（年少者失業勧告、一九三五、ILO勧告四五号）。

第二次大戦後、社会保障思想の普及・展開に伴い、社会保障制度下の失業給付ということで、所得保障勧告（一九四四、ILO六七号勧告）の失業関係条項、社会保障最低基準条約（一九五二、ILO一〇二号条約）を採択したが、これらの戦後の勧告・条約は何れもILO専門家委員会、一九七四年のILO欧州地域会議などにおいて時代おくれと評されていた。[10]

一方、第二次大戦後前述の社会保障思想と対応して、完全雇用思想が、いわゆる「福祉国家」の考え方と結びついて積極的な雇用保障政策の導入とその促進をすすめた。ILOは、このような国際的な動きに関連して、消極的な失業救済から、積極的な雇用政策にかかわる雇用安定に関する条約・勧告においても、労働権思想の観点から失業労働者の保護にかかわる問題を提起していた。[11]この面において、「戦時より平時への過渡期における雇用組織勧告（一九四四、ILO勧告七一号）、雇用サービス勧告（一九四四、ILO七二号勧告）、職業安定組織構成勧告（一九四八、ILO八三号勧告）、職業指導勧告（一九四九、ILO八七号勧告）、職業訓練（成年者）勧告（一九五〇、ILO八八号勧告）、職業更生（身障者）勧告（一九五五、ILO九九号勧告）、職業訓練勧告（一九六二、ILO一一七号勧告）、雇用政策条約（一九六四、ILO一二二号条約）、同勧告（一九六四、ILO一二二号勧告）、人的資源開発における職業指導・職業訓練に関する条約（一九七五、ILO一四二号条約）、同勧告（一九七五、ILO一五〇号勧告）」などは、失業自体の対策としてより、失業防止のための雇用安定にウェイトをかけており、さらにこれに関連して解雇権の濫用による失業防止のための雇用終了に関する勧告(一九六三、ＩＬＯ一一九号勧告)も、公正な解雇基準とそれによるルール形成による解雇保護を実現するものでこれと軌を一にしているといってよい。

これらのＩＬＯ条約・勧告の動向は、限界はあるにしても、ＩＬＯが各国において社会保障下の失業給付(失業保険方式をとろうと、失業扶助方式をとろうと、その併用方式をとろうと)に関連して、積極的な雇用安定施策を模索している状況の読みとりを示しているとみることができる。ことに、ＩＬＯは、積極的な国際的な景気回復と呼応する国際的な雇用拡大政策の面と関連して、前述したように「時代おくれ」といわれる、戦後の社会保障下の「失業給付」の在り方を、社会保障制度に即して戦前、戦後の失業関係条約・勧告の改訂による新基準の設定という方向で取り組む姿勢を示している。

この場合、雇用安定、労働権保障に関連して、現代資本主義生産体制下の失業現象とそれに対する失業保護は、いかなるものでなければならないかを問題とし、ＩＬＯはすでに主要欧米諸国で部分的にみられているような失業給付の「事故」概念の再検討を始めとして、受給資格要件の緩和、受給期間の延長、失業給付水準の引き上げ、新しいニーズに対する給付の創設、その他の面などから再検討をなすことは必然的であろう。

(1) 拙稿「社会保障法体系における失業保険制度」ジュリスト四六五号、昭四五・一一・一)一六頁以下、ならびに I.L.O., COMMITTEE OF SOCIAL SECURITY EXPERTS, UNEMPLOYMENT PROTECTION UNDER SOCIAL SECURITY (1st Item on the Agenda) (1975), pp. 5-6.

(2) U.S. Dept., of. Health, Education and Welfare, Social Security Programs Throughout the World, (1975), p. xi, xxiii. これによると、何らかの形で、失業保険あるいは失業関連制度を有する国は、三七カ国にとどまってい

る。

（3）以下の記述は、OECD, OCCASIONAL STUDIES (1975) 所収のAxel Mittelstadt, Unemployment Benefits and Related Payments in Seven Major CountriesおよびI.L.O., COMMITTEE OF SOCIAL EXPERTS, UNEMPLOYMENT PROTECTION UNDER SOCIAL SECURITYによっている。

（4）Axel Mittelstadt, op. cit., p. 4.

（5）Axel Mittelstadt, op. cit., ibid.

（6）I.L.W., COMMITTEE OF SOCIAL SECURITY EXPERTS., op. cit., p. 17.

（7）I.L.W., COMMITTEE OF SOCIAL SECURITY EXPERTS., ibid.

（8）I.L.W., COMMITTEE OF SOCIAL SECURITY EXPERTS., op. cit., pp. 16–17.

（9）I.L.W., COMMITTEE OF SOCIAL SECURITY EXPERTS., op. cit., pp. 24–27.

（10）I.L.W., COMMITTEE OF SOCIAL SECURITY EXPERTS., op. cit., pp. 25–26.

（11）拙稿「ＩＬＯにおける労働基本権思想とその内実化」季刊労働法一〇〇号（昭五一年六月）一二〇頁以下［本書二一一頁］。

むすび

以上、戦後日本の失業保険の法と行政の推移について、筆者（報告者）の法学的研究の視角として、憲法二五条（生存権）、二七条（労働権保障）、一三条（快適生活権）などとの法理念とのかかわりにおいて、その法理念実現の仕組みであるいわゆる社会保障制度下の「失業保障」ならびに「雇用保障」という、国の行政による政策にもとづくその法と行政活動を中心に、静態的な制度分析に終ったかもしれないが、その問題点を指摘してきた。

以上の推移を辿りつつ、今日の失業給付のためのシステム、行政サイドの一応の到達点ともいうべき現行雇用保険法制定にいたるまでの歩みと、雇用サービス給付のための雇用対策法ならびに雇用保険法にいたる歩みをみるとき、それは、失業保障（所得保障）と雇用保障（サービス保障）への国際的なトレンドに対応する形式的面での一体化のための行政動向と認識しうることは否定できない。

しかし、現代資本主義社会における失業保障ならびに雇用保障に即して、この動向の内容をみるとき第一に戦後の失業給付に関する失業保険給付の面についても（人的適用範囲、受給資格要件の緩和、給付水準、給付期間、行政管理・運営への参加の面など）、第二に雇用サービス給付に関する職業安定関連法制においても、受益者たる求職者の自由にして、最適な職業選択の機会の保障、企業における快適な労働環境と労働条件のもとでの雇用維持、より良い雇用への機会創出のための広汎なサービスなどの面からみるとき、行政サイドの「完全雇用」化とそのための企業労働力確保政策とそれに絡んだ失業給付政策が先行し、今日未解決の多くの問題を残しており、労働者の人権保障に十分即していないといってよい。

2　中高年層の雇用実態と雇用保障の課題

はじめに

構造不況に加え、「円高・ドル安」状況のもとで、わが国の今日的失業現象は、主要欧米諸国のそれに比して、深刻の度合は少ないとされるが果してそうなのだろうか。主要欧米諸国においても、一九七〇年以降年々失業者が増加しているが、一〇代から二〇代にかけての若年労働力の失業率が、五〇代の中高年労働力のそれより高いが、このことはニュアンスはあるがわが国においても同様にみられることである(1)。

主要欧米諸国の場合、先任権の取りきめなどによる中高年労働組合員保護が行なわれ、わが国の場合生涯雇用とあわせて企業一家的な面における過剰雇用慣行をベースに、中高年齢層を含めて企業労働力総体が確保されてきたことはしばしば指摘されてきた。これに加えて、わが国の場合、雇用保険法制定以降、特定業種に対する「雇用調整金給付制度」の創設などによる日本的レイ・オフ制度によって雇用を維持してきたことも否定できない。

しかし、今日の雇用不安状況下において、企業の過剰雇用整理が色々な手段によって行なわれ、若年労働力層とあわせて中高年労働層の同時整理が行なわれるとした場合、そのインパクトは、わが国の急速な高齢化社会の到来とあわせて、その生活保障に対する私的・公的な対応が十分でないことから中高年齢層への方が深刻なことはいうまでもない。

そこで、本節では、今日の雇用不安下において、この中高年齢層総体に対する包括的施策の現状をみながら、中高年齢層の雇用実態と、これに関連して中高年齢層に対する雇用施策の推移を辿り、この中から、中高年齢層の雇用保障とその課題を指摘したいと考える。

（1） Joyanna Moy and Constance Sorrentino., An Analysis of unemployment in nine countries (Monthly Labor Review, 1977, April), p. 15, 17.

一　中高年齢層と政策的定義

今日、急速な高齢化社会の到来に関連して、かなり広汎に、いわゆる「中高年層問題」——下田平裕身助教授の表現によると、第一の問題は、中高年層の雇用を中心とする労働問題的（あるいは労働市場論的）接近の問題と、第二の問題は、労働から引退した高齢者の生活保障をめぐる経済的保障と公的サービスをめぐる問題——が、問題として提起されている。[1]

そして、この中高年層問題について、とりわけ、そのすべての問題対策において、雇用問題を含めて「公的保障」に対する理念的ともいうべき「期待」がよせられていることも事実である。[2]

ところで、中高年層の雇用問題は、すぐれて私的な労働市場とのかかわりの問題であるが、今日の高齢化社会の急速な到来とそのための中高年層の老後生活はともかくとして、老前生活の雇用問題対策はすべて私的な労働市場論の問題として処理しえなくなっていることも否定できない。とりわけ、中高年層の中でも、高年層自身の年齢の線引き自身が容易でないし、労働市場になじむ、なじまざるとを問わず、高年齢層の雇用問題が、きわめて福祉的なものと連結することを必要とするだけにことさらといってよい(3)。

以上の点において、まず一体中高年層という年齢階層に対する雇用(労働)問題を含めて、広く公的な政策アプローチとして、どのような年齢＝労働限界年齢の線引きがなされてきているかについて、まず考えてみたい。

ただ、今日、中高年齢層のうち、とりわけ特定年齢の高齢層に対する労働市場を中心とした雇用政策について、その役割りは、労働省が所管し、それをこえた年齢層については、福祉政策という視点から厚生省が所管するという行政所管的発想が踏襲されてきたが、今日その発想もかなり見直されなければならない高齢者雇用、高齢者福祉の一体的発想が展開されざるを得ない事態も生まれている(4)。

以上のことはとにかくとして、中高年齢層に対する既存の雇用(労働)施策をはじめとして、それとかかわりあう中高年齢層の公的社会保障施策ならびに関連施策を中心に、年齢の線引き面から、「中高年齢層」を把えてみよう。

第一に、中高年齢層の雇用(労働)施策として、積極的かつ直線的にこれにかかわる労働省所管の中高年齢者等雇用促進特別措置法(昭四六、法六八号)は、「中高年齢層」を「四五歳以上」と定め(同法二条一項、施行規則一条)、そのなかでも「高齢者」は五五歳とし(同法二条二項、施行規則二条)、「中高年齢失業者」は「四五歳以上六五歳未満」と定めている(同法二条三項、施行規則三条)。

ここからみるとき、労働政策的に、中高年齢層を細分すると「中年齢層」は、「四五歳以上五五歳未満」をいい、「高齢層」は「五五歳以上六五歳未満」ということができよう。労働省の労働政策からみて、政策的にみて、労働市場におけるその市場の性格になじむ労働力の限界労働年齢として、六五歳未満を上限と設定しているとみてよい。

しかし、わが国の民間企業(公務部門企業も)は、従来五五歳定年制を軸としてきたが、政府の誘導政策により、大企業においてもその五五歳定年制を、定年延長あるいは再雇用、勤務延長制などの方式によって六〇歳ラインに延長の方向にある。しかし、ここでも、政府の六五歳以下とはかなり距りのあることは否定できない。何れにしても、後述の**三**で言及する中高年層の雇用施策とのかかわりでみるとき、労働省の雇用（労働）施策は、「四五歳以上、六五歳未満」を中高年齢層、とりわけ労働市場になじむと考えられる高齢層の上限年齢を、六五歳に置いてこれらに対して雇用促進に努力している点を看取できる。

第二に、中高年齢層、とりわけ高齢層の退職、すなわち雇用労働＝稼働労働からの引退を、一定の前提として給付し、その老後生活保障にかかわる公的年金制度は、公務（非現業・現業部門）部門の共済組合長期給付が五五歳、五人以上の民間企業の被用者に対する厚生年金保険給付が六〇歳（ただし、六五歳以上に対しては在職完全年金給付、鉱山労働者五五歳、船員も五五歳）、五人未満の民間企業の被用者および地域住民に対する国民年金法の給付が六五歳、しかも無拠出老齢福祉年金は七〇歳と、必ずしも一定していない。

この受給開始年齢の不整合性に対し、公的年金保険相互間の整合性の問題として、六〇歳あるいは六五歳支給開始による論議がみられている。[5]

この点、この所得保障給付にかかる生活保護法の場合、「障害老人」については六五歳、「老齢加算」は、七〇歳と線引きされ、ついで必ずしも所得保障にかかわるものではないが、大蔵省所管の所得税法の「老年者控除」の対象となる「老年者」は「六五歳以上」と定められている。

第三に、高齢者の社会福祉サービス（非現金保障＝非所得＝サービス保障）の施策についてみてみよう。とりわけ、福祉の側面、これは労働市場から引退後の「生き甲斐」対策的な面で、雇用にかかわる施策として、厚生省所管の老人福祉法（昭三八、法一三三号）にもとづく「在宅老人福祉対策事業の実施および推進について」（昭四七・社老六二および昭五一・社老二八）中の「老人就労あっせん事業」および「高齢者能力活用推進事業」の施策は、実施主体を社会福祉法人とし、対象者は「おおむね六五歳以上の老人」ならびに「六五歳未満の者であってもその労働能力からみて、労働市場になじみにくいと認められる者」(傍点筆者)としている。

なお、この老人福祉法の老人福祉サービスとして、養護老人ホームあるいは特別養護老人ホームへの入所法定要件の一つとして、その年齢は「六五歳以上」(同法一一条)、同法の無量健康診査も「六五歳以上」(同法一〇条)、同法の「老人医療費公費負担医療制度」については「七〇歳以上」(同法一〇条の二)となっている。

以上、中高年齢層の中でも、問題の多い高齢者層に対して、雇用(労働)および雇用引退を前提とする、既存の諸施策について、政策的には労働可能上限年齢の政策的線引きが、一体どのような処で行なわれているかを検討した。ここから、一応推察できることは、第一に「六五歳」を上限とする点で、各関係所管行政の方向が定まりつつあること、第二に、第一で指摘できる「六五歳」という場合、完全な労働市場における労働階層として、政策的な六五歳未満層＝中高年齢層の雇用が、十分保障されているか、確保されているか、という点で極めて多くの問題をかかえているということである。

(1)　下田平裕身「〝中高年層問題〟の問題とは何か――雇用と年齢問題論議の背景にあるもの」季刊賃金フォーラム一三号(昭五二・秋季号)、(総合労働研究所)五四頁。

(2)　下田平裕身・前掲論文参照。

(3)　後述のように、六五歳を一つの線引きのラインとした政策が展開をみている。しかし、労働市場に適応する中高年労働力か否かの判断は難しく、一般的に中高年層がその肉体的、精神的面のその労働力の特性から、特別の保護が払われなければならないということで、労働省サイドの労働安全衛生法、雇用保険法などはそれなりの配慮をしている。しかし、年齢区分による中高年齢層の雇用と福祉という面での結合は、今日のタテ割り行政のもとでは難しいということで、この弊害を是正することから、東京都では、「おおむね六〇歳以上」の高齢層の就労と福祉とを一体化する施策として、自治体としてはじめて「高齢者事業団」方式による高齢者の就労と福祉促進の組織を開発したことは注目すべき問題提起の施策と考える（東京都労働局「東京都における高齢者事業団」（昭五二）、東京都高齢者事業振興財団「研究調査報告」一号（五三・一）など参照）。

(4)　今日、このタテ割り行政所管は、それなりの行政権限分担ということから意味がないわけではないが、年々増加する中高年齢層、なかんずく高齢層も、就労による生活保持希望層、補足的所得希望層、健康維持による就労希望層その他複雑で、一元的に年齢で割りきれなくなっているし、ただ中高年齢層の肉体的状況をみるとき、雇用と福祉とは一体化する発想が迫られている。

(5)　ことに、年金給付財源調達問題はいうまでもなく、高齢化人口の増大と国民経済における年金財源のウェイトなどから、高齢層の雇用保障問題、医療保障問題その他社会福祉サービス問題などとのバランスを考慮にいれ、社会保障制度審議会公的年金建議（昭五二・一二）、年金制度基本構想懇談会中間報告（昭五二・一二）は、六五歳支給の上で国民に共通な基本年金あるいは基礎年金制度創設とあわせて、既存制度の「上づみ」制度化構想を考えている。

二　中高年齢層の雇用実態

わが国の労使関係が、生涯雇用と年功序列的労使関係に支えられてきていたことが、欧米諸国の中高年労働層と同様にわが国の中高年労働層の雇用状況を比較的安定させてきたことは、その安定化要因はかなり異なるにせよ、重視すべきことであった。しかし、昭和三〇年代以降にみられるこのわが国の雇用慣行とあわせて定年後の老後扶養体制の変貌は、若年世代に比して中高年労働層の雇用ならびにその老後扶養に著しい不安定状況をもたらしたことは否定できない事実である。

ことに、昭和四〇年代後半のアメリカの対日輸入規制に加え、オイル・ショック以降のわが国の国内経済不況は、中高年齢層の雇用に深刻な影響を与え、とりわけ長びいている昭和五〇年代の中高年齢層労働者の雇用状況は（第7表参照）、高齢化社会の到来とその到来化に対応する総合的な社会保障施策の非対応[1]に起因して、その不安をつのらせている。

第7表で注目すべきことは、景気停滞の深化に伴い、四〇歳代以上の中高年齢層への求人の低さはいうまでもなく、わが国で慣行化されてきた五五歳定年制以降の年齢層の就職状況の不振さは深刻であるということでもある。これは、とりわけ景気停滞に伴う企業の過剰雇用の各種の形態による合理化整理と、その後の雇用の手控えのきびしさを示すものであろう。この例として、構造不況に起因して、わが国でも有数のカーボンメーカーの日本カーボンの昭和五二年八月の合理化提案をみるとき[2]、組合員一〇六〇名に対し、(1) 希望退職三〇〇名（管理職四〇名を含み、希望退職の募集基準として、(i)高齢者ならびに再雇用者　(ii)有夫の女子　(iii)転職可能な者　(iv)今後の激しい勤務にたえられむ者　(v)退職しても生活の支障の少ない者）(2) 再雇用制度（五七～六〇歳）の中断　(3) 配転ならびに関係会社への出向　(4) 一時帰休―状況の推移により―　(5) 賃金カット二〇％と二年間の凍結　(6) 昭和五二年末一時金の五二年夏実績の五〇％カットと二年間の凍結　(7) 厚生費等補助ならびに各種行事の中断、貸付金利息の引上げ、慰安旅行の中止　(8) その他、がなされた。

この合理化、とりわけ「希望退職」の名による募集基準第一位の高齢者ならびに定年延長に伴う再雇用者、ならびに「今後の激しい勤務にたえられないもの」という整理基準は、何れも中高年齢層を対象としているものであり、どれも中高年齢層の雇用をうばうものにほかならないのである。このことは、後述の中高年齢層の雇用促進政策が導入されたとしても、企業に在職の場合と企業を離職する場合との条件の著しい違いを見るとき、今後の中高年齢

第７表　中高年齢層の年齢階級別求人倍率・求職率の推移（＊）

(1)　求人倍率（有効）の推移

区分		計	19歳以下	20〜24歳	25〜29歳	30〜34歳	35〜39歳	40〜44歳	45〜49歳	50〜54歳	55〜59歳	60〜64歳	65歳以上
47年	計	1.57	4.77	1.19	1.88	2.40	2.10	1.74	1.32	0.98	0.37	0.24	0.09
	男	1.84	5.08	1.96	2.40	2.60	2.38	2.10	1.71	1.33	0.40	0.25	0.07
	女	1.31	4.49	0.83	1.46	2.15	1.75	1.36	0.81	0.60	0.28	0.21	0.18
48年	計	2.26	7.42	1.70	2.36	3.29	2.98	2.58	2.14	1.64	0.75	0.51	0.16
	男	2.77	8.34	2.93	3.11	3.58	3.43	3.12	2.85	2.32	0.86	0.55	0.13
	女	1.76	6.53	1.11	1.77	2.91	2.43	1.95	1.40	0.94	0.53	0.40	0.29
49年	計	1.14	4.21	1.01	1.19	1.62	1.43	1.75	0.92	0.70	0.35	0.20	0.06
	男	1.44	4.96	1.78	1.57	1.89	1.83	1.58	1.34	1.07	0.41	0.21	0.05
	女	0.86	3.51	0.65	0.88	1.31	1.03	0.76	0.55	0.38	0.24	0.18	0.11
50年	計	0.65	2.78	0.70	0.75	1.06	0.92	0.68	0.47	0.32	0.15	0.08	0.03
	男	0.69	2.62	1.13	0.93	1.07	0.97	0.76	0.56	0.41	0.02	0.07	0.02
	女	0.62	2.93	0.50	0.60	1.05	0.87	0.60	0.38	0.23	0.13	0.09	0.06
51年	計	0.72	2.89	0.83	0.82	1.17	1.06	0.85	0.56	0.38	0.18	0.09	0.03
	男	0.74	2.73	1.34	1.00	1.16	1.08	0.91	0.65	0.49	0.20	0.09	0.02
	女	0.69	3.08	0.57	0.67	1.17	1.03	0.77	0.46	0.27	0.14	0.09	0.05

(2)　就職率（就職／有効求職）の推移

区分		計	19歳以下	20〜24歳	25〜29歳	30〜34歳	35〜39歳	40〜44歳	45〜49歳	50〜54歳	55〜59歳	60〜64歳	65歳以上
47年	計	12.2	20.2	14.2	13.3	14.1	13.5	12.3	11.5	9.5	5.9	4.3	1.9
	男	12.7	19.3	18.1	16.8	15.6	13.7	12.4	12.0	10.1	6.1	4.4	1.9
	女	11.7	21.0	12.3	10.4	12.2	13.1	12.0	11.0	8.9	5.5	3.9	2.0
48年	計	13.8	20.6	15.3	14.7	16.3	15.8	14.6	13.9	11.4	8.1	5.9	2.8
	男	14.9	19.3	19.4	19.0	18.1	16.6	15.4	15.3	12.5	8.4	6.4	2.9
	女	12.7	21.9	13.3	11.3	13.9	14.7	13.6	12.4	10.1	7.3	4.7	2.3
49年	計	11.0	18.0	13.1	12.1	12.9	12.2	11.3	10.6	8.3	6.5	4.3	2.0
	男	11.6	17.3	16.1	15.1	14.4	12.8	12.0	11.8	9.5	6.8	4.5	2.0
	女	10.5	18.7	11.6	9.8	11.4	11.7	10.7	9.5	7.3	5.9	4.0	2.2
50年	計	6.3	14.1	8.2	7.3	7.6	7.2	6.3	6.1	4.7	3.5	2.0	0.8
	男	6.2	13.4	10.8	8.9	7.4	6.2	5.9	6.7	5.4	3.8	2.1	0.8
	女	6.4	14.8	7.0	6.1	7.8	7.8	6.7	5.5	4.1	2.9	1.8	0.8
51年	計	6.6	15.2	9.0	8.3	7.8	7.5	7.0	6.3	5.4	3.9	2.1	0.9
	男	6.5	15.1	11.3	9.6	7.5	6.7	6.6	7.0	6.2	4.3	2.2	0.9
	女	6.9	15.3	7.8	7.2	8.3	8.4	7.6	5.6	4.5	3.0	1.9	0.9

（＊）　労働省「職業安定業務統計」（各年10月）による。

第8表　人員整理退職後の状況*

		失業給付受給中	失業給付切れ	再就職できず	受給後就職	受給せず就職	再就職	解雇擁護闘争中	その他	NA	
男子	34歳以下	14.0	7.0	(20.9)	34.4	18.6	(53.5)	(14.0)	(14.0)	—	100.0
	35～44歳	21.4	14.3	(35.7)	32.1	10.7	(42.9)	(25.0)	(5.4)	—	100.0
	45～49歳	50.0	3.4	(53.4)	15.5	6.9	(22.4)	(25.9)	(3.9)	(3.4)	100.0
	50～54歳	62.5	5.1	(67.6)	18.4	5.1	(23.5)	(11.0)	(2.2)	(2.2)	100.0
	55歳以上	53.8	16.5	(70.3)	20.9	1.1	(22.0)	(3.3)	(3.3)	(2.2)	100.0
	計	47.1	9.1	(56.3)	22.4	6.8	(29.2)	(13.8)	(4.4)	(1.8)	100.0
女子	24歳以下	13.5	24.3	(37.8)	51.4	8.1	(59.5)	—	—	(2.7)	100.0
	25～34歳	17.5	33.8	(51.3)	28.8	2.5	(31.3)	(13.0)	(11.3)	(5.0)	100.0
	35歳以上	30.2	28.6	(58.7)	19.0	4.8	(23.8)	(6.3)	(6.3)	(7.9)	100.0
	計	21.1	30.0	(51.1)	30.0	4.4	(34.4)	(2.8)	(7.2)	(5.6)	100.0
総計		38.9	15.8	(54.6)	24.8	6.0	(30.9)	(10.3)	(5.3)	(3.0)	100.0
自己都合		67.1	10.0	(77.1)	11.4	1.4	(12.9)	—	(4.3)	(5.7)	100.0
定年契約切れ		50.8	11.1	(61.9)	12.7	6.3	(19.0)	—	(1.6)	(17.5)	100.0

＊　春闘共闘、反合、雇用、失反対策委員会、全国化労協組織合理化部会「退職者追跡調査中間報告」(1976. 7)、p. 9.

層の雇用喪失のきびしさを示すものにほかならないのである。この場合、公的年金受給条件を欠くような、受給資格期間を欠くような形で中高年層が解雇される場合の不安は、いかに通算老齢年金給付制度がある場合でも不安を増幅することは否めない。この日本カーボンの中高年齢層合理化整理の事例は、資本主義生産体制下の一現象にすぎないかもしれない。

景気停滞の長期化とともに、とりわけ構造不況業種の雇用対策を含めて、有効な雇用闘争確立のために行なった春闘共闘の不況下の解雇者の動向調査は、「人員整理退職後の状況」について、中高年層の雇用保障とはまったく正反対の状況結果を示したことは、今後の政策動向とも絡めて、重要な問題性を提起していることに注目したいのである（**第8表**参照）。

この**第8表**によると、年齢が中高年齢層にゆくほど失業保険給付受給はいうまでもなく、失業保険給付期間満了後の就職不能、積極的な面で「再就職」の至難さを示していることが理解される。このことは、男子に限らず、

第9表　定年到達後の失業期間

（失業経験者＝100）（％）

失業期間		定年到達年度			
		計	昭和42年度	昭和45年度	昭和48年度
定年到達直後の失業	計	100.0	100.0	100.0	100.0
	3ヶ月未満	30.1	28.8	28.4	32.9
	3ヶ月以上6ヶ月未満	21.8	20.6	17.3	27.3
	6ヶ月以上1年未満	31.9	28.5	32.5	33.9
	1年以上2年未満	10.4	12.2	13.6	5.9
	2年以上3年未満	1.1	1.8	1.8	—
	3年以上	4.7	8.1	6.4	—
定年到達直後以外の失業の合計	計	100.0	100.0	100.0	100.0
	3ヶ月未満	21.5	20.9	20.4	27.7
	3ヶ月以上6ヶ月未満	21.8	17.7	21.3	37.3
	6ヶ月以上1年未満	22.2	19.3	25.9	21.7
	1年以上2年未満	20.3	22.8	20.4	13.3
	2年以上3年未満	6.2	8.3	6.0	—
	3年以上	8.0	11.0	6.0	—

女子についても一様に同じことがいえるのである。ことにこの**第8表**で注目に値いすることは、「解雇撤回闘争」に参加している年齢層の二分化状況である。すなわち、「三五歳から四四歳」層の前中年齢化層と「四五歳以上四九歳未満」の中年齢層は、その企業における職務継続の可能性と他企業への中途入社条件の不利益などを前提に、解雇撤回闘争の一応の主軸になることを示す。これに対し、三四歳以下はその早期転職化、中年以上に高齢化を前にした五〇歳以上は職務継続・転職の至難さから、その闘争の中心軸から脱落化傾向を示すことである。解雇反対闘争の担い手が、このように二分化されることは、戦後直後の総体的、絶対的な労働力過剰供給下の解雇反対闘争とはニュアンスのある処で、いかに解雇反対闘争が組織しにくいかを示すものにほかならない。ここからみるとき、中高年齢層の雇用保障闘争とその前途は一層きびしいことは否定できない。

といって、前述の定年到達前の中高年齢層はいうま

第10表　定年到達後の就業の就業の必要・希望年齢

（就業者および無職者のうち就業意思を有する者＝100）

区分		計	60歳以下まで	61～65歳まで	66～70歳まで	71～75歳まで	76歳以上まで
計		100.0	8.7	47.9	32.0	6.3	5.1
定年到達年度	昭和42年度	100.0	0.5	37.6	46.4	8.5	7.0
	昭和45年度	100.0	5.5	51.1	32.4	6.8	4.2
	昭和48年度	100.0	15.9	50.6	24.0	4.7	4.8
現在の就業形態	雇用者	100.0	9.0	48.9	31.6	5.8	4.7
	自営業等就業者	100.0	3.9	29.4	40.8	13.6	12.3
	無職者	100.0	10.2	47.8	32.7	5.7	3.6
就業の理由	働かないと生活に困るため	100.0	7.8	45.7	33.6	7.1	5.8
	生活には困らないがより収入をふやしたいため	100.0	10.7	54.2	28.1	4.7	2.3
	小遣いなどを得たいため	100.0	19.4	47.2	25.0	5.6	2.8
	生活上は働く必要はないが働くことに生きがいを感じるため	100.0	9.7	51.9	26.4	6.0	6.0
	働いた方が健康によいため	100.0	10.0	54.1	29.7	3.6	2.6
	その他	100.0	25.0	16.7	41.6	—	16.7

労働省労働基準局、前掲、p. 16.

でもなく、定年到達後の勤労者の再就職を含め、その雇用保有状況も極めてきびしい。たとえば、労働省労働基準局が行なってきている「定年到達者調査の結果」は、三年ごとの調査で、つぎの**第9表**にみるように景気停滞化がみられてきた昭和四八年で、やはりそれ以前に比較して定年到達直後の失業期間の長さの点で(一年未満の期間区分において)その増加を示している。したがって、状況のきびしい昭和五〇年代には、もっとこの状況は悪化しているとみられる。おそらく、定年退職後、失業保険給付期間をすべて満了して、なお就職できない層がかなり多いとみられよう。

そして今日の構造不況下原料経営体制下の中高年齢層の雇用状況はきびしいにもかかわらず、人員整理被解雇者ならびに定年到達中高年齢層の就業意思、雇用意欲は、極めて強い。ここに今日の、否明日の高齢化社会から

第11表　中途採用者採用の上限年齢別企業数割合

イ　男子

区分		上限年齢のある企業	25歳未満	25～34歳	35～44歳	45～54歳	55～59歳	60歳以上	不明
一般労働者	管理職	100.0(53.7)	—	7.0	27.1	32.0	16.6	17.3	—
	事務職	100.0(40.8)	5.0	43.6	19.2	18.1	8.0	4.0	2.0
	技術職	100.0(53.5)	1.5	22.8	33.0	26.7	6.1	9.9	0
	生産・販売	100.0(61.0)	2.5	30.3	21.3	23.2	8.8	10.9	0
パートタイム労働者		100.0(26.1)	0.6	—	17.0	24.9	26.3	31.2	—
出かせぎ労働者		100.0(54.3)	8.5	12.3	16.3	36.4	14.3	9.3	2.8

ロ　女子

区分		上限年齢のある企業	25歳未満	25～34歳	35～44歳	45～54歳	55～59歳	60歳以上	不明
一般労働者	管理職	100.0(11.4)	0.1	18.8	40.8	17.7	20.6	1.9	—
	事務職	100.0(55.8)	13.3	51.1	23.0	9.4	2.2	0.8	0.2
	技術職	100.0(17.1)	6.4	31.8	35.8	18.2	2.3	1.8	3.6
	生産・販売	100.0(37.3)	7.1	25.6	30.9	24.4	5.7	5.1	1.2
パートタイム労働者		100.0(61.7)	1.3	11.1	29.8	47.8	7.1	1.7	1.1
出かせぎ労働者		100.0(23.1)	—	0.7	13.4	46.1	9.7	23.8	6.2

（　）内の数字は、採用基準を定めていた企業のうち上限年齢のある企業の占める割合である。
労働大臣官房統計情報部「雇用管理調査結果概要（統計）」（採用管理）（昭和51．1）p. 39.

高齢社会への確実な以降を眼の前に、雇用か福祉かと二者択一では律しえない深刻な問題が存在すると考えられる。この点について、前記の労働省労働基準局の「定年到達者調査の結果」を見てみよう（**第10表**参照）。この**第10表**をみると、何歳まで就業する必要があるか、何歳まで就業を希望するかについて、その定年到達者の健康、所得需要度あるいは生き甲斐的な意欲度によって個人差のあることは否定しえない。注目したいのは、理由として「働かないと生活に困るため」が四五・七％、年齢層としては「六一歳～六五歳」がこれに当り、「六六歳～七〇歳層」を含めて、稼働希望が約七九％台も存在することであり、これは一考に値いするところである[3]。

前述のように、中高年齢層の雇用自体が、現代資本主義生産体制の生産的ニーズに規定されていること、そしてこのことが中高年齢層、ことに五五歳をこえる層の雇用をいかに至難にしているかは、前記の人員整理被解雇者ならびに定年到達者の労働流動＝中途採用について、上限年齢を設定している企業状況によっても知られる（**第11表**参照）。この**第11表**による限り、わが国でかなり慣行化してきていた五五歳定年制――慢性的な労働力不足現象を招来してきた三〇人未満の中小零細企業では、定年制自体の存在も少ないであろうし、かりに存在するにしてもその具体的適用にあたっては極めて弾力的に運用され、その機能は弱いであろうが――を、依然として、そのベースにおいていることが理解され、この限りでは五五歳定年到達以降、とりわけ五五歳をこえた加齢労働者の場合、より一層再就職の至難なことがうかがえるのである。

以上の中高年齢層の雇用実態とりわけ、五五歳定年制をベースにつくり上げられてきた労使関係構造にもとづいた実態を、幾つかの資料からうかがう限り、高度経済成長政策期であろうと、低経済成長政策期であろうと、中高年齢層の雇用問題は生じ、これが今日にいたるまで根強く尾を引いてきていることを知る。ただ、これが、高成長期においては、そのかかえている問題を著るしく噴出せしめなかったのに対し、低成長期において、とりわけ深刻な社会問題の一つの相としてクローズ・アップせしめたということである。そして、経済成長率が低いほど、中高年齢層の雇用問題が深刻になることを見せつけたところに、またこの雇用問題の総合的な関連として、公的年金を含む各種の老齢保障問題の深刻さがリンクするだけに、雇用政策を軸にした国民的課題として問題解決の急務なことが要請されたとみることができるのである。それだけに、五五歳定年制をベースにした生涯雇用慣行を、今後どのように企業内部で変革し、一方そのための外部的条件を公的につくり上げるかが、中高年齢層問題の解決にとって大切なことを示すのである。

（1）　佐藤進編著『老人と人権』（昭五二、同文館）参照。

（2）　藤久弘充「年金資格直前の高齢者整理の合理化」学習のひろば（昭五二・一一）参照。

（3）　定年到達者の就労可能年齢の線引きは、前述のように極めて個人差があろうが、今日の公的年金制度にみる給付の不備にも起因する。最近六五歳を一つの軸に考えているのは、厚生年金保険法にみる六五歳到達＝在職完全老齢年金支給を一つの線とみているからなのであろうか。

三　中高年齢層と雇用施策の推移

中高年齢層の雇用対策が、積極的に展開をみるのは、昭和三〇年代中葉にそのはしりが見られるが[1]、現実の施策が立法問題として登場するのは昭和四〇年代といってよい。

わが国において、高度経済成長政策の展開をみた昭和三〇年代初頭は、今日みるような著るしい産業社会ならびに地域社会および社会生活慣行の変貌を予想しえなかった。ことに、わが国の産業社会においては、労働力過剰供給状態を前提とした、企業内の閉鎖的生涯雇用関係、年功序列的労使関係、定年五五歳制度が定着をみ、退職後の「家族制度」を中心とした私的扶養体制は、中高年齢層の雇用問題や退職後の老後生活保障問題に、深刻な問題発生を予想せしめえなかった。

しかし、昭和三〇年代の高度経済成長政策の導入とその展開は、産業内部構造の変貌とともに昭和三五～六年頃に著るしい若年労働力不足現象を生みはじめた。しかし、この若年労働力不足に対応する中高年労働雇用は、日本的な閉鎖的な年功序列的労使関係の根強い存在に関連して、それほど伸びを示さなかった。しかし、私的扶養体制が、何らかの形でこれをカバーしえている間は、問題は深刻化しなかったのである。しかし、この社会生活慣行も、過剰労働力源であり、労働力給源であった農村社会を中心に大きく変貌し、核家族化などの諸要因により中高年齢層の雇用化とあわせて社会的扶養体制の確立を目ざさざるを得なくなる（前述の国民年金法（昭三四、法一四一号）、老人福祉法（昭三八、法一三三号）制定などにみるように、厚生省サイドの社会的扶養施策が、雇用施策に関連して導入される）。

労働力政策として、労働力不足下の中高年齢層の雇用状況、一方、公的＝社会的扶養体制の不備という問題性認識に伴い、昭和三八年七月、就労者の定職化、高齢化した「緊急失対事業」の改革と中高年齢層の雇用促進という政策認識として、職業安定法改正、緊急失対法改正が行なわれ、さらに雇用対策法（昭四一、法一三二号）にみる中高年雇用促進政策、これを契機として中高年齢層自身を直接対象とする「中高年齢者雇用促進特別措置法」（昭四六、法六八号）を軸に、中高年齢層の雇用促進、失業関係法が開花をみる。

(1)　中高年齢層雇用対策の端緒期（昭和三五年～昭和三九年）

中高年齢層の雇用問題、実は生活保障問題が、積極的に政策の対象として認識され始めるのは、昭和三五年以降のことに属するといわれる(2)。

昭和三〇年代中葉において、若年労働力不足現象の出現に関連し、産業構造の変貌に伴い失業多発地帯対策、炭鉱離職者対策、駐留軍離職者対策に加えて、漸く中高年者雇用対策さらに身障者対策が、労働力対策として迫られてきた。当時、中高年齢層の雇用問題は、「第二次大戦後から欧米では積極的に取りあげられ、諸般の対策が講ぜられてきたが、わが国においては、ようやく最近になって世間の注目を集めるようになった」といわれる状況にすぎなかった(3)。

昭和三六年三月、政府関係機関も、中高年齢層うけいれ対策として、「中高年齢者雇用促進協議会」を設置し、政府部門として中高年齢層の雇用問題への対応を示し始める。ことに、中高年齢者の雇用促進は、技術革新の動向に関連して中高年離職者に対する転職訓練の効果的運営方策を求め、昭和三六年六月、中央職業訓練審議会は公共職業訓練とその訓練への中高年層離職者吸収に努め、炭鉱離職者駐留軍離職者訓練の経験に照して、中高年齢層の特別訓練を実施すべき答申を提出する。ついで、昭和三七年「炭鉱離職者臨時措置法」改正により、中高年齢化傾向を示しつつある炭鉱離職者の中高年齢雇用事業主に対し、雇用奨励金支給制度を導入する（昭和三八年、雇用促進事業団法改正により、金属鉱業離職者雇用にも給付拡大）。

経済成長状況下の雇用流動化促進に関連して、中高年労働力の能力開発が促進され、昭和三八年一月、経済審議会は「人的能力政策に関する答申」を出し、中高年齢層の労働市場政策改善とし、(イ)中高年齢層向け職場の検討(ロ)職業訓練の強化　(ハ)社会保障の充実（定年制の弾力的運用と公的年金制度、退職金、企業年金などの充実）を指摘し、同年二月雇用審議会の中高年齢層失業者の失対事業流入防止に関連して、中高年齢層の雇用促進対策答申提出がみられた。この答申をうけ、昭和三八年七月、総評、全日自労などのはげしいたたかいの中で、職業安定法改正、緊急失対法改正がなされ、中高年齢層失業者の雇用促進政策の布石がしかれることになる。加えて、昭和三九年、労働省、日経連、日商、中小企業団体中央会などの世話団体を中心に、全国の職種別団体二八を中心として、中央雇用対策協議会が設立をみ、政府も閣議決定（昭三九・九）により、「三五歳以上の中高年齢層」の雇用促進が決定をみた。

この時期の中高年齢層の雇用促進動向に関連して、政策をみるとき、中高年齢層の雇用問題が、高度経済成長政策下の私的な労働市場に委ねられていることもあり、十分な政策が展開をみていない。一方おくればせながら、高齢化社会の急速な到来に対し、私的扶養体制の非対応に起因し、老人福祉サービスの法と行政体制の整備が指導を開始する（老人福祉法（昭三八、法一三三号）制定）。

(2) 中高年齢層の雇用対策の開花期（昭和四〇～昭和四五年）

昭和三〇年中葉からの中高年齢層の雇用問題認識は、前述のように若年労働力不足下の中高年労働力雇用の伸びの弱さに対する雇用対策と、一方年功序列的労使関係の変貌に伴う退職中高年齢層の生活保障、社会活動対策との同時進行にまでは及ばなかった。

昭和四〇年代に入るや、前述の中央雇用対策協議会は、中高年齢層の雇用促進のため「労務管理近代化」に関する提言をはじめとして、雇用審議会は高度経済成長政策と安全雇用対策実現という視点から「雇用対策基本計画＝完全雇用への地固め」（昭四一・三月）を提言し、この提言において後述の雇用対策法による中高年齢層の雇用率設定をはじめとして積極的な中高年齢層の労働力活用雇用対策を試みる。かくして、雇用対策法（昭和四一、法一三二号）が制定をみ、この法において「中高年齢者等の職業の安定」（第六章（一九条～二〇条の四））を設け、それにより中高年齢層の定義とともにその事業所における雇用率設定、中高年齢者の適職選定とその公表、雇用促進のための事業主からの資料提出、再就職援助計画の作成と再就職促進が定められることになる。当時、前述した閣議決定の線により、技術革新による産業構造の変貌による中高年層の職業技能の適応性という視点から、中高年齢者の出発点に「三五歳」を引いたことは注目に値いする。なお、この雇用対策法は、「職業転換給付金制度」（第五章（一三条～一八条））の制定とその活用および職業安定法にもとづく「就職促進」措置により、急速に増大する中高年齢層の雇用とその流動化促進を図り、これに関連して、具体的施策の窓口として公共職業安定所に「高齢者コーナー」、あるいはこれと別に福祉的雇用施策に関連して、社会福祉協議会による「高齢者無料職業紹介所」さらに人材銀行なども見られてゆく。

いずれにしても、この時期に、雇用対策法の「職業転換給付金制度」の制度化[4]にあわせて前記の中高年齢層の雇用安定のための行政の窓口創設という形で――また民間ヴォランティアによる高齢者の雇用＝福祉促進施策の展開という形で――中高年齢層の雇用問題が、公的に取り上げられ、この行政パターンが、今日までつづいてゆく。これと関連して、昭和四四年に、技術革新に即応するために、新職業訓練法が制定をみている。

しかし、中高年齢層の雇用の現実は、生涯雇用と強く結びついた企業内の閉鎖的な年功序列的労使関係の諸雇用慣行を前提に、その労働力流動とあわせてその雇用は著るしく狭められ、公的な施策にも限界のあることは否めなかった。

(3)　中高年齢層の積極的な雇用対策展開期（昭和四六年～現在）

以上の第一、第二期をへて、労働力対策としての中高年齢層の雇用対策は展開をみる。とりわけ「中高年齢層」を対象とし、その雇用安定を目的とする特別法の制定をみるのは、昭和四六年においてであり、これは「中高年齢者等の雇用促進に関する特別措置法」（昭四六、法六八号）によって具体化された。この法は、前記の雇用対策法とあわせ、その後の中高年齢層の職業＝雇用安定に関する特別法として重要な役割を果すことになる。これは、好・不況を問わず中高年齢層のきびしい雇用状況に対し、かつ労働力人口増勢の鈍化、高齢化、高学歴化という労働力性向を前提に、中高年齢層に対する従来の積上げ的雇用対策の総合化を意図したものとみられる。

この法は、第一に中高年齢者求職手帳制度の創設、第二に中高年齢者雇用率の設定、第三に特定地域開発就労事業の実施を骨子として、中高年齢層雇用対策を展開する。この法のいう中高年齢層の定義は、一で指摘したとおりで、その雇用促進特別措置として、雇用対策法二〇条により選定された中高年齢層の適職に応じ（官公庁三三職種、民間部門二九職種）中高年齢層の職種別雇用率を設定し、誘導的な雇用促進政策をとった。(5)

しかし、この企業への雇用強制を必ずしも意味しない雇用率設定により、企業内での雇用促進がどれほど達成されてゆくかは、今後なお問題が残っている。ことに、昭和四〇年代後半からの低経済成長下において、企業内の過剰雇用合理化に対し、雇用安定の名による解雇制限、大量解雇禁止立法の存在しないわが国の状況下において、その問題の帰趨はなお微妙である。

これに加え、同法は、事業主に対し、選定職種への中高年齢層の雇用促進措置として、雇用奨励金給付を試みている（昭五一年改正の現行法八および九条（旧法一〇～一一条））。

なお、この時期になって中高年齢層の雇用特別措置法制定と前後して、高齢化社会の到来を事実として各種の審議会あるいは類似機関において、中高年齢層問題に対する雇用対策ならびに生活保障対策として、社会保障制度の充実、なかんづく定年延長への指向と公的年金制度の充実を強調したことは、雇用と生活保障、福祉施策との同時解決の方向がようやく模索されたことを物語るものにほかならない。(6)

この特別措置法制定以降、積極的に雇用促進を進めるべく、定年延長推進に関する政府の誘導政策として、「定年延長奨励金給付制度」（昭四八）を発足せしめ、定年を五六歳以上に延長した事業主に法定要件を充足した上で奨励金を支給する制度を導入した。

なお、この雇用促進とあわせて、昭和四九年に、失業保険法を廃止し、代って雇用促進を前提に、失業給付を従的なものとする、失業給付（所得保障）と雇用サービス（福祉サービス保障）とを一体化する雇用保険法（昭四九、法

中高年齢層に対する労働(雇用)施策(国・東京都を中心として)(昭和54. 3現在)

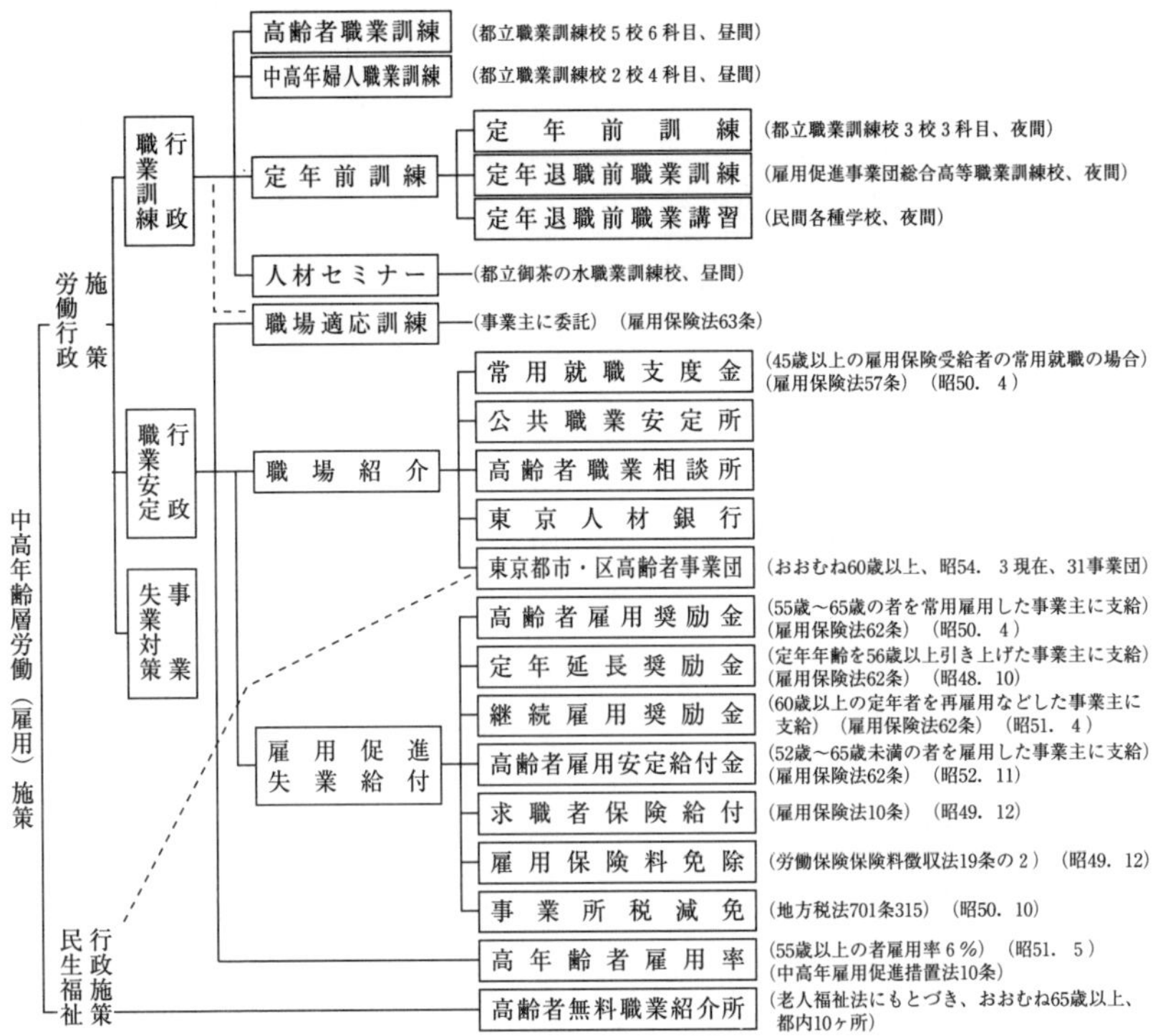

一一六号）が制定をみる。(7)

この法は、中高年齢層の失業保険給付面において、従来の失業保険法の勤続年数別給付日数段階制から、年齢別段階給付制を導入し、「五五歳以上」の就労困難の中高年齢者に対し、最高三〇〇日の給付に加え（雇用保険法二二条）、個別事情により就職困難な者に対し「個別延長給付」として六〇日間の延長を定める（施行令三条）。

なお、前記の雇用促進施策として雇用保険法の雇用サービス施策としての「雇用改善事業」にもとづいて、前述の「定年延長奨励金制度」に加え、昭和五〇年度に「高年齢者雇用奨励金給付制度」を創設し、「五五歳以上六五歳未満の高年齢者」を常時雇用する事業主に、法定支給要件充足のもとで給付金を行なう制度を導入し、さらに昭和五一年度に「六〇歳以上」の定年制のある企業に対し、定年者を継続して雇用する事業主に対し、法定要件を充足することを前提に「継続雇用奨励金給付制度」を導入した。また、昭和五二年度に、「五五歳〜六五歳未満の高齢者」を雇用した事業主に対し、「高齢者雇用安定給付金制度」を発足せしめている。以上は、前述の雇用保険法の「雇用改善事業」（六二条）にもとづいてなされる施策であることに注目しておきたい。なお、この関連において、雇用保険法にもとづく中高年齢失業労働者の失業保険給付に加え、高年齢者を雇用する前記事業について、保険料減額制度を導入することも試みている（労働保険保険料徴収法一一条の二、一五条の二参照）。

なお、以上に加え、きびしい「円高不況下」の雇用情勢に対し、第二次産業の不振に関連して、第三次産業部門への雇用拡大のために、㈠中年齢層（四五〜五五歳未満）を雇用する民間企業への「賃金助成制度」（離職者を新たに雇入れた企業に対し、三ヶ月間通常賃金の二分の一（中小企業は三分の二））㈡高齢者（五五歳〜六五歳未満）を雇用する企業に対し賃金助成制度（六ヶ月間通常賃金の二分の一、中小企業は三分の二）を導入し、これを雇用安定資金から給付する制度を、昭和五三年度から発足せしめる「緊急雇用対策」を構想した。

戦後の中高年齢層に対する雇用施策の流れを概観したが、雇用促進のために、国が事業主に対し奨励金や賃金の一部を給付する形での雇用促進政策をとる形が支配的になっている。これは、予想をこえた構造不況下において、ある意味で失業保険の変形ともいうべきであり、国の完全雇用政策を前提とした雇用保険法では失業保険給付は従的なものにおきかえた政策の代案といえるのかもしれない。雇用不安を、失業の形でなしに、国の費用給付により企業に雇用せしめることによって、中高年齢層の社会的安定を意図する政策は、一時的な日本的といえるものにせよ注目に値いする。理論的には、雇用促進サービス施策の類型にあるといえ、労働者に現金給付をする（所得保障）

仕組みでなしに、企業に現金給付することの拡大は、社会保険法の枠内にあるといえ、問題が多いことは否めないことを指摘しておきたい。

（1）　遠藤政夫『高齢化社会の雇用問題』（昭五一、労働新聞社）三六頁。
（2）　労働省失業対策部編『失業対策年鑑』（昭三六年版）二〇六頁。
（3）　労働省失業対策部編・前掲書（昭三六年版）二〇四頁。
（4）　中高年齢失業者の「職業転換給付金」制度は、就職指導手当、職業訓練手当、広域求職補助費、移転資金給付、職場適応訓練費、帰省旅費、労働者住宅確保奨励金などの形で幅広く給付が試みられている。
（5）　昭和五一年改正法では、この職種別雇用率は廃止され、一率制が導入され、その雇用率は一〇〇分の六とされた。しかし、必ずしも企業に対する雇用強制施策が意図されているわけではない。
（6）　人口問題審議会「最近における人口動向と留意すべき問題点について」中の、(5)の急増する老年人口の項における「就労と定年制の再検討」（昭四六・一〇）、雇用審議会「労働力受給の長期的展望およびこれの対応する雇用政策について」の3(3)「婦人と中高年齢者の問題」（昭四五・一二）、雇用審議会「今後の失業対策制度に関する基本構想」中の「中高年齢失業者のための特別対策について」（昭四六・二）、賃金研究会「定年延長と賃金制度について」（昭四七・一二）、労働者生活ビジョン懇談会「定年延長の考え方とその推進について中間報告」（昭四七・一二）、雇用政策調査研究会「今後の高齢者雇用対策について」（昭四八・一二）など参照。
（7）　雇用保険法の問題については「雇用保険構想の検討課題」ジュリスト・特集五五八号（昭四九・四・一五）所収論説参照。

四　中高年齢層の雇用保障とその法的課題

中高年齢層といっても、労働市場における稼働能力限界年齢を、一体どこに引くかということになると、一で指摘したように、わが国の公的施策は、ほぼ「四五歳〜五五歳未満」を中断層、「五五歳以上〜六五歳未満」を高齢層、そしてそれをこえる老齢層と、一つの区切りをしているようにみえる。しかし、雇用を中心にみるとき、とりわけ民間部門の雇用は、大企業においては定年年齢として五五歳〜六〇歳台に線引きがなされ、中小零細企業においては六〇歳をこえることが生じている。また、向老期に向かう中高年齢層といっても、その身心状況いかんによって、各個人にきわめてニュアンスのあることは前述のとおりである。このように、政策主体と雇用主体と、生活主体である中高年齢層との間に雇用＝稼働能力限界年齢の把え方にズレのあること、とりわけ民間企業部門には定年後の中高年齢層を一応の労働市場になじまない労働力と区切りしているところに、今日の中高年齢層の雇用保障をめぐる基礎的な問題が横たわっていることも否定しえない。このような問題が横たわりつつも、中高年齢層の雇用対策がおし進められてきていることは三でのべたとおりである。

とりわけ中高年齢層を含め、労働者が、現代資本制生産社会において、雇用保障を求め、ことに法的意味において雇用保障を、国ならびに企業に求めるのは、自由な労働力需給メカニズムを前提とする資本主義生産体制において必然的な経済現象である失業現象（実は労働者にとってはこの失業による雇用喪失により、労働者ならびにその家族の生存、生活が脅かされるという生存権喪失現象）に対し、現行憲法二五条（生存権保障）さらに憲法一三条（快適生活保障）ならびに憲法二七条（労働権保障）にもとづく憲法規範的要請に即して、その生活保障の制度的保全を求めるからにほかならない。

戦後日本における労働権条項とこれに関連する制度的保障の詳細は前節に譲り[1]、ここではかんたんに労働権に関連してこの雇用保障の法的課題に言及したい。

筆者は、従来、社会保障法の理念を媒介として、雇用保障＝職業安定を失業＝雇用喪失に対して、その基本的対策は、資本主義社会において必然的な失業現象の絶滅減少は失業保険法に期待しえないこと、ここから雇用拡充政策（職業安定制度、技能訓練制度などの整備と産業開発政策の創出）を指摘し、広く職業安定（雇用安定）と失業保険行政との一体化を論じてきた[2]。

今日、労働権保障の憲法規範的要請はいうまでもなく、規範意識の変動を前提として、失業保険に加えて労働権の具体的な保障として、職場民主化（職場の人間化）、労働市場調整機構の民主化とあわせて完全雇用化をはじめとして、国の積極的の配慮——雇用情報の提供、職業訓練指導、学校教育、社会教育の助成など——が保障さるべき提言がなされている[3]。

いずれにしても、今日の雇用保障の法的課題は、職業紹介、職業訓練、失業者保護に加え、前述の労働市場介入調整（広く雇用政策制度）に向けられ、さらに現実の雇用関係の成立、維持保障をも含むものとして広く考えられるにいたっていることは注目に値いし、筆者も同感である[4]。

憲法の規範的要請にもとづき、とりわけ高度経済成長政策期はいうまでもなく、今日の低経済成長期において、きびしい状況下におかれている中高年齢層の広義の雇用保障をめぐる法的課題の解決の急務なことを指摘する見解がみられる[5]。

問題は、憲法規範的要請といっても、それが国家と国民とのかかわりあいにおけるその権利・義務との法的課題に限定され、しかも国のプログラム的な政策的義務に限定されているところに法的問題がある。ことに高度経済成長期においては、労働市場の変動と憲法規範要請から、前述の失業保険、公的な職業紹介、職訓保障に問題はあっても問題が表面化しなかった。しかしこれらの公的施策は、事後的な性格のものであり、事前的な性格の問題として、労働権に関連して従来から問題とされた企業の雇用保障↓解雇権制限[6]などはいうまでもなく、定年制問題[7]などにも、憲法二七条はその保障の効力を及ぼし得なかったのである。

これらに対し、中高年齢層に対する雇用促進政策は、定年制延長の政策的誘導はいうまでもなく、積極的に、それも前述の、問題は蔵しながらも企業への雇用奨励金給付制度を媒介に、あるいは中高年齢層の雇用率設定などを通じて、間接的あるいは直接的にすすめられたことは三でのべたとおりである。しかし、その政策的効果の実効性は、今後の推移をみるよりほかはない。現実状況からみて、中高年齢層の人員整理とそれに対する失業保険給付制度の充実(給付期間の満了と特例給付延長など)と、再就職促進のための情報提供、公的雇用あっせん機構の整備、中高年齢層の適職開拓とそのための職業訓練の充実が対症的に望まれていることはいうまでもない。

しかし、公雇用開拓はともかく、とりわけ民間の雇用拡大は前述の各種の奨励金給付制度によって十分かと問われれば、その金額と法定要件からみてその実効性は疑問がある。この点からみて、筆者は、わが国の雇用拡大政策は公共投資による雇用吸収に依存することが多い点を考慮し、使用者としての政府の公雇用拡大とあわせて、政府、自治体との公契約企業において一定比率中高年雇用を義務づけることは至難であろうか、政策的に検討に値いする。このことは、わが国における民間部門企業における、日本的雇用慣行の変革にあわせて中高年雇用管理体制の変革にも通ずることになろう。そして、企業内部における単なる過剰雇用整理問題としてではなくして、企業における生産力としての中高年労働力の処遇と管理体制再編による雇用保障が急務であることを示している。いずれにしても、私企業における定年制延長と適職における能力発揮にあわせ、従来の年功序列的賃金形態や退職金制度の再検討はいうまでもないが、これらの私企業における中高年労働層の雇用保障（それが、高齢差別無効を含め解雇制限法の形をとろうと、前記の雇用促進のための賃金給付の形をとろうと）、あるいは失業保障との有機的な連結なしに、公的年金制度ならびに関連老齢保障政策の実現もそれだけでは十分でないことも事実である。もちろん、私企業における雇用保障といっても、若年層に対比して中高年齢層の企業における位置の低下と中高年齢層の人権に即した職場管理というコスト負担を考慮にいれるとき、労働組合運動の企業内における中高年労働層管理の建設的な提言なしには達成も至難である。それはいうまでもなく企業をこえて、労働組合と企業の協力による雇用保障のための政策形成と参加を前提とする。

あわせて、中高年齢層というよりも、六五歳否六〇歳以上の高齢者層の就労＝雇用問題は、すぐれて福祉政策と連動するものであり、労働市場になじむ場合はともかく、これと深く関係する労働市場になじまない高齢層の生き甲斐就労＝社会参加活動を媒介とした福祉的雇用開拓分野の政策は、前述のとおり自治体である東京都の「高齢者事業団」方式の実験などを媒介として、この面でも国による積極的な「受け皿」創造が至急望まれている。

（1）拙稿「戦後日本における失業保険の法と行政分析——憲法二五号（生存権保障）、憲法一三条（快適生活権）、憲法二七条（労働権保障）の制度的実現からみて」社会政策学会年報二一号（昭五二・五）（御茶の水書房）（本書一一七頁以下所収）参照。

（2）拙稿「失業保険法の運用・制度上の問題」ジュリスト二九八号（昭三九・五・一五）、同「職業安定制度」ジュリスト三六一号（昭四二・一・一）、同「社会保障法体系における失業保険制度」ジュリスト四六五号（昭四五・一一・一）、前掲論文など参照。

(3) 沼田稲次郎『社会法理論の総括』(昭五〇、勁草書房) 三七頁以下。
(4) 林、清正、石松、菊谷、馬渡、石橋、古賀他著『雇用保障法研究序説』(昭五〇)(法律文化社) 第一章参照。なお、松林和夫教授も「失業保障は失業者の生活(労働能力の維持)保障と就労保障を含み、雇用保障は現役労働者の雇用の保障とその他の労働条件の保障を意味し、職業訓練保障は失業者と現役労働者の労働能力の維持向上―上向移動の保障を意味する。この全体を雇用保障の問題と考えてもよい……」と指摘される『労働法の基本問題』沼田稲次郎先生還暦記念(下) 六二一頁。
(5) 沼田稲次郎『社会法理論の総括』(昭五〇、勁草書房) 三七頁以下参照。
(6) 東京生命保険相互事件(東京地判昭二五・五・八決定、労民集一・二・二三〇) において、労働権を根拠に解雇無効を判断した判決がなされたが、その後同旨の判決はみられない。
(7) 秋北バス事件(最高裁大法廷判、昭四三・一二・二五、最民集二二・一三・三四五九) にみる論理からいえば、合理化基準にしたがうといえども、就業規則による定年制の年齢決定・変更は、企業の自由に委ねられており、この後の下級審判例では、定年制改訂についてこれを否認するものが多くみられるが、問題が抜本的に解決されているわけではない。

3　年金権の法理と年金保障体系

はじめに

わが国における急速な高齢化社会の到来とそれに伴う高齢者（有償稼働労働プロパーからの引退者）の老後生活保障問題が、今日重要な社会問題となってきている。

ことに、昭和三〇年代からの高度経済成長政策の導入とその展開は、予想をはるかにこえる日本的社会生活システムの変貌をもたらした。従来、高齢者の老後生活保障は、この日本的社会システム、とりわけ「家族」制度を中心とした私的扶養――法的にも事実的にも――や、地縁社会さらに企業内年功序列的労使関係を中心にして、支えられてきたことは周知の事実である。

しかし、高齢化社会、核家族化社会の到来とその進行に当面して、これらの老後生活保障を支えてきた日本的社会生活システムの急速な変質は、これらに代るべき扶養体制として、広汎な社会的扶養制度を急速に整備することを促進した。このことは、社会的扶養制度として、「所得保障」のための制度として公的年金制度はいうまでもなく、医療、在宅・施設収容たるとを問わず地域ならびに対人的社会福祉、住宅、雇用、生涯教育その他の諸サービスを含む「サービス保障」のための諸制度との、一体的な包括的な制度化の促進を迫っている。

本節では、所得保障にかかわる公的年金制度とその受給権とその法理を中心に指摘するが、サービス保障受給権とその法理においても、憲法二五条（生存権保障）、憲法一三条（快適生活権保障）、憲法一四条（普遍的年金保障）が、その権利保障のベースにすえられねばならない点では、まったく同様である。

なぜなら、私的扶養と対比される社会扶養制度は、国の責任において、老後生活保障体系が指向され、法にもとづく生活保障の権利が実現されることが内包されていると考えられるからである。そこで、以下、公的年金制度のもとで、その年金受給権をめぐる法理と権利保障の問題を中心として、指摘したいと考える。

一　〈年金〉とその公的年金制度保障の意味と視点

〈年金〉とその公的年金制度による保障は、それが、法定保険料拠出・法定給付にもとづく保険技術をとる制度であると、一般税にもとづく社会援護・社会扶助技術をとる制度であるとを問わず、私的扶養形態の補足としてよりも、これに代って、いわゆる社会保障思想と関連して社会的扶養制度としてわが国で展開をみるのは、第二次大戦後の新憲法制定以来のことといってよい(1)。

そして、本格的に、この年金制度の重要性が、わが国において、権利として高齢者の老後生活保障の主軸の問題として考えられ出したのは、第二次大戦後、それも昭和三〇年代の高度経済成長政策の導入とその展開以降のことに属する。

本来、資本主義生産体制をとると、社会主義生産体制をとるとを問わず、欧米諸国における年金の公的制度による保障は、老齢という加齢＝向老による労働＝稼働能力の減退あるいはその喪失によって、主たる一家の働き手の労働生活からの引退、労働生活の終えんに対する所得保障を意味する。これは、障害、死亡＝遺族についても同様である。

そして、このような公的年金制度が、とりわけ展開・普及をみるのは、一九世紀後半から世界的大不況にかけての時期にかけてであり、さらに積極的な展開をみるのは第二次大戦後、一九五八年以降のことといわれる。そしてこれは、新興独立国の出現と国際的な制度導入のためのＩＬＯの技術的援助などに起因することによると考えられよう。(2)

いずれにしても、公的年金制度は、それが社会保険技術をとるにせよ、社会援護あるいは社会扶助方式をとるにせよ、年金権保障を軸にして国際的に展開・普及をみていることはやはり国際的な老齢化社会、否老齢社会の到来に対応しているとみてよい。

このような各国にみられる、しかも色々な技術的制度の異なった公的年金制度の国際的規則とその動向を、集約的に表現しているのは、後述のようにＩＬＯの年金制度に関する条約や勧告の形による国際的規制といってよい。そして、このＩＬＯ条約あるいは勧告は、国際労働法典あるいは国際社会保障法典として、公的年金制度に関する年金権の権利性を具体化してきた。

ＩＬＯは、第二次大戦前において、当時先進的な西欧諸国で制度的実現をみてきていた、前記のいわゆる老齢、障害、遺族に対する年金制度の展開、普及化傾向をみてとっていた。(3)かくて、ＩＬＯ事務局は、年金の保険制度による実現をベースに、ＩＬＯ条約三五号（工業的企業などへの強制的な老齢年金保険制度の適用、一九三三年採択）ならびにＩＬＯ三六号条約(農業企業被用者に対する強制的な老齢年金保険制度適用)を採択する。そして、これらの諸条約は、何れも受給開始年齢を六五歳とそれ以上においたが、その受給資格たる最低拠出期間や最低給付金額基準などを明確にしなかった。

これらの老齢年金条約に加え、ＩＬＯは、障害に関する強制保険に関する条約（ＩＬＯ三七号条約およびＩＬＯ三八号条約。何れも、一九三三年採択）、遺族に関する強制保険に関する条約（ＩＬＯ三九号およびＩＬＯ四〇号条約。何れも、一九三三年採択）を、独立した条約として採択する。さらに、一九三五年には、国際的労働力流動に特に障害、老齢、遺族に対する各種の保険にもとづく年金受給権の保全のための国際的通算制度確立に関する条約をも採択する。これが、ＩＬＯ四八号「移民年金権保全条約」である。なお、このほか、老齢、障害、遺族保険勧告（ＩＬＯ四三号、一九三三年採択）は、前記の条約を補足するためのより高次の基準を設定し、老齢年金の受給開始年齢を六〇歳、その他受給資格要件を緩和することを設定した。

この後、第二次大戦終結の直前、一九四四（昭和一九）年、ＩＬＯは、後のＩＬＯ一〇二号条約（一九五二年採択、社会保障最低基準に関する条約）の軸になる、ＩＬＯ所得保障勧告（一九四四年採択、ＩＬＯ勧告六七号）を採択し、ここで戦前条約基準の改訂の方向を提起する。このＩＬＯ一〇二号条約の、条約五部「老齢年金」（「廃疾給付」（九部）、「遺族給付」（一〇部））は、所定受給開始年齢六五歳に対し、強制適用人口比率、受給資格要件（拠出もしくは雇用期間三〇年、居住期間二〇年）、老齢年金給付の長期支払方式と最低年金給付水準（年金受給年齢者の、妻を有する男子の四〇％）、減額年金給付などに加え、共通条項ともいうべき、年金額改訂基準（生計費の相当変動あるいは一般所得水準における相当変動）、その他年金権の権利保障と争訟権、社会保障行政参加の権利、拠出の際の合理性配慮、さらに内外人均等処遇などを定め、これらの国際的規制の動向は、ある程度第二次大戦後のＩＬＯ加盟国の年金法制の動向を示していたものとみることができよう。

そして、この後、戦前の前記の条約・勧告に加えて、ＩＬＯ一〇二号条約水準の改訂を試みた。ＩＬＯ一二八号条約（一九六七年採択）ならびにＩＬＯ一三一号勧告が採択され、これらは今日わが国の年金制度の最低水準として一応の指標を提供する。これによると、⑴年金受給開始年齢は六五歳以下で、⑵年金給付は拠出または雇用期間三〇年、居住期間二〇年間、⑶減額年金受給要件として拠出・雇用期間一五年の充足、⑷老齢年金給付水準はその者の従前所得または普通成年男子労働者賃金の四五％の定期金払、⑸一般的所得水準もしくは生計費変動に対するスライド制導入、⑹年金権利保障条項を設定した。なお、これに附属するＩＬＯ勧告一三一号は、前記条約を上まわった基準を、すなわち、⑴拠出または雇用期間二〇年、または居住期間一五年の受給資格期間の充足、⑵減額年金受給の場合は拠出または雇用期間一〇年の充足、⑶老齢年金受給金額は、従前所得の五〇％、⑷他人の援助または附添いを常時必要とする年金受給者に対して割増給付または補足給付を支給する、⑸老齢年金最低額は、最低生活水準を確保しうるよう配慮すべきこと、などを規定している。

これらの新条約勧告水準の解釈には、色々の見解がみられるが、今日拠出・無拠出とを問わず、ＩＬＯ条約・勧告のつみかさねられた歴史の中で、いわゆる老齢年金権なるものと、その最低保障水準を設定していることは注目に値いするのである。

二　わが国の公的年金制度とその権利保障の視点

(1)　公的年金制度による年金給付の意味と法的権利保障の視点

〈公的年金〉制度の年金受給権が、年金法にもとづいて――拠出・給付にもとづく社会保険制度であろうと、無拠出・給付にもとづく社会扶助・社会手当制度であろうと――その権利性を保有しなければ、年金とはいいえない、いわゆる国際的な最低基準の性格を、前記のＩＬＯ条約や勧告を通して概観した。これによるとき、国際的基準による年金受給権保障は、国民皆適用化を前提とした強制適用人口の明示をはじめとして、受給開始年齢、受給資格要件、拠出の合理性基準、給付水準の最低性の確保とスライドによる適正化の確保、行政運営参加権、行政争訟権、内・外人均等待遇原則など、最低の権利保障条件を設定した。

このような最低水準の権利保障は、ＩＬＯ加盟国の、しかも年金実現のための技術的制度――前述の拠出・給付の社会保険制度たると、無拠出の社会扶助、社会手当制度たるとを問わず――が異なるとも適用さるべきものであることはいうまでもない。

これを、わが国の公的年金の法的権利についての幾つかの視角からこれをみるとき、まず、第一に、年金の受給手続の権利（受給資格にかかわるものを含む）、第二に、年金受給内容の実体的権利、第三に、年金権の権利紛争に関する争訟の権利、第四に、年金保障実現のための年金行政運営参加の権利として、この視角から、わが国の現行の公的年金制度の現状を指摘してみたいと考える。

(2)　わが国の公的年金制度とその権利保障の現実

1　現行法制とその権利保障の性格

わが国の公的年金制度は、その複雑な歴史的成り立ちを反映し、制度体系に着目するとき、大別して人的適用別として拠出制被用者対象の年金制度と、地域住民対象の年金制度とに分類することができる。

なお、日本の公的年金制度が、権利としての公的年金制度として、しかも老齢退職後の老後保障として、その役割を受益者によって期待され、その充実へのニーズが強まるのは、昭和三〇年代以降のことである。公的年金制度は、それが複雑な、人的適用対象別のものであれ、その制度が老後保障としての役割を十分果たすものとして存在している場合には、その複雑な制度分立性はさして問題とならなかったのかもしれない。この点、欧米諸国の場合においても、一般被用者とは別に、船員、鉱山労働者、鉄道、郵便労働者、さらに地方公務員、国家公務員などには特別の人的適用対象別の制度が導入されている例はしばしば見られている。(4)

しかし、この欧米諸国の場合、一般被用者対象とは別に公務・公共部門の被用者や、重労働部門の鉱山労働者、さらに地域自営住民対象の独立した制度の存在理由は、その歴史的な成り立ちに伴う、その独立した制度展開とその定着性とその制度的安定性、またその独立した制度展開を許容する制度存在の合理性たとえば拠出とか、労働の性格とか、さらにそれ以外の別の理由などによるように考えられる。しかし、これらの制度の存在を許している主要欧米諸国でも、公的年金制度改革の動きのあることも否定しえない。(5)

わが国の今日の公的年金制度の、その人的適用対象別の複雑さ＝制度分立性は、これまで、使用者（政府・地方自治体、公共企業体など）を同じくし、同一的職種集団を前提とした、しかも歴史的にも制度遺制の上に成立してきたといってよい。すなわち、公務・公共部門の各共済組合法の長期給付集団をはじめとして民間企業の企業集団を前提とした被用者に対する厚生年金保険集団、船員に対する船員保険集団、地域自営住民を対象とした拠出制国民年金保険集団など、「拠出能力別」保険集団によって支えられてきた。そして、この拠出制の保険集団は、おのおの独立して、財政的な面でもほとんど連結性はみられていなかった。この結果、後述のように、おのおのの独立しているこの保険集団は、各関係法のもとで、老齢・障害・遺族という年金給付事故の同一性にもかかわらず、その共通的な法制度構成要件の不整合性とともに、その保険集団の蓄積財源力の強弱を反映してきたことは否めない。

ことに、この複雑な公的年金制度に関する各法制度構成要件の不整合性が、高齢化社会の到来とそれに伴う公的年金制度の成熟化に耐え、かつ受益者の年金受給権保障に耐えうるものであれば問題はない。しかし、現実は、そうでなくなりつつあるところに問題が噴出しているのである。

以上の制度体系にかかわる基礎的問題で、しかも年金受給権に深くかかわるものは、拠出制年金制度と無拠出年金制度との間の不整合性である。

ことに、拠出制国民年金法制定に伴ない、制定時逆選択防止と保険財政政策に関連して、当時高齢者層の国民年金法強制適用を避けたことから、これに代えて経過的な、無拠出老齢福祉年金制度を発足せしめ、加えて拠出能力のない層に対する無拠出障害福祉年金あるいは母子福祉年金制度を発足せしめた。

このいずれも、公的年金制度体系の中に位置づけられ、拠出制と無拠出制との拠出面からみた区分はあるが、前者は拠出・給付の保険法制、後者は無拠出・給付の社会援護あるいは社会手当法制の領域にあり、年金制度体系にある以上、その間の年金受給権保障という点からみて、その不整合は許されないし、この観点から是正が望まれるのである。

2　年金制度への加入単位の不整合性

後述の手続的権利に属し、かつ後述の実体的権利内容の問題に関係するのが、年金制度への加入単位の問題であり、これと絡みあう年金受給権者の給付単位の問題である。

わが国の公的年金制度の歴史的推移を辿るとき、戦前においてはわが国の「家族」制度を前提に、戦後においても家父長制的集合的家族を前提に、主たる働き手の加入する各種の公的年金制度においては、「世帯」概念をベースにして、それを加入単位とし、給付の単位ベースとして設定してきた。これに対し、被用者対象の公的年金制度からもれてきた層の国民皆年金化を指向する国民年金法は、その例外なのか、過渡的措置なのか、今日の核家族化現象を前提として個人に対する権利としての年金権保障を指向したものなのか、必ずしも明確化していないが、当時の「世帯単位」の年金給付が不備なために、その是正を指向したとみられる「個人」加入単位を原則とし、ここから個人の年金受給権の方向を政策として提出した。(6)

年金権の保障という点からみて、個人が年金受給権主体であることは、今日の弱小な核家族化社会の到来にあわせ、いつその家族連帯が破綻するとも限らない現状のもとでは――とりわけ離婚の増大、加えて女性の地位が未だ相対的に低い社会状況のもとでは――、女性の個人としての年金権保障からみて当然なことといってよい。もちろん、個人が年金加入の単位であり、年金受給権主体であるということは、すべての個人が労働力主体として、拠出能力をもつことが一応前提とされていることもいうまでもない。しかし、個人単位でも、非労働力化した場合の拠出能力の問題がおこるし、「世帯」単位原則をベースにした制度の問題は、女性の場合、家庭に入って、労働力化しない場合、その拠出能力が喪失することで、個人単位の年金権に対し、その拠出の問題をどのようにこれを考えるべきか、今後高齢化社会の到来と個人の年金受給権保障の問題とあわせて、この問題を考えるべきであろう。このことは、遺族年金、障害年金給付とも連動するだけに、重要な問題なのである。

なお、年金受給権と連動する年金制度への加入単位の問題は、それが個人単位であろうと、世帯単位であろうと、個人としての年金受給権保障に連なるという点で、その財源調達と絡めて論議されることが必要である。ことに、高齢化社会の到来、否高齢社会の到来と年金権保障は、余命年数の長い、しかも相対的に経済的不平等な処遇をうけている、婦人の個人としての年金権保障の在り方の問題であることが想起さるべきである。

3　権利性保障と現実の諸問題

公的年金制度の権利性保障という面のベースにある権利を中心に、その現実の問題点をみてみよう。

(1)　公的年金受給手続の権利面の問題で、まず公的年金制度への加入・脱退手続、受給資格要件とその確認、その後の受給開始という面で、問題が多数みられる。

加入手続などの問題――わが国の公的年金制度は、今日国民皆年金化時代に入ったといえ、被用者対象公的年金と地域住民対象公的年金との加入・脱退、受給資格とその確認、受給開始などの手続的側面において違いが見られる。被用者対象公的年金制度の場合、自動的に加入手続が進められ、受給資格要件充足、その確認を前提として、退職後の老齢年金給付が開始されるのに比し、地域住民対象公的年金制度の場合、自己加入申請手続から始まって、市町村の国民年金事務機構などの問題から問題が生ずる。今日、おくればせながら、各制度間を流動するなどのことによって、各独立した年金法制度において、必ずしも受給資格を充足しえない人々にも、「通算年金」制度が導入されていることから、年金受給資格とあわせて、そのための手続も漸次整備されつつある。しかし、手続的権利の不備のために、なお年金無加入者をはじめ、年金落ちこぼれ層が見られていること、これに対する対策が試みられている点注目に値いする。(7)

なお、この落ちこぼれ層に対し、前記の無拠出老齢福祉年金の漸進的な給付改善に加え、発足時のこの落ちこぼれ層であった特定年齢層の国民年金法の、特別拠出制年金制度加入適用(五年年金制度、一〇年年金制度)が試みられてきていることも事実である。

しかし、このように、同一の国民年金法制内部において拠出制と無拠出との間、さらに拠出制の間において年金政策の不備から、この種のその都度の政策的対応による年金加入問題によって、後述にもかかわる給付格差が生じ、これが年金受給権保障の空洞化がみられていることはきわめて問題である。

公的年金受給開始年齢・拠出期間の不整合性――この手続的権利の面でもっとも注目すべきものは、公的年金受給資格要件の各年金関係法間にみられる不整合性である。まずその第一はその受給開始年齢にみる不整合性である。

そしてこの不整合性は、第一に前記の被用者対象公的年金制度と地域住民対象公的年金制度との不整合はいうまでもなく、その第二は被用者対象公的年金制度間にみる不整合性である。

第一の面からみると、被用者対象の各公的年金制度の受給開始年齢は、いずれも二〇年間の拠出を前提に、五五歳～六〇歳であるのに比して、地域住民対象の国民年金法は二五年間の拠出を前提に、六五歳支給開始となっている。ことに、稼働能力に規定されて拠出能力の弱いといわれる地域住民層対象の方が、その拠出に起因するのであるが、拠出期間が長く、従って受給開始年齢も六五歳とおそいのは、この層の公的年金需要度からみてきわめて問題が多い。

なお、この違いは、前記の「通算年金」制度いかんと絡めてみるとき、前記の公的年金受給資格要件の一つである、拠出期間の問題と結びつき極めて重要となる。なぜなら、各独立した制度間の流動によって、一つの制度で受給資格を充足しえない場合、老齢退職年金給付、遺族年金給付に関する制度間の拠出期間の「通算」は、被用者対象年金制度のみの場合は二〇年、被用者対象年金と地域住民対象年金との通算の場合は二五年間を必要とすることになるからである。ここでは、地域住民対象の公的年金制度が、最低二五年間の拠出を前提とするからである。

つぎに、第二の面であるが、被用者対象の各公的年金制度については、同じ被用者でありながら、公務・公共部門の各共済組合法の場合は、いずれも五五歳支給開始（女子五〇歳）で、しかも早期退職と減額年金給付制度がみられている。しかし、五人以上の民間企業被用者に対する構成年金保険法は、六〇歳支給開始で、減額年金制度はなく、六〇～六五歳未満の場合有償労働従事の際に、一定稼得以下の場合法で定める一部年金給付が行なわれ、六五歳以上の場合在職老齢年金給付が行なわれる。なお、注目すべき点は、同じ民間被用者といっても、前記五人以上の民間企業被用者の場合構成年金保険法の適用下にあるが、五人未満の民間企業の被用者の場合には、拠出制国民年金法の適用をうけ、前述のように前者は二〇年拠出、六〇歳支給開始、後者は二五年拠出、六五歳支給開始となり、稼得能力の弱い、しかも公的年金受給需要の強い層ほど不利益になる。

この点については、わが国における公的年金制度の成り立ちが異なり、また発足時の制度設定目的が異なる以上、また人間適用対象別の年金管理行政目的に資した拠出能力別の保険集団である以上、その受給開始年齢や被保険期間（拠出期間）に相違のあるのは致し方ないとする見解もみられよう。いずれにしても、拠出能力において優位にあるとされてきた、前記の公務・公共部門あるいは特殊職域職種を対象とした、共済組合法下の各保険集団は、五五歳支給開始で有利な条件にあったことは否定できない。

しかし、後述のようにこの有利さも、今日急速な高齢化社会の到来と、各保険集団別にみる受給者増大ならびに年金給付額の引上げなどにみる、年金制度の成熟化に伴って、その限られた保険集団の構成員の拠出によって一応まかなわれる所要財源面の限界により、まさに、受益者負担による「高福祉・高負担」問題に、当面していることも否定できない事実である。

ただ法的に、高齢者の生活保障原理、すなわち憲法一四条（普遍的平等保障）、憲法一三条（快適生活権保障）、憲法二五条（生存権保障）の規範原理と絡めてこれをみるとき、これらがプログラム的規定であり、年金政策問題として、これを拠出能力別保険集団自体の問題として、この格差を関知せざる問題として放置するわけにもゆかなくなっていること、また招来の財源問題ともあわせて放置するわけにもゆかなくなっていることも事実である。ことに、憲法の規範に照して、今後の高齢化社会の到来と社会保障下の老後生活保障という点から考えるとき、前述のように公的年金需要への依存が相対的に高くなるとみられ、しかも拠出能力の弱い地域住民層や五人未満の零細企業の被用者の年金受給に関する問題は、真剣に検討されなければならない。

しかし、この受給開始年齢・最低拠出期間の不整合性の是正は、今後の公的年金制度へ依存する受給者層の著しい増大とその財源調達とその調達能力に深くかかわりあう。一方、雇用労働能力の限界年齢の法的・事実的設定と深くかかわる。このことは、従来の余命年数を前提にしつつ、その労働能力とそれにもとづく限界年齢を五五歳におき、そこを定年年齢とした時代——しかも日本的社会生活システムの根強かった時代——と、今日のように余命年数の著しい伸長を前提にしつつ、その限界年齢を五五歳から六〇歳あるいはそれ以上におこうとしている時代——しかも、日本的社会生活システムが崩壊し、しかも残存労働能力が多い時代——の、年金受給者の増大と、その必要財源調達問題を考えてみるとき、しかも簡単ではないことも周知の事実である。

いずれにしても、欧米諸国においては、最近のアメリカにみる民間被用者定年七〇歳、公務員定年なしの制度の法制化をはじめとして、その労働市場における中高年齢層の労働能力評価の伝統的な違いを前提に、六〇〜六五歳の公的年金受給開始年齢とリンクして、その強制的な定年年齢設定はかなり高い。これらの国に比して[8]、わが国の日本的な年功序列的労使関係とリンクした五五歳定年制の引上げは、至難な問題と当面する。したがって、単に、公的年金制度の内包する財源問題に、この公的年金受給開始年齢を矮小化しえない。現に、アメリカの定年制七〇歳制度施行はいうまでもなく、東欧社会主義国家も、六〇歳年金受給開始年齢到達＝強制退職年齢とする考え方を、修正しているようにみえる[9]。

このような主要欧米諸国の高齢社会到来とその当面する問題を考えるとき、わが国の公的年金制度の、受給資格要件の中の極めて重要な要素の一つである、公的年金の受給開始年齢の整合性の実現は必要欠くべからざるこというまでもない。しかし、この問題を考えるに当って、その年齢設定は前述のように年金財源としてのみならず、今後の高齢化社会のテンポと労働市場の動向にあわせて中高年層の雇用問題と深くリンクしている点を考慮して、妥当な支給開始年齢を設定すべきことというまでもない。この際、重労働など職種の性格による早期受給開始年金の設定、さらに労働力流動化を促進する早期退職年金支給年齢などのこともあわせて考えるべきであろう。この意味で、一般論として年金受給権と雇用保障権とは密接不可分であるということである。(10)

なお以上、老齢退職年金の受給資格要件に深く立ちいったことは、この問題が重要な問題であるからであり、これはいずれも国においてもほぼ同様なことであるが、この老齢退職年金給付が、その受給者の死亡とその後の遺族年金、あるいは障害年金給付に、給付水準などの面で深くかかわりあうことからにほかならないからである。

以上に加えて、ここではほとんど言及しえないが、遺族年金給付や障害年金給付にみる受給資格要件の不整合性の是正も、極めて当然といわねばならない。

(2)　公的年金受給の実体的な権利内容面の問題

これは、各種の公的年金制度間にみる、年金算定方式はいうまでもなく、給付構造とそれらに起因する年金給付水準の格差にかかわる問題である。

この給付水準格差発生の根源には、わが国の資本主義体制下の賃金水準格差の存在がある。なぜなら、わが国の年金給付額算定が、稼得賃金に依存し、この稼得賃金の把握について、民間被用者（五人以上企業）に対する厚生年金保険法の場合、「標準報酬月額」によって平準化する方式をとるもの、共済組合制度内部においては最終月額分をとるもの、最終一カ年の平均月額をとるもの、最終一カ年の平均と全期間の平均のいずれかをとるものなど多様化している。さらに、国民年金は稼得算定の把握の至難さから定額拠出＝定額給付方式をとる。いずれにしても法によって、多様である。

これに関連して、基礎的な老齢退職年金の算定方式についても、各種の共済組合法制下の、いわゆる「長期給付」

算定をみるとき、前記の月額の「一〇〇分の四〇」定率と、加えて二一年以上勤続に対する勤続加算付加方式をとり（なお最高は「一〇〇分の七〇」、最低は法定最低保障設定）、構成年金保険法は、「基本年金額」として「定額部分（現在一、六五〇円×被保険者期間月数）」プラス「標準報酬比例部分（被保険者全期間平均標準報酬月額×一、〇〇〇分の一〇×被保険者期間月数）」に物価スライド率を乗ずる方式をとり、拠出制国民年金法は、定額方式（現在、一、三〇〇円×（保険料納付月数）＋「（一、三〇〇円×保険料免除月数）」×三分の一にスライド率を乗ずる方式。なお、附加拠出を認め、上記の付加給付を加える）をとり、ここでも多様である。

なお、五人以上の民間企業の被用者に対する厚生年金保険法の場合、上記の基礎的な年金に「附加年金」として、妻や子どもに対する附加金を給付するが、他の制度には見られない。

そして各種の共済組合法下の「長期給付」の場合、「最低保障額」を法定し、これに相当するものは、構成年金保険法の「定額部分」、国民年金法の「定額部分」などであろうが、これらはいわゆる「最低保障額」の法定ではない。

いずれにしても、以上の年金給付算定方式の不整合性と、それにもとづく年金給付額の格差の発生は、保険科拠出、国庫負担額の違いに起因することも事実であろうが、いわゆる「官民年金格差」さらに「官官年金格差」、「民民年金格差」などを生み出していることも事実である。

この各種の公的年金制度間にみられる、上記の「給付格差」現象は、その制度間諸矛盾を露呈しなかった当時はともかく、前述したように、今日この格差は、限定された閉鎖的な各種の保険集団の保険財源に大きな影響を与えることは必至である。加えて、公務・公共部門における給付の特権的性格といわれたものも、それが使用者としての政府の国庫財源によって支えられてきた事実は、それが労使関係制度に由来することを貫くとしても、かなり難しくなってきている。

従って、全体として、わが国の公的年金制度にみられる、実体的な権利内容のもろさは、既存制度にみる共通の、最低年金額保障の設定などを通じて、退職後の老後生活保障に足る、高齢者の生計費の一定割合が公正かつ客観的にされていないことから一層である。

さらに、この場合年金水準の設定が、高齢者の単身単位の生活水準維持を前提とするか、高齢者の世帯単位をその生活水準維持におくかも極めて重要である。なお、わが国の場合、その設定によって、扶養者の仕送りを含む私的扶養の度合い、預・貯金の度合など、私的扶養を前提とするかによっても、大きく変動することは否定できない。

このことは、いわゆる「年金」とは何かという、年金制度の基本的性格の定義づけとも関係する。高齢者の老後生活保障か、あるいは維持に足る水準の確保かの、政策的詰めとそれにもとづく水準設定によっている。この場合、この年金水準設定において、その水準の客観的保障に絡み、その技術の問題も、権利保障に深くかかわっていることを知るのである。したがって、上記の問題は、年金行政の効率的な面からも、是正が望まれる問題の一つといってよい。

(3)　公的年金受給にかかる争訟権の問題

各種の公的年金法は、年金受益権にかかわる行政紛争処理（行政不服審査）ならびに司法裁判所への訴訟提起にかかわる条項を設けているので、法形式的にはこの権利は一応充足されていると考えられる。

しかし、行政不服審査制度における、また年金訴訟にみられる不服申立機関あるいは裁判所へのアクセスの容易さ、その構成の問題、またその決定・判決における時間の長さ、などみるとき、未だ問題を多くかかえているとみられる。[11]

(4)　公的年金受給と年金行政運営参加の権利の問題

わが国の公的年金制度は、前述したように、人的適用対象別の独立した法にもとづき、独立したしかも細分化された制度の間において、何の連結性も有しない「年金保険集団」を中心に、その年金運営管理が、加えて行政監督官庁もその被用者に対応する異った省庁によって行なわれてきた。その限りで、各保険集団ごとに、受益者の行政参加が、審議会方式によって試みられてきた。したがって、各制度は、財源面において、保険集団単位に一応積立方式をベースに、その積立金財源によって、年金給付や福祉サービス給付を賄ってきた。そして、各種の共済組合法にもとづく各共済組合の運営は、政府の監督下のものながらも、社会保障の代行機関として政府から独立して、財政・運営面で労使関係者が自主的に運営してきた。これに対し、五人以上企業の被用者に対する厚生年金保険法の場合には、受益者代表などの参加する審議会を媒介とするも、ことその膨大な積立金の運営管理については、厚生年金保険法発足時から、大蔵省の財政投融資政策の規制下におかれ、受益者の発言とその参加度は弱い[12]。

加えて、地域住民及び五人未満企業被用者対象の拠出制国民年金法、無拠出福祉年金制度の、年金保険行政運営は、審議会を媒介とするも、その受益者の組織度ならびに国庫財政への依存度から、受益者の行政運営参加度は極めて弱い。

この点、今後高齢化社会の到来、否高齢社会の到来を前に、世代間社会的扶養体制の整備が財源調達とかその調達技術問題の解決を迫られている折、積極的な年金行政運営への参加権の保障が望まれるところである。

三　年金保障の体系化とその課題

高齢化社会の到来とそれに対する社会的扶養システムのうち、「所得保障」の役割をおびる、権利保障に即する、公的年金制度の体系化とその課題の解決は急務である。

しかし、この公的年金制度の体系化は、前述のように制度上の内部諸矛盾が噴出する、複雑な既存の公的年金制度を、どのような理念にもとづき、それをかなめとして年金権保障に即して行なうか、ということに帰するであろう。

この点に関して、ようやく各政党、政府関係機関（社会保障制度審議会や厚生省年金制度基本構想懇談会）を通じて、改革の方向が提起されていることも事実である(13)。

これらの改革案は、いずれも現行の複雑な人的適用対象別の、各種の独立した年金法制を全面的に廃止して、新しい年金法体系を構成するか、既存制度の部分的（あるいは全体的）な統合化を構想するか、現行制度をベースに共通部分のバランス化を指向するかについてみるとき、まったく新しい一元的な年金制度を選択する方向は選択していない。これは、既存制度の存在価値を無視できないからであろうし、それもその既得権やその積立財源、その制度運営にみる性格などの問題が深くかかわっているからであろう。

本節は、年金受給権――それは、財源調達問題と深くかかわり、その財源調達政策とその立法化を媒介にするにしても――の権利保障という観点から、問題点を考察してきた。しかし現行制度は、上述のように年金受給権保障という点からの数多くの問題を内包してきていることを指摘したことはいうまでもない。

筆者は、一応の結論として、つぎの諸点から、年金の体系化が構想され、制度的保障が達成さるべきものではないか、ということを提起して、筆をおきたい。

第一に、年金権は、憲法二五条（生存権保障）、憲法一三条（快適生活権）、憲法一四条（普遍的平等保障）などの社会政策的基本権保障にもとづいて、高齢あるいは主たる働き手の死亡、障害（先天的・後天的）という本人の労働生活の引退に対し、その人格と対面を失わせない老後生活維持を亡いようとするものでなければならない。この場合、年金は、「所得保障」の制度的機能を有するものであり、完全にして、完結的な所得保障一元化政策が望ましく、これを前提にして補足的、かつ並行的な、包括的な「サービス保障（医療、住宅、雇用、在宅・施設福祉サービス、生涯教育サービスなどを連結した、高齢者の疎外ではなく、社会生活参加実現を前提とする）」を充実することが望まれる。この総合的な「所得」と「サービス」との一体化は、その行政所管は別々のものであっても、中央政府レベルで、有機的・連結的協力体制がとられ、その行政委任による地方自治体の、受給権者に対する高齢者生活保障行政については、一層有機的・連結的であることが望まれる。

この点、すでに指摘したところであるが、「年金」制度ならびに「サービス」制度の、何れも保障実現にかかわる制度においても、受益者のニーズの所在を知るために行政運営参加の権利保障による、行政計画の立案とその有機的・効率的実施が望まれることはいうまでもない。

第二に、制度の体系化にあたり、拠出制をとると無拠出制をとるとを問わず、年金権のナショナル・ミニマムは、前記の憲法規範に即して、可能な限り、個人単位をベースに平等保障であることが要請される。それ以上のものは、私的な契約に委ねうるべきものであると考える。拠出制の保険制度を主軸とする限り、保険料拠出能力をベースにすることはともかく、拠出能力不可能な場合、免除、減額などの措置が講ぜられ、これが保険期間として考えられることが望ましい。また、無拠出制をとる場合、公費負担による故に、給付とこれをリンクさすべきではないし、税負担の場合、年金税などの目的税で賄われ、その使途が限定さるべきである。

第三に、公的年金制度が、単一の統一的年金制度をとると、前者の場合はともかく、後者の場合、各種の年金共通部分（受給資格要件、受給権保全、内外人均等待遇、受給権の実現をめぐるサービス行政など）は、統一化、統合されることが望ましい。

以上のようなことを考慮しつつ、その権利保障の体系化が望まれるのである。

（1）　拙稿「日本の年金制度―特性と問題点」経済評論昭五二・一二月号参照。

（2）　U.S. Dept., of Health, Education and Welfare, Social Security Programs Throughout the World (1975), p. xi

（3）　ドイツの一八八九年法、デンマークの一八九一年法（老齢）などをへて、二〇世紀に入りオーストリア一九〇六年法、チェッコスロヴァキア一九〇六年法、イギリス一九〇八年法、フランス一九一〇年法、オランダ一九一三年法、イタリア一九一九年法、ソヴィエト一九二二年法など、西欧諸国に及んでゆく。

（4）　総体的にみて、全居住民に対する一率的制度をとるイギリス、オーストラリア、カナダなどは、若干異る。しかし、一率制をとるスウェーデンにおいても、公務員は特別制度の適用があり、西ドイツは鉱山、公務員、農民など、フランスは農民、鉱山、公企体、公務員、船員など、アメリカは鉄道員、連邦公務員、地方自治体公務員、ソヴィエトは集団農場従事者など、主要西欧諸国はじめわが国も特定の職域の人々に特別な制度を残している。

（5）　スウェーデンのように、国民に普遍的な一率年金制度を導入している国でも、公務員に対する独立の特別な制度があり、この統合化、一本化が試みられているが、なかなか容易でないことが指摘されている（地方公務員共済制度海外調査団報告書、昭五〇・五二年参照）。

（6）　拙著『日本の老齢保障』（日本労働協会）一四六頁以下。ことにこの個人加入問題は、「妻」の問題、女性の年金権の問題として展開をみている。

(7) 昭和五三年第八四回国会において、この無年金者方策が具体化され、過去の国民年金強制被保険者期間のうち、保険滞納期間につき、特例保険科納付によって、これを救済する措置がとられた。

(8) A Zelenka, LES SYSTEMES DE PENSIONS DANS LES PAYS INDUSTRIALISES (I. L. O.) (1974), 主要欧米諸国では、男子六五歳をとる国が圧倒的に多く、男子六七歳をとる国は北欧諸国で多くみられ、六〇歳が、フランス、イタリアにみるにとどまる。なお、東欧社会主義諸国では、六〇歳をとる国が圧倒的に多く、六五歳をとる国は東ドイツ、ポーランドと極めて少い。

(9) L.P. Yakushev., "Old people's rights in the USSR and other European Socialist Countries", (Int'l Labor Review, 1976, March-April), 参照。

(10) 国民生活センター編『年金制度と高齢労働問題』(御茶ノ水書房刊) 所収の山崎清「第三章　老齢退職の特殊性と諸問題」、拙著『老人と人権』(同文館) 所収の拙稿「第1章日本的労使関係における中高年雇用の現実と雇用保障」参照。

(11) 拙稿「各国の社会保険に関する不服審査制度の研究」厚生省年金局・年金時報二四号参照。

(12) 拙稿「年金積立金管理運用の課題と将来」週刊社会保障三〇巻八八五号 (昭五一年) 参照。

(13) 拙稿「日本の年金制度――その特性と問題点」経済評論昭五二・一二月号参照。ことに、各政党の構想比較について、小川喜一「年金制度改革構想の比較検討」ジュリスト六五〇号 (昭和五二・一〇・五) 参照。

II　労災補償の労災保障化の現状と課題

1　労災事故と補償制度の「保障化」の課題
――労災補償制度の国際的動向の分析を通じて――

一　問題提起の意味

労働災害事件の多発に加え、一方、人間の生命や健康の権利に関する労働者の権利意識の醸成に伴ない、労働基準法と労災補償保険法との重畳的補償責任規定の構造的な問題はともかく、ＩＬＯ関係条約――ＩＬＯ一二一号条約の観点から、労災補償保険の法定給付水準の見直しによる労災補償保険法の相つぐ改正によって、労働災害に対する補償のための保険の法制度は漸次整備をみつつある。(1)

しかし、この労働災害事件の多発と労災に対する補償の法制度の不備――とりわけ被災労働者およびその家族に対する補償の法制度上の給付がその生活維持に対して不十分なことから――に注目して、労働災害がまさに職業的危険ということから労災補償法定給付に加えて、企業による労働協約による「上積み」給付の制度を普及展開せしめている。(2)

上記の法的現象に加えて、この労災に対し、前記の労災補償法の法定給付と労災に対する私法上の責任（不法行為あるいは契約不履行上の法的責任に対し）＝損害賠償責任とは、同一原因であるにしても、制度的に異なるものとして、労災に対する損害賠償請求訴訟による賠償請求も多発している(3)。

このような労働災害に対する補償あるいは上積み給付、また賠償請求の法的な理論的根拠は、何れも異るが、その基底には、人間の生命、人間の生活、生存の権利の尊重が存することは否定できない。そして、その基底にあるものを裏打ちするように、労災給付の制度理論の追求にからめて、労災補償の社会保障化(4)あるいは社会保障法規定、あるいは「社会保障としての労災補償(5)」＝労災補償の生活保障的性格、労災補償の生存権保障の理念の実現化(6)、などの発想が展開されてきている事実を看取する。しかしその指向する方向とその論議の内包するもの、外延への問題提起は必ずしも同じではない。しかし、多くの所論が欧米諸国における労災の保障化への方向を見た上での論議を提供され、そして、労災事故に対する補償の法制度のわが国および国際的な動向を分析しつつ、その社会保障化の動向に対して、労災現象・職業性疾患現象と労災補償保険制度自体を所与のものとしつつ、わが国においても漸次変化をみつつある労災事故に対する補償とそのための保険制度を前提にその社会保障化の内実化を追求しているようにみられる(7)。

しかし、後述のように社会保障化への指向が強まるとき、その社会保障化への意味とそれにもとづくその制度的実現によっては、労災事故に対する補償制度と損害賠償制度との関係への理解にあわせて、労災事故に対する給付の制度をとりまく複雑な制度状況によってその法制度にも混乱を惹きおこすおそれなしとしない。

この点について、今日古典的な労災事故とそれに対する給付の制度が著るしく変化を示し始めていること、そして制度的に社会保障制度あるいは既存の法制度を軸に、社会保障の思想の実現のために制度改革が行なわれていることは、後述の主要欧州諸国のみならずわが国にもみられることである。しかし後述のＩＬＯ勧告六七号、六九号、

ＩＬＯ一二〇号条約、とりわけ、ＩＬＯ一二一号条約にみられる、社会保障思想にもとづく「労災」事故に対する社会保障の内実化は、労災給付にみる職業的危険理論から社会的危険理論への歩みの中において展開をみているといっても、社会保障制度にみる国家扶養責任の体系に、労災事故への個別の、あるいは集団的な使用者責任原則を全面的に解消しているわけではない。

筆者は、わが国の労災事故に対する既存の法制度は、それが後述のように社会保障化への歩みを現実に示していくとしても、それをもって労災事故の使用者責任原理を否定するとは考えられないし、今日制度改正自体が社会保障化、生存権保障の意味というか、その内実化の方向を真に歩んでいるのか、この場合、その内実化とは何か、その探究こそ、被災労働者、およびその家族の生活保障に資すると考えている。

そこで、以上のような労災事故に対する使用者責任を軸にした補償にもとづく給付をめぐる制度的対応に対し、それを変貌せしめるような動きをもたらしているとみられる、社会保障思想の所論とそれによる今後の制度の動向について、筆者は労災補償の法制度の国際的動向をもとに筆者なりの解析を素材としながら、わが国での社会保障化論をふまえて、これまでの筆者の指摘した問題について、[8]さらに整理をすすめ、そして今後深まるであろう、その内実化の問題を提起したいと考える（なお、本節が有泉亨先生に対する古稀記念献呈の動機になっているのは、前述の労災補償の法制度の動向に対して、生存権保障を理念としつつ社会保障化への指向にあわせて、一方その危惧の問題を抱いていることへの筆者の懐疑にあわせ、一〇年前先生が還暦の際まとめられた『双生のくるみ』において、有泉先生もかつて労災補償保険法改正に対する労災補償に対する理論的根拠としての生存権の視角（？）というものがどういうものか、その詰めの必要性を提起されていることに対し、愚直だった弟子として、いまなお考えている問題の視角はこのようなところにありますということ、これに対して改めて御叱りをいただきたい[9]という意味で答えを書きたいと思っていたからである。）。

（1）　拙稿「労災補償の当面する理論的諸問題」労働判例（昭四八・九・一、一八〇号）、拙稿「労災保険法の体系的整備の問題点」月刊いのち（昭四八・一〇・八四号）は、昭和四八年改正までの労災保険法の改正動向を辿りつつ問題点を指摘した。なお、この後、昭和四九年法改正によって「障害補償給付」および「遺族補償給付」における給付額引上げならびに各法定給付の附加ともいうべき「特別支給金」制度が創設をみ、さらに、昭和五一年法改正によっても給付改善がみられた。これらの労災保険法の改正は、ILO条約一二一号（業務災害給付保険、一九六四年採択）などの国際的規制に即した給付改善の形をとっているが、現実には、補償制度としての労災保険給付の低さに起因する、上づみ、損害賠償請求訴訟の多発などを反映して、それへの対応とみてよい。

（2）　橋詰洋三「労働災害上積み補償」日本労働法学会誌・労働法四三号「労働災害と労災裁判」、拙稿「労働災害上積み補償の法的問題点」季刊労働法九四号（昭四九・一二）など参照。

（3）　労働災害に対する損害賠償請求訴訟の法理をめぐる問題については、岡村親宜「労災責任の規範論理構造」（日本労働法学会誌・労働法四三号「労働災害と労災裁判」、拙稿「最近の判例にみる労災補償法理の動向とその問題点」（上・中・下）労働判例昭五一・二・一、二・一五、三・一（二三九〜二四一号）など参照。なお、昭五〇年二月現在一〇〇件前後の事件が全国の裁判所に繋属されているという（総評弁護団労災研究会編『労災・職業病』（民衆社）二〇三頁）。

（4）　桑原昌宏『労働災害と日本の労働』（法律文化社）二三七頁以下、ならびに桑原昌宏「労災補償法論」（沼田先生還暦記念『労働法の基本問題』（下）所収）五八八頁、高藤昭「労災保険の社会保障化上の基本的問題」社会労働研究昭四九・一、二〇巻一号一二六頁以下。

（5）　荒木誠之「労災補償の生活保障理論」日本労働法学会誌・労働法一九号ならびに荒木誠之「労働災害と保険」『現代損害賠償法講座』8（日本評論社）三〇〇頁以下。

（6）　三島宗彦・佐藤進『労働者の災害補償』（有斐閣）五九頁以下。

（7）　前掲注（4）（5）（6）に加え、水野勝「労災補償の法構造（一）（二）」東洋法学一二巻一号、二・三合併号所収、桑原昌宏「労災補償法論」沼田先生還暦記念『労働法の基本問題』(下)参照。
(8) 拙稿「新情勢下における労災保険法のあり方」月刊総評昭四八・一一・一二合併号、拙稿「労災保険法の体系的整備の問題点」(前掲)参照。
(9) 有泉亨『双生のくるみ』(日本評論社)五一頁以下。

二 労災補償の社会保障化の国際的動向の分析

今日、一九七七年現在の世界各国の労災事故に対する補償制度を概観するとき[1]、その年次別推移——一九四〇年代五七ケ国、一九四七年五七ケ国、一九五八年七七ケ国、一九六七年一一七ケ国、一九七七年一二九ケ国——はともかく、制度類型別には社会保険型をとるものと、法の要件を充足する多様な民間保険型をとるものとその他のものが存し、前者が三分の二以上を占めることが報告されている。そして、このように制度の型を異にするといっても、その本質的な労災事故に対する責任の所在から、その保険への強制加入性と使用者のみの拠出の義務づけを負わせている点では、後述のイギリス、オランダなどを除くと共通している。

労災事故に対する給付の制度が、拠出・給付を建前とする保険技術原則をとると否とにかかわらず、労災に対する給付制度、さらにこれに関連する医療給付制度の面で、社会保障思想とその制度的実現の観点から従来の既成の法概念をもってしては捉えにくい法現象が、後述のようにＩＬＯの場における関係条約・勧告の討議面などにみられてきていることも否定できない。ＩＬＯ一〇二号条約(社会保障最低基準条約)をはじめとし、またそれをふまえた上で、その後の戦前の各種のＩＬＯ社会保険関係条約改訂条約——ＩＬＯ一二一号条約(業務災害給付に関する条

の法制度（1973〜1977年現在）(注)

給付内容			附加給付その他	行政監督運営機関
一時給付（現金）	永久および一部廃疾給付	遺族給付・死亡給付		
平均所得の90%、永久廃疾年金受給まで支給	完全廃疾の場合はその所得の100%の年金、部分廃疾はその程度に応じて比例	所得の30%の年金。葬祭料は、所得の30日分	廃疾に対し常時看護補助（所得の50%まで）、遺児年金（15%）	社会保障省労災基金・地方労災委員会および監督機関
当初の28日間は、所得の50%、その後は66⅔%	完全廃疾の場合、最近12ヶ月間の平均所得の100%の年金、部分廃疾は50%、まで	55歳又は廃疾者の場合、被保険者所得の50%、その他30%、葬祭費は実費	常時看護補助は年金額の40%	保健・社会保障省
最初6週間使用者100%支払、その後から所得の80%＋被扶養者1人に4%、第2第3扶養者各3%の加給	完全廃疾の場合、最近1月間の66⅔%の年金、部分廃疾では20%以上は一定比例完全年金	45歳または疾病者の場合は被保険者所得の40%、葬祭費は1ヶ月分所得	常時看護補助は、月270〜1,076マルク、児童補助、特別補助年金あり	連邦労働・社会問題省
最初の90日間は所得の60%、その後は76%	完全廃疾の場合は所得の100%年金、部分廃疾には、一定比例年金	被保険者所得の50%の年金	常時看護補助（月に3万5,000リラまで）、扶養家族補助あり	労働・社会保障者—全国労災保険協会
所得の80%	廃疾度は80%以上の場合は、所得の80%、部分廃疾15%〜80%の場合、所得の10%〜65%	被養児童のある場合1ヶ月697.5ギルダ。年齢40〜64歳50%、廃疾者492.5ギルダ	常時看護補助は所得の20%	社会保険委員会、一般廃疾基金、一般疾病保険基金
所得の最高90%まで	完全廃疾の場合、平均所得の66⅔%、部分廃疾は所得能力喪失により完全年金に比例	最近2ヶ年所得の50%、その後30%、葬祭費は物価指数、調整を併い1,790クローネ		社会問題省社会保障庁
一時廃疾給付1週15ポンド65シリング＋比例報酬補足（最高、稼得の85%）	完全廃疾、部分廃疾には、法定定額年金あるいは一時金	遺族（寡婦）1週21ポンド40シリング（26週間）＋所得比例報酬補足	扶養家族補助、雇用不能補助、常時看護定額補助制あり	保健・社会保障省

第12表　主要欧米諸国の労働災害補償

	国名	準拠法令 制度形態	人的適用範囲	基金源泉	受給事故範囲
EEC	ベルギー	1903（原法） 1971（現行法） 強制保険	被用者（臨時、見習を含む） 公務員、自家被用者などは特別制度	雇主全コスト負担 政府補助	業務上傷害給付（通勤災害をも含む）
EEC	フランス	1898（原法） 1946（現行法） 社会保険	すべての非農被用者・農業被用者・鉄道・公企体被用者など特別制度	雇主全コスト 政府なし	業務上傷害給付（通勤災害をも含む）
EEC	西ドイツ	1884（原法） 1963（現行法） 社会保険	すべての被用者（一定の自家被用者・学生などを含む） 公務員は特別制度	雇主全コスト 政府補助	業務上傷害給付（通勤災害をも含む）
EEC	イタリア	1898（原法） 1965（現行法） 社会保険	すべての被用者 海員は特別制度	雇主全コスト	業務上傷害給付
EEC	オランダ	1901（原法） 1966（現行法） 社会保険	すべての被用者 鉄道・公務員などは特別制度	被保険者 雇主 政府	業務上傷害給付
EEC	デンマーク	1898（原法） 1971（現行法） 社会保険	すべての被用者（自営業者を含む） 船員・鉄道・公務員は特別制度	被保険者 雇主 政府	業務上傷害給付
EEC	イギリス	1897（原法） 1975（現行法） 社会保険	すべての被用者	被保険者・雇主・政府コスト負担（包括的社会保障）	業務上傷害給付

（前項より）

給付内容			附加給付その他	行政監督運営機関
一時給付（現金）	永久および一部廃疾給付	遺族給付・死亡給付		
一級障害最初4～10週間につき平均稼得の100%	完全廃疾の場合は昨年中平均所得の66⅔%の年金、部分廃疾は、その廃疾度に応じて全年金の一定比率	60歳または廃疾ならば被保険者所得の40%（最高80%）。葬祭給付は被保険者所得（年収）の1/15の一時金	永久廃疾の場合、看護補助は年金の50%、遺児手当（18歳以下年金の10%、児童26%）	社会行政省・一般災害保険協会
収入の90%（不能90日以上の場合100%）	完全廃疾の場合は年所得の11/12の年金、部分廃疾については、それに比例する年金	被保険者所得の40%の年金。葬祭費は、基本額の30%	児童補助および常時看護補助あり	国家社会保険委員会
大部分の州で、所得の66⅔%	完全廃疾の場合は、所得の66⅔%（大部分の州）、部分廃疾は、所得比例	遺族数により所得の60%～90%葬祭費は400～1,800ドルの1時金（州により）		各州労災保険行政機関
所得の100%（治療中または年金受給決定まで支給）	完全廃疾は老齢年金の100%、部分廃疾は稼得の65%	遺族給付は遺族数により異るが、1人遺族の場合は所得の65%、その他10%プラス（最高110%）	常時看護年金は、老齢年金の110%扶養家族補助年金制あり	連邦社会保障省
同一企業における勤続年数に応じ所得の60%～90%	所得の60%、26～30年を超る勤務1年に1%プラス（完全廃疾）、部分廃疾の場合その50%	被保険者の年金の60%葬祭費給付として1,000クラウン	扶養家族補助、常時看護定額補助	国家社会保障庁

Social Security Programs Throughout the World (1977), I.S.S.A.,

SOCIAL SECURITY SYSTEM (1974)などをもとに作成した。

	国名	準拠法令 制度形態	人的適用範囲	基金源泉	受給事故範囲
EFTA	オーストリア	1887（原法） 1955（現行法） 社会保険	すべての被用者 自家雇用・公務員は特別制度	雇主全コスト 政府なし	業務上傷害給付（通勤災害をも含む）
	スウェーデン	1901（原法） 1954（現行法） 社会保険	民間・公務部門のすべての被用者	雇主全コスト	業務上傷害給付（通勤災害をも含む）
	アメリカ	1908（アメリカ連邦法（公務員））各州労災法 社会保険・任意保険	製造行・商業被用者と大部分の公務被用者	大部分の州で雇主全コスト	業務上傷害給付
社会主義圏	ソヴィエト	1912（原法） 1956（現行法） 社会保険	被用者及び学生 国営農業労働者	雇主及び政府	業務上傷害給付（通勤災害をも含む）
	チェッコスロヴァキア	1887（原法） 1964（現行法） 社会保険	被用者 農業・自営業者は特別制度	雇主・政府	業務上傷害給付（通勤災害をも含む）

（注）筆者がU.S.A. DEPT., of HEALTH, EDUCATION and WELFARE, Employment
Accident Insurance（1962）, E.E.C., COMPARATIVE TABLES OF THE

約）（一九六四）、ＩＬＯ一二八号条約（老齢、障害、遺族給付に関する条約）（一九六七）、ＩＬＯ一三〇号条約（医療給付に関する条約）（一九六九）――の採択などはその例といってよい。何れの条約も、どのような制度を採るものであれ（必ずしも戦前のように勤労者対象の保険制度が絶対的なものではなくなり、社会扶助方式なども現われてきたことから）、社会保障思想を前提に、その固有の給付対象事故のみならず関連的事故、情況に対する給付事由の拡大、人的適用対象面での勤労者対象からその家族はいうまでもなく、地域住民への適用対象拡大、さらには受給資格要件の緩和、給付内容（所得であれ、医療ならびに関連サービス給付であれ）面での改善とともにその給付の総合化、そのニーズ状況に対応した給付期間の拡大、さらに新しいニーズに即応するための新しい給付の導入、受給者の受給権の保全、行政運営への参加、さらに拠出における受益者の経済生活保全の配慮、内・外人の均等待遇など、「生まれてから死ぬまで」の人間生活を脅かす社会的事故や諸情況に対する生活保障の実現のために、人権としての社会保障の思想とその権利保障によって、その国家責任による被災者の生活保障を実現することを強く貫く姿勢を示していることを看取するのである。(2)

このような人権保障にもとづく制度的実現の動向が、どのような制度をとろうと、社会保障の思想の実現およびその内実化と考えるとき、労災給付分野でも使用者責任と国家責任との絡みあいなどの面で問題はあろうが、このことは本節で問題とする労働災害事故とそれに対する被災者および家族の生活の保障において妥当すると考えるし、このような方向に制度の歩みが指向されることは当然と考える。そして、この動向は、第12表のＩＬＯ加盟国である主要欧州諸国の労災事故に対する給付の法制度からも看取しうるところである。そこで、以下、前述のわが国でみられる裏打ちの理論とその内実化というものが、果して、このような国際動向にみられるものをさすのか必ずしも明らかではないが、これを考慮にいれつつ、まず表示の国々の現状をみてみよう。

(1)　労災事故に対する補償給付制度の概況

この表に即してみる限り、主要欧州諸国においては社会保険方式が支配的であることが理解できる。なお、労災事故に対する責任は、それを労災補償と呼ぼうと、他の呼称を用いようと、歴史的に過失責任原理から企業＝使用者の無過失責任原理にもとづいて、使用者の職業的危険の共同分担、分損をその拠出によって賄うという方式が広く定着をみているといってよい[3]。なお、この労災事故に対する給付のための基金であるが、後述のオランダ、デンマーク、イギリスなどを除くと、州単位の、任意民間保険制度への強制加入方式をとるアメリカを含めて、使用者責任を前提とする使用者の一方的拠出に加えて政府の事務費負担による基金を中心にそれらの事故を賄う方式が一般的である。これに対して、ナショナル・ミニマムを所得面でも、医療面でも貫く政策を前提として、包括的社会保障方式をとる、換言すれば社会保障制度体系中に「業務災害」をも取り組み、その制度中業務上・外を問わず疾病、負傷に対して医療サービス給付を国庫負担によって賄っているイギリス国民保険法の場合には労使が拠出する[4]。なお、オランダの場合も、一九六七年社会保険法大改正によって、労災事故を「職業的危険」あるいは「労働関連危険」の概念から、これを含む「社会的危険」概念を中心に制度の原理的転換を前提にして、業務上災害と非業務上災害との区別を廃止し、業務上災害たると否とを問わずすべての疾病・負傷による労働不能に対し、最初の五二週間は疾病保険法——短期的給付——で、その後の労働不能の継続の場合には長期的給付を目的とする長期労働不能保険法によって給付をうける、という法制度を導入したが、ここでも労使が拠出することがみられている[5]。

このようなイギリスやオランダ、さらに類似の動向をみるニュージランドなどの国においては、労災事故に対する責任が使用者責任原理とどのように調整されているのか、ことに使用者責任と結合する職業的危険の概念から広く社会的危険あるいは社会的連帯性の思想を媒介として、過渡期の制度状況を示すのか明らかではないが、何れにしても古典的な労災事故概念を前提にした使用者責任原理を超えつつある制度を創出しつつある傾向も無視できない。しかし、また、このような動向が個別的な使用者の支配指揮下の、「労働災害」責任を稀釈化することの可能性についての内在的問題が、そのような原理を無原則にとる場合生ずる問題として存することも否定できない。(6)

(2)　労災補償制度の強制的人的適用の範囲

労災事故に対する給付制度の成熟化のメルクマールは、その制度適用人口の包括化であるといってよい。そして、この場合、従属労働関係にある勤労層のみならず、古典的な労災事故とその前提にある「従属的労働状況」を前提としない自営業層への適用拡大にその問題がある。この拡大動向は、後述のように漸次進行しているとみてよい。制度の人的適用別、すなわち民間部門、公共部門とを区別せずに一本化している国は、イギリス、スウェーデン、その他社会主義国にみられるようで、普遍平等原則により、ナショナル・ミニマムを実現することを指向してきたこれらの国は、それが医療面で、労災事故に対する医療給付を結びついている医療給付面でナショナル・サービス型（国庫負担中心の）を採用しているからか、行政技術的その他の面で普遍平等適用原則を貫いているからなのか必ずしも明らかでない。その他の諸国では、公務、公共部門さらに自営農民層などと民間部門被用者層とは、各々独立した別建ての制度をとるものが多い。

何れにしても、社会保障の制度下における労災事故に対する給付の補償制度の動向は、従来の従属労働関係を前提とした使用者の雇用＝支配指揮下の労働者の労働に起因するものに固有的であった労働災害事故とともに、非従属労働関係にあるとされる自営業層の業務災害をも含む動きを示している。このことは、単に人的適用範囲の拡大化と同時に、古典的な労働災害事故に対する補償——とりわけ使用者責任の前提である労働災害——が、広く労働災害というよりも、特定の災害そしてその結果としての被災者および家族の「援護」理論、ひいて生活保障の政策適用に動いているとみることができるのである。[7] そして、このような動向は、これを社会保障思想にもとづく、労災事故のための制度の充実、内実化の指標といってもよいであろう。この点、わが国の労災補償制度も、その呼称はともかく政策的に、従属労働関係にはない一人親方などの特別加入制度を導入したいきさつについてみるとき、その制度導入の理由について、明確な社会保障的視点はともかくとして、前述のような動きを反映したものとみることができる。

(3)　労災補償制度と労災給付事故

主要欧州諸国の労災補償制度は、その補償給付事故を、「業務上傷害」、「業務上疾病」を含めて定義している。前者についても、後者についてもその定義には、各国の立法には、ニュアンスを示していることは否定できない。加えて、この補償給付事由について、これを定義にニュアンスを示すが、“commuting accident”すなわち「通勤事故（災害）」を含む傾向を示している。この点についてみるとき、労働災害に対する給付事由が、厳格なとりわけ使用者責任と結合している労働災害の定義から、漸次緩和されてきている立法事実を無視することはできないのである。このことは、「通勤災害」自身の労災補償の事故対象化をみるとき、わが国のみならずＩＬＯ一二一号条約採択のいきさつなどからもうかがうことができるところである。[8] 一応、制度適用上の限界はあろうが、「通勤途上災害」が、労災補償制度の給付の範囲にとりくまれたことも、社会保障思想の内実化からうかがうことができる。

この点の論議は別として、労災補償事故対象である「業務上傷害」の定義について、ＥＣ各国をみても、その立法にみる定義のニュアンスを生み出していること、このニュアンスが労働災害補償の適用要件の硬、軟の解釈を生み出していることも否定できない。イギリスのように、「雇用に起因して、雇用遂行過程から生ずる労働災害」と明記する立法もあれば、フランスのように「原因のいかんにかかわらず、その作業の結果として、あるいは作業に関連して発生する災害」と定めるもの、またベルギーのように「労働契約の履行中、その結果として発生する労働災害」と定める国も存する。さらに、西ドイツの場合には、「雇用契約にもとずいて、企業において発生する、および、あるいは企業にかかわりのある職業に関連して発生する労働災害」とする例もみられる。

以上、主要西欧諸国の労災補償の対象である給付事故＝労働災害の定義を紹介したが、これに対してイギリスの場合、「業務遂行性」と「業務起因性」の二要件を労災認定の必要要件とされるとか、フランスや西ドイツの場合には「業務遂行性」あるいは「業務起因性」のうち何れかの選択的一要件あるいは単一要件で足りるとかの認定上の解釈論の相違を生み出すと解されている。[9]何れにしても、今日使用者責任を狭く限定する、古典的なといってよいほどの厳格な二要件充足を固執する国は少くなっているといってよい。この点に即してみるとき、わが国の労災補償制度は、労働基準法七五条および労災補償保険法一条の「補償」事故の定めについて、その事故と定義をめぐる範囲の解釈にニュアンスがみられ、[10]そのことがその労働災害補償の行政認定にあたっては前述の二要件に固執されているとされるが、筆者は「業務」の範囲の概念の、論理的解釈というよりも政策的解釈の手法による拡大解釈によって、二要件充足という行政の認定手続は緩和されてきているとみている。[11]

なお、業務上疾病ならびに「職業性疾患」についてみても、[12]前記EC諸国の動向は厳格な職業性疾患の例示を拡大しつつあるようにみえる。すなわち、EC諸国の多くは職業性疾患の列挙表示をしているが、イギリスでは四七疾病、西ドイツでは四七疾病とその他有毒物質の列挙、フランスでは六四疾病とその他有毒物質の列挙、イタリアでは四〇疾病およびその他有毒物質の列挙とその疾患の範囲を拡大している動向を示している。この点、わが国の場合には、労働基準法施行規則三五条の「業務上疾病」は、原因別に疾病を整理する昭和五三年改正を試みたが、従来三六疾病で、三五条三七号に「前各号の外中央労働基準審議会の議を経て労働大臣の指定する疾病」、三五条三八号に「その他業務に起因することの明らかな疾病」と定め、弾力的な拡大化条項を盛り、改正法でも同様であるが、「疑わしき疾病」は厳格な解釈によって排斥されている点など、ＥＣ諸国などの動向と背反傾向にあることを指摘しておきたい。

何れにしても、前掲の主要欧米諸国においては、従来の労災事故に対する法制度は――それが労災補償の保険技術方式をとろうと、それ以外の方式をとろうと――、その呼称はどうあろうと、給付事故の範囲の拡大にあわせ労働災害事故および職業性疾患の範囲をはじめとして、労災事故に対する行政認定要件の緩和とそれにもとずく行政認定が法的にも事実的にも、緩和の方向を進んでいることを看取する。このような動向は、建前として厳格な使用者責任とそれにもとずく補償保険ならびに補償行政を貫いている。しかも、Legalismの強い羈束力をもつわが国のそれとはかなり異っているとみてよい。前述のような主要欧米諸国にみる国際的な動向が、その呼称は何といおうと、労災補償の社会保障化の内実化の指標と見ることができるのである。

(4)　労災補償制度と給付内容

労災事故に対する給付のための制度は、継り返してみたようにそれが単独の保険技術方式をとる法制をとろうと、ナショナル・サービス型の包括的社会保障型の方式を前提にした給付部門の形態をとろうと、その給付面をみるとき労働災害事故が医療および所得喪失に対する給付とのかかわりあいをもつことから、いわゆる「医療給付」と「所得（経済）給付」、その他の関連的な「給付」が行なわれざるをえない仕組みをとることは否定できない。このことは、前掲表示の主要欧州諸国においても、わが国においても、すでにみられていることである。ただ、労災事故に対する給付については、「医療給付」ならびに「所得給付」の実質的内容こそが問題なのである。

1　医療給付＝療養給付

主要欧州諸国の「医療給付」は、その給付事故が業務災害であると非業務災害であるとを問わず、医療（治療）、予防、リハビリテーションの包括的な医療給付が行なわれることが多く、業務災害の場合にはその給付が期間をも含めてかなり整備をみている。ただ、労災事故の補償という法制度そのものからみるとき、「予防」給付は、現実には労働災害の安全・衛生面における事前予防体制にかかわることであり、労災事故に対する給付は事後の結果に対する給付ということにあわせてみるとき、療養のための治療およびリハビリテーション給付の内容がとりわけ重要である。この点、医療給付＝療養給付について、医療、リハビリテーション給付も治療的な面のみならず、現実の労働・社会生活への復帰と適応が現代労災医療給付の課題であり、関連して労災身障者の優先雇用政策が推進されつつあることを看取しうるのである。[13] さらに、労災被災者中職業性疾患患者の場合、その危険、増悪、再発のおそれある場合には、当事者に雇用の変更、これと関連して補償措置を講ずる国々もみられる。[14]

このように、表示の主要欧州諸国においては療養給付の範囲に、被災者の職場、社会生活への復帰と適応というリハビリテーション給付を主軸にすえざるをえなくなっていることを知るが、所得補償の段階から、それはいうまでもなく生命と生活保障、さらに労災事故による家族・家庭機能の維持に広く及んできていることも否定できない。

すなわち、前掲表示でみるように、その他の関連的「給付」として、重度被災者に対する「常時介護」手当が、あるいは就学児童に対する援護サービスや遺児手当などが重視されつつあることは事実である。ことに、この常時介護補助として、所得の五〇％を給付する国（ベルギー）、また受給年金給付の五〇％を給付する国（オーストリア）

などがみられるが、これらの国の動向をみるとき、その年金給付と常時介護給付の総計は少くも本人の所得の一〇〇％、さらには一四〇％（ベルギーの場合）にも及んでいる状況をみてとることができる。この点、労災事故に対する補償保険と呼称されているにしても、その給付実体をみるとき、単に無過失責任法理を前提にした行政施策としてのみならず被災者に対する損失補償の域から、被災者と、その家族生活保障的な方向に動いていることを知る。この点、わが国の労災補償保険法改正（昭四九・一二、法一一五号）さらにその後の法改正（昭五一・五、法三二号）によって、労働福祉サービスの充実としてリハビリテーション給付および被災者家族に対する関連サービス給付をみるとき未だ十分とはいえない状況にある（たとえば、業務災害または通勤災害により長期傷病補償給付をうけている者のうち、「胸腹部臓器、精神障害を伴う疾病」および「せき髄損傷者」患者で、常時介護を必要とし、自宅で療養を行なっている者に対して、月額一八、〇〇〇円（現在二六、〇〇〇円）の定額介護料を給付する制度が、「保険施設給付」（現在は「労働福祉事業」給付）なる名称のもとで制度化されている。また、業務災害または通勤災害により死亡した労働者の遺族、もしくは重度障害労働者（障害等級一級〜三級までの障害補償年金受給労働者）および長期傷病補償給付受給者ならびにこれらの者の子弟で、学費の支弁が困難な者に、学校の種別により、一人月額一二、〇〇〇円（現在三、五〇〇円）から八、五〇〇円（現在一一、〇〇〇円）の範囲で、就学援護費を給付することになっている。この種の保険施設給付（労働福祉事業給付）の意味が、必ずしも明らかではないことにもよるが、本人の治療、社会復帰的なリハビリテーション給付の不十分さに加えて、前述の家庭機能、家族機能の維持の援護というサービスは例外とされるような施策は、わが国の労災事故に対する給付が、使用者の補償責任を軸にしていることによるのであろうか検討に値いする）。

このような国際的動向とわが国の労災補償保険法の包括的給付施策とのへだたりは、一体どこに求められるのであろうか。それは、使用者責任を前提とする厳格な労災事故保険事故、それに対する補償の限定というLegalismへの固執にある。そのことが、また労災事故に対する補償保険の根本的な改正を、理論的にも、事実的にも至難にさせているのではなかろうか。筆者は、前記の国際的動向が労災事故に対する補償給付の制度——保険技術方式をとろうと、その他の方式をとろうと——と矛盾するものであるとは考えないし、欧米諸国の場合にも補償制度と損害賠償制度とが競存しつつも、立法政策上の問題として、わが国のように制度を異にするからということで、その亀裂を深めるような方向に保険制度を位置づけたことには、前述の日本的なLegalism万能の風土、そしてその一方で社会保障に即する合理的な立法政策認識の不十分さが支配しているようにみえるのである。何れにしても、前掲表示の国々が、補償という呼称をとりつつも、その被災者、家族の生活保障を軸にした場合、保障化実現への施策を、十分ではないにしても模索している動向に注目しておきたい。

なお、労災事故に対する給付は、事後的な救済措置であることは否定できないし、それだけに被災者の社会生活への復帰を目ざすリハビリテーション施策の充実によって、事故は事故として補償と、とりわけ生活の復元に力を注いでいるといってよい。しかし、労働災害の法体系は、それが、使用者の責任の問題はいうまでもなく、国家の安全・衛生政策の問題として生命、健康の維持、保全そのものである「安全権」、「健康権」を軸に事前予防に支えうるべきものであることはいうまでもないことであろう。(15) この点、本節の範囲ではないが、主要欧州諸国において、労働災害、職業病防止＝予防のために、安全・衛生基準の引き上げに加え、労災防止のための企業内の施策も漸次講ぜられつつあることに注目しておきたい。前記の労災事故の範囲拡大、職業性疾患の範囲拡大、有毒物質の範囲拡大は、労災防止と深くかかわっている政策として認識すべきである。この点、わが国において、この種の施策が十分展開をみないことは、欧米諸国において顕在化している労働災害や職業性疾患を防止しえないことに通じていると考えることができようか。資本主義生産体制下において、このような社会的疾病現象の顕在化を抑止してきた政策の帰結が、今日労災補償行政に対する不振と施策への問題提起として、日本的な労災補償法定給付の「上づみ」要求、労災裁判を多発化させている原因としても解することができるし、これを放置してこの種の訴訟を、給付の部分的改訂によって抑止しようとする考え方は極めて矛盾しているものと考えることは、筆者の考えすぎであろうか。[16]

2　所得（経済）給付

主要欧米諸国にみる、現金による所得（経済）給付の種目として、一時（休業）給付、障害（永久的および一部障害）給付、遺族給付、死亡（葬祭）給付がみられるが、この点についても、わが国の労災事故給付と変るところはない。

(イ)　休業給付　休業給付は、いわゆる労働災害による一時的な現金による所得補償といってよいか保障といってよいか、そのための給付であるが、その給付は、非業務上の傷病による所得給付となる国もあるが、オランダ、西ドイツの場合は同じであり、これらの国を除くと、この動向はほぼ共通する（一九七七年現在非業務上の疾病・負傷の場合、入院を伴わないとき、ベルギー六〇%、フランス五〇%、イタリア五〇%、オランダ八〇%など）。すなわち、ベルギーの場合平均所得の九〇%、オランダ八〇%、西ドイツ八〇%、フランス五〇%（ただし二八日間、その後六六・六%とアップ）、イタリア六〇%（九〇日間、その後七五%とアップ）となっている。

何れにしても、休業給付は、平均所得の三分の二をこえるような動向にある。この点、わが国の場合においても、前述の労災保険法改正（昭四九・一二、法一一五号）によって、保険施設給付（労働福祉事業給付）の一つとして、「特別支給金」給付などを創設し、法定給付にプラスαを附加する「附加給付」を行なうことになった。この結果、休業給付の場合、法定給付六〇%プラス二〇%の特別支給金給付により、八〇%の給付率となった点注目しておきたい。[17]

(ロ)　障害給付　主要欧米諸国の場合、障害給付として、恒久的な全体(完全)障害と一部障害とに対し、所得給付が年金あるいは一時金給付の形態をとってなされているが、この点についても形態的にはわが国も同様である。

この場合一〇〇％の完全障害に対して、どのような形で、その給付率がどんな率によって、その給付がなされているかについては、前掲第12表を参照してもらうと理解できるが、その稼得の一〇〇％の年金による給付をする国々にはベルギー、フランス、イタリアなどの国があり、オランダの場合は八〇％、デンマーク、西ドイツ、アメリカの多くの州の場合は六六・六％など多様である。ついで、障害度七五％の障害に対しては、ベルギー、イタリアがその稼得の七五％の年金による給付、フランス、ルクセンブルグが六二・五〜六〇％の年金による給付、西ドイツが五〇％の年金給付となっている。

以上の重度障害に対する年金給付率は、わが国のそれよりも高いことに注目しておきたい。

これに対し、障害度の低いものに対して給付される一時給付であるが、部分的障害のうち一時金給付の行なわれるものについては、デンマークでは五〇％障害度以下、西ドイツでは三〇％障害度以下、イギリスでは二〇％障害度以下、ベルギー、フランスでは一〇％障害度以下で、とりわけ西ドイツ、ベルギーの場合、この部分障害に対する一時金給付に際しては被災者の同意を要することが要件とされることになっている。

このような主要欧州諸国の障害給付の動向から、第一に、完全障害状況に対する給付は前記の関連的な介護手当給付にあわせて、その被災者・家族の生活保障、家庭・家族機能の維持という総合的な社会保障機能が次第に強くなり始めていること、第二に、一時金給付の対象たる給付障害度は次第に低められ、見方によっては一時金給付の給付範囲は少くなってきていることを知る。もちろん、障害等級の範囲、認定は国によって異なるであろうが、労働災害による障害の重みを考慮にいれ、その完全な稼得能力を前提にして、適正にその喪失した稼得能力に対応した保障的な給付への歩みをうかがうことができようか。この点、わが国における障害事故に対する障害等級とその障害度また重複障害の取扱いなどの適正さ、また障害等級に応じた年金（一～七級）、一時金（八～一四級）の年金あるいは一時金の支給区分の適正さ、さらにその給付内容の適正さをみるとき、この障害補償給付自体の根本的な在り方には問題がある。(18)

(ハ)　遺族給付　労働災害による被災者の死亡事故に対し、前掲表示の国々の労災給付はその遺族たる妻や遺児、その他被扶養者に対して遺族給付を行なうが、第12表でみるようにその遺族たる妻や遺児に対して定額給付を行なう国もあれば（イギリス）、被災者の稼得の一定額を年金の形で給付する国もみられるが、主要欧州諸国の労災補償制度は後者によるものが多い。なお、妻に対しては、その年金によって給付差をつけている国もあるが（西ドイツ、フランスなど）、その給付率は稼得の三〇％～五〇％にとどまっている。なお、遺児に対する遺族給付の場合においても、定額給付をする国（イギリス）と被災者の稼得の一定率を年金で給付する国もみられ、主要欧州諸国の多くは年金給付を行なっている。この場合、遺児の数によって、給付は漸増し、両親を失っている場合とそうでない場合とでは給付差があり、一児の場合には被災者の稼得の一〇～二〇％であり、児童数によってその稼得の六〇％に達する例もみられる（ベルギーの例）。

何れにしても、遺族給付は被災者の妻およびその遺児数にかかわるが、その最高はイタリアの一〇〇％、フランスの八五％、西ドイツの八〇％、ベルギーの七五％、デンマークの五〇％と多様である。この点、わが国の場合、昭和四九年労災保険法改正――この改正は、ＩＬＯ一二一号条約（業務災害給付に関する条約）（一九六四）の遺族、障害年金給付水準に即する改正を試みた――によっても、遺族の人数に応じて、その年金給付水準はその給付基礎年額の三五～六七％に改善されたが、一般的に遺族給付の最高額は漸次改善をみてゆくと考えられるが、なお問題を残している。欧米諸国において、遺族給付については、被災者が死亡することなく、生存していたならばその遺族は悲惨な生活に陥ることもない筈であることを前提し、被災者の生存時その被災者の所得にその依存していた生活水準を維持するという発想が強まっていることを知ることができるのである。

なお、上述の労災給付のうち、とりわけ「所得保障」のかかわる給付は、前掲の主要欧州諸国の法令をみるとき、何れの国においても被災者およびその遺族の生活保障の目的に照し、賃金水準あるいは物価指数の変動に対してその給付調整を試みる制度を採用している。なお、この給付調整について、平均賃金水準の変動により一年ごとに調整する国（デンマーク、西ドイツ、イタリアなど）および物価指数変動によって調整する国（ベルギー）などが存する。何れにしても、今日世界的なインフレの進行に際し、被災者および遺族に対する所得保障のための各種の給付がその実質的価値の維持を確保せしめる措置が整備されることは当然なことというべきである。

(5)　ＩＬＯ一二一号条約（業務災害給付に関する条約）（一九六四）およびＩＬＯ一三〇号条約（医療給付に関する条約）（一九六九）の提案

すでに指摘したところであるが、労災事故の被災者に対する救済の方法は、歴史的かつ、一般的には労災事故に対する古典的市民法理による使用者の個別的責任（過失責任）による賠償責任を軸に、職業的危険理論による無過失責任法理による使用者の危険負担の分損化、そして使用者責任を前提とした労災補償保険制度化の歩みを辿った。そして、その法理の構成ならびに制度形成にニュアンスのあったことも、何れの国においてもほぼ共通する。このような制度の展開・発展を前提に、すでにのべたような国際的な動向が現われてきたのである。これに関連して、ＩＬＯも第二次世界大戦前において、主として勤労者対象の労災保険制度の普及・定著現象をみてとった上で、各種の労災補償保険に関するＩＬＯ条約・勧告を採択してきた。[19]

そして、さらに、第二次大戦終結前後においてＩＬＯは、社会保障の思想とその社会保障思想を実現するための制度状況の展開・発展をみてとり、ことに、ＩＬＯ六七号勧告（所得保障に関する勧告）（一九四四）、ＩＬＯ六九号勧告（医療保障に関する勧告）（一九四四）などを採択、それを軸にＩＬＯ一〇二号条約（社会保障の最低保障に関する条約）（一九五二）を採択し、その中においてその一部門としてすでに変化を示しつつある労災事故の定義にあわせ、その最低保障問題を採り上げてきた。[20]

すでに、ＩＬＯは上記の条約・勧告中に、労災事故に対する被災者およびその家族の補償というべきか、保障というべきか、そしてそれらを制度的に実現してゆく制度として、第二次大戦前に普及・定着をみていた労災補償保険制度といおうと、包括的な社会保障制度の一給付部門たる労災事故のための制度といおうと、またそれにかかわる疾病事故のための医療制度を生み出していた各国の動向を反映する国際的な規制措置を具体化した。そして、ＩＬＯは、このような国際的動向を、共通的に規制する措置として、かつ時代の変化に対処するために各種の生活上の危険や諸情況に対応する狭い事故の拡大化とそのための制度上の対応を実現する措置として、戦前のＩＬＯ条約・勧告（とりわけ社会保険関係の）の改訂を試みたのである。本節にかかわりのある条約として、筆者はＩＬＯ一二一号条約（業務災害給付に関する条約）（一九六四）および同勧告、ＩＬＯ一三〇号条約（医療給付に関する条約）（一九六九）をあげることができる。これらの条約・勧告の労災事故、医療事故に関する最低基準は、必ずしも高いものではないにしても、その討議過程にみる論議は単にＩＬＯ加盟国における既存の制度の改正にとどまってはいないことを看取しうるのである。たとえば、前述の労災事故に対するＩＬＯ一二一号条約にみる「通勤途上」事故の労災給付あるいは関連制度による給付の実現、さらに医療給付事由にみる業務上、業務外の一体化論議などもこの例

であろう。(21)

何れにしても、このようなＩＬＯ条約・勧告は、制度形態がどのような形をとろうとも、労働災害に対する給付事由の範囲の拡大を前提とした労災給付、医療給付事由の範囲および医療給付内容の拡充を前提とするが、その内容をみるとき、社会保障の思想を前提にして、それを実現する社会保障制度化を具体化しているとみることができる。

なお、これに関連して、ＩＬＯ加盟国において、前述のように古典的な労働災害概念を前提に使用者責任の法理に支えられてきた補償の制度も、いわゆる社会保障の最低基準という発想をもとに展開を迫られたことも否定できない。そして、この転回とその展開の具体的歩みが、前述の国際的動向にみるように補償保険制度を採る国々においても、そうでない国々においても、ＩＬＯ一〇二号条約、ＩＬＯ一二一号条約、さらにＩＬＯ一三〇号条約・勧告の実体的な社会保障最低基準、さらにそれを上まわる基準とあわせて、その思想をベースにした具体的施策の追求にみることができるといってよい。

（1）　U.S. DEPT., OF HEALTH, EDUCATION AND WELFARE, Social Security Programs Throughout the World (1977), P.X.では、一九七七年、一二九ヶ国が何らかの労災事故に対する制度をもつとされ、年次別に一九七七年一二九ヶ国と集計されているので、一二九ヶ国をあげておく。

（2）　拙稿「通勤災害（commuting accidents）と産業災害（employment injuries）――ＩＬＯ一二一号条約と各国ならびにわが国の立法分析を中心として」ＩＬＯ協会『世界の労働』（昭四一・四）は、労働災害事故の領域に通勤途上事故が入り、これに対してＩＬＯが戦前条約、ＩＬＯ一〇二号条約との関係で改訂条約を含めた点をふまえて分析したものである。

（3）　この点の包括的な比較法の考察について、NATIONAL COMMISSION ON STATE WORK MENS'COMPEN-

SATION LAWS, Compendium on Workmen's Compensation, (1973), Chap. 6, pp. 61~98.

(4) イギリスの国家社会保障制度体系内の一給付事故としての「労災補償」の位置づけについては、Social Insurance and Allied Services (Report by Sir William Beveridge) (1942) (山田雄三監訳『ベヴァリッヂ報告——社会保険および関連サービス』)のPara. 77~105, Para. 330~336参照。なお、この後の動向については、V. N. George, SOCIAL SECURITY, Beveridge and After (1968) など参照。

(5) Annette E. Bosscher, New Netherland Law on Incapacity for Work (I.S.S.R. 1967, No. 4) p. 408, NATIONAL Commission on State Workmen's Compensation Law's, Compendium, op. cit., p. 76. なお、オランダのこの動向の医療とのかかわりの面では、Arie Querido, The DEVELOPMENT OF SOCIO-MEDICAL CARE IN THE NETHERLAND (Routledge) など参照。

(6) 拙稿「労災保険法の体系的整備の問題点」(日本労働者安全センター刊「月刊いのち」昭四八、八四号) 四三頁以下、桑原敬一『労災保険論』(労務行政研究所) 九九頁以下。

(7) 労働省労災補償部編著『新労災保険法』四五四頁、拙稿「労災補償の当面する理論的諸問題」(「労働判例」昭四八、一八〇号所収) 六頁以下。

(8) 拙稿・前掲「通勤災害と産業災害」参照。

(9) 三島宗彦・佐藤進『労働者の災害補償』中の「欧米諸国の労働災害補償法制とその法理」一七~二八頁参照。

(10) 拙著『安全・衛生・労災補償』(労働法実務体系17) (旧著) (総合労働研究所) 九五頁以下。

(11) 拙著『安全・衛生・労災償補』(旧著) 一三七頁。

(12) COMMISSION OF THE EUROPEAN COMMUNITIES, COMPARATIVE TABLES OF THE SOCIAL SECURITY SYSTEMS (CENERAL SYSTEM) (1974), pp. 86~87.

(13) 身障者—業務災害を含めて—の一定雇用率設定によって雇用を促進している国々は、前掲表示デンマーク、イギリス、フランス、イタリアなどに加え、わが国においてもみられているところで、要は雇用率の設定度とその具体的な雇用ならびにそれらの人々に対する所得、福祉的保護に関する非差別のための包括的福祉政策の実施いかんにある。

(14)　災害被災者、職業性疾患患者の場合、この種の施策が重要であり、デンマーク、西ドイツ、ベルギー、イタリア、フランスなどで、それらが具体的に講ぜられている。

(15)　高藤昭「労災保険の社会保障化上の基本的問題」（法政大学社会学部「社会労働研究」二〇巻一号）、一四〇頁。

(16)　拙稿・前掲「労災補償の当面する理論的諸問題」、拙稿・前掲「労災保険法の体系的整備の問題点」など参照。

(17)　昭和四九年および昭和五一年労災保険法改正が、法定給付率引上げとしてではなく、プラスαの給付を「特別支給金」として、政令で定めたことは、今後給付改善を議会による硬直的な立法改正をまたずに、行政ベースで弾力的に改善してゆくという発想であるならば、条件づきで肯定できようが、しかし「保険施設給付」（労働福祉事業給付）におけるこの給付金をどのように解したらよいか解しかねている。これが、行政施策としてどのような展開による効果を意図しているか、とりわけ損害賠償訴訟を免れさせる立法措置の布石ではないかという問題を提起した（拙稿「労働災害上積み補償の法的問題点」（「季刊労働法」昭四九・九四号所収）三八頁）。

(18)　拙稿「米国の労働安全、労災補償行政の現状と労働組合運動——実情調査を中心に」（日本労働者安全センター刊「月刊いのち」（昭四四・一月）二六頁以下参照）。

(19)　戦前におけるＩＬＯの労災保険における条約として、(1)農業における労働者補償に関する条約（一二号）（一九二一年）、(2)労働者災害補償に関する条約（一七号）（一九二五年）、(3)労働者職業病補償に関する条約（一八号）（一九二五年）、(4)労働者職業病補償に関する条約（四二号）（一九三四年）など。

(20)　この面の研究として、高橋武『国際社会保障法の研究』（至誠堂）参照。

(21)　拙稿「ＩＬＯ医療保険条約改正（第一次）討議と今後の問題」（社会保険新報社刊「実務と法令」昭四三・九月号）、および、この条約討議については、I.L.O., Revision of Convention's Nos. 24 and 25 concerning Sickness Insurance (Rep. (V) (1968)) Provisional Record (53 rd) No. 27, No. 37. 参照。

むすび
——労災補償の「社会保障化」の視角設定とは——

労災事故に対し、それが市民法上の個別的な使用者責任を媒介としつつ、集団的な労災補償に対する使用者責任体制を勤労者対象の補償保険の形のものを生み出し、今日さらにそれらの制度が被災者ならびにその家族の生存権保障、社会保障権——労災補償の社会保障化の視角設定とは——の思想によって把えかえされてきて展開をみてきていることを指摘してきた。

しかし、労災事故に対する給付のための制度が、補償保険形態をとろうとその他の制度形態をとろうと、それが生存権保障の理念に即するあるいは社会保障権に即するという場合、抽象的な生存権あるいは社会保障権に肉づけを与えうるものは、その理念との絡みあいにおいて労災ならびにその拡大化された事故に対して、被災者に対して国家がどのような形で制度的実現を図るかということにほかならない。この場合、重要なことは、その制度的実現の内容が、どのようなものであるかを指標的に把えておくことが、生存権保障、社会保障の権利思想の実現のそのメルクマールということである。この場合、さらに重要なことは、社会保障制度というもとでの労災事故に対する給付の制度形態に問題があるのではなくして、その制度の前述のような内実化こそ重要であり、その上で制度批判が行なわるべきであると考える。したがって、イギリス型にみる社会保障制度の一給付部門としての「労災事故」に対する給付、オランダ型にみる「職業的危険」原理から「社会的事故」原理による包括的な業務・非業務給付の一本化という現象自体が問題なのではない。この社会保障制度導入に関連して、国庫負担増、使用者・労働者の拠出が必然化する場合（イギリスといえども労災事故に対する負担は国と使用者のそれである）、使用者の労災事故責任免責化自体には、問題が存在する。このことは、ニュージランドにおける労災、通勤途上、刑事犯罪被災などの、広く社会的事故を補償する法制定によるも財源負担においては、各々の事故の責任主体に対して財源を負担せしめている。社会的事故に対する社会的連帯による包括的社会保障制度の内容・内実化に対し、国家権力行政、なかんずく財政負担の増大、その責任主体の位置の明確化によって労災事故に対する使用者責任の稀釈化、相対化をもたらすが、イギリスにおいても労災事故に対するこの責任免責にまで確たる統一的理論が存在しているわけでもない。労災事故に対する使用者責任を相対化しうるものは、単なる社会保障化によっては達成されえない。この意味で、筆者は労災事故に対する給付制度が、生存権保障にもとずく国家責任の増大を招くものであっても、毫も使用者責任を軽減せしめうるものではないし、その意味で現行日本労災補償制度が使用者責任を軸としている点で、これが変質し、せしめられているとは考えない。国家の行政責任が産業政策に大きくかかわっている今日、広く勤労者、その家族、さらに労働力創出の担い手である地域住民層の生命・健康の維持保全・生活環境の整備という点で国庫負担がかかわるのは当然のことであり、労災事故を含めて社会的事故に対し、所得再配分的機能の担い手として国家がコスト負担を前提とするのは必然といってよい。

労災や職業性疾患などの事故とその事故の拡大に対し、労災とそれに関する事故に対する責任主体の責任とそのための事故に対する補償の財源負担とは関連がある以上、使用者責任原則が支配するのは当然と考える。その事故の拡大化に伴って、たとえば一人親方などの加入の場合など、相当拠出に加え、給付面での国庫負担は、社会保障的な意味での所得再配分的機能によって許されると考えられるし、それが労災事故を対象とする限定的な保険事故集団をとる場合におけるものでも問題はないと考えられるのである。

労災事故に対する補償制度と損害賠償制度とは法制度的に異ることは当然のこととし[1]、国庫負担その他の導入によって給付改善をいかに達成してもその制度上の相違は消滅するものではないと考えている。したがって、労災事故に対する給付のための補償制度による給付をもって、損害賠償請求訴訟を抑止しうる立法措置は、政策的には難しいと考えている[2]。これを事実的に抑止しうる政策としては、給付のための補償の制度を被災者の実質的損失ならびに慰謝料などを計量的に補償給付に具体化しうる方式を導入して給付を賠償額相当に確保しうる政策を導入しうるか否かにかかってくる。この場合でも訴訟の提起は当然だが、ただこの種の給付方式のもとで実質的な給付をうけている場合、訴訟日数、費用などの面で裁判所への提起の実質的効果があるかないかということに帰すると考える。

（1）　有泉亨『労働基準法』四五三〜四五四頁。
（2）　抑止している西ドイツ、限定しているイギリスにおいても、使用者の客観的な不法行為責任の存する場合には、訴訟を提起しうることを考えるとき、わが国の場合補償をもって全面的に訴訟を禁止することは至難であろう（なお、抑止している西ドイツの研究として、西村健一郎「ドイツ労災保険法における事業主等の民事責任」民商法雑誌（昭四八・四月）の所論参照）。

2　労災補償の体系と医療制度の問題点

はじめに

一般的にみて、労災補償保険と健康保険は、西欧諸国をはじめとしてわが国においても、おのおの別個の独立した法制度によって運営されてきた。といっても、戦前の健康保険法（大一一、法七〇号）は、今日おのおの別個の独立した、労災補償保険の給付事故である〈業務上災害〉による疾病、負傷、死亡と、健康保険の給付事故である〈非業務上災害〉による疾病、負傷、死亡について、それを区別することなく、包括的にその給付事由としてきた。これが、おのおの独立し、分離したのは、第二次大戦後のことである。

戦前において、健康保険法が、〈業務上災害〉ならびに〈非業務上災害〉を、区別することなしに、包括的に適用していたのは、当時業務上疾病の法制が存在しても不備であり、疾病保険も存在していない状況で何れも短期給付を目的として、疾病、負傷、死亡が労働者の生活を困窮させるものであるから、これを社会政策的に救済しようという考え方であったからにほかならない(1)。

しかし、戦前の健康保険法の発想は、それが明確に意識されなかったにせよ、当時の社会政策的発想で、今日の社会保障思想下の医療保障ならびに労災保障に基づくものではないが、業務上災害であろうと、非業務上災害であろうと、被災労働者とその家族に対し、重大な生活上の障害を与える点では共通であることに注目した点では、評価に値するものであったといってよい。

この点については、今日、業務上災害であろうと非業務上災害であろうと、健康の維持、予防という器に力点をおくとすると、医療サービスを必要とすることや、所得の保障を必要とする点で、これを一体的に把えようとする発想が、ＩＬＯにおけるＩＬＯ一三〇号条約（医療、疾病給付条約、一九六九年採択）の第一次決議でみられていたことは事実である。(2) しかし、このように考える国は、未だ必ずしも多くはない。これは、やはり歴史的な制度形成にみられる伝統的な法思想と法理論によることが多く、業務上災害の法理と非業務上災害に対する法理の違いによっているようにみえる。すなわち、労災補償保険は、使用者の労務指揮支配下における労務提供下において発生する、業務遂行中の、その業務に起因する事故や疾病について、使用者の責任原則をもとに給付が行なわれるのに対し、健康保険は業務外の事故や疾病を対象とすることから自分の責任原則をもとに給付が行なわれるという考えとそれに基づく法理の形成と制度化という、両者の違いが定着してきていることによるようにみえるのである。

しかし、法制度は異なっていても、次第にその相違は縮減されるように動いていることも否定できない。

そこで、以下、与えられた労災補償の体系とあわせて、医療制度とのかかわりにおける健康保険での問題点などを指摘したい。

何れにしても、わが国の場合には業務上災害と非業務上災害の補償体系として、すでに指摘したように、業務上災害事故（通勤途上災害事故を含む）に対しては労災補償保険法、非業務上災害事故、疾病に対しては健康保険法と、独立の法制度が適用をみている。これは、わが国の社会保障の法制度が、今日なお保険給付事故別の――しかも業務上も非疾病上に区別された――補償の制度をベースに形成されていることを示している。

しかし、この保険給付事故別を中心として、業務上と非業務上とを区別していることは、後述のようにおのおののあいだに給付の格差をうみ出し、かりにその格差が漸次縮減される動向にあるといっても、なお著しい格差があることは否定しえないのである。そして、この給付は、経済的給付（現金給付）と非経済的給付（医療サービス給付）との二つを中心にみても、そのあいだに給付の格差がみられる。これは、きわめて問題がある。

（1）健保法制定の歴史については、社会局保険部『健康保険法施行経過記録』（昭一〇）、厚生省保険局編『健康保険三十年史（上・下）』（昭三三）参照。

（2）ILO., Revision of Convention Nos. 24 and 25 concerning Sickness Insurance (1968), pp. 9〜11.

一　労災補償制度の補償体系化をめぐる問題

労災補償制度は、今日労災補償保険法と労働基準法（第八章「労災補償」）をベースとして、各種の給付を法定している。(1) 労災補償制度の中心は、労災補償保険法であるので、これを中心に権利の視点からの補償体系と問題点を指摘する。

労災補償制度は、業務上の災害事故（通勤途上災害事故を含む）、疾病を対象として、使用者の責任で、それに即応する医療現物給付ならびに経済的な現金給付、さらに各種のサービス給付を行なうものである。そこで、まず使用者の責任となる〈業務上の災害事故・疾病〉とは何かが、問題となる（これが、業務上外認定問題であり、労災補償給付として認定されるか、否かの問題である）。ここでは、整理的な意味で述べるが、〈業務遂行性〉と〈業務起因性〉との二つの要件が充たされないと、労災＝業務上災害に認定されないといわれるが、わが国の行政認定は、この二つの形式的要件の厳格な適用を前提にしていると考えられ、ことに職業病疾病の場合ことさら厳格にされているようにみえる。これ以上たちいらないが、この点、すなわち労災認定における、二つの要件の厳格な適用自体に問題があること、職業病疾病のリストの狭いこと、加えて、労災事故の事前予防のための労働安全衛生行政の不備なことのみを指摘しておく。

さて、労災補償における補償給付として、昭和五一年労災保険法改正法（法三二号）を中心に、考察を加える。

(イ)　医療および関連サービス給付＝療養補償給付(診療、薬剤、治療材料の支給、処置、手術その他の治療、病院、診療所への収容、看護移送などに加え、状況により療養費の支給）をめぐる問題点

労災補償における療養給付は、健康保険法と同様に、〈医療現物給付〉を中心に、必要な場合に〈療養費〉給付を行なう。しかし、健康保険法は、雇用関係と密接不可分の関係があり、加えて傷病期間＝休業＝療養期間中の所得保障の期間が限定されている(一年六カ月)。これに対し、労災補償の療養給付は、期間が無限定である。使用者に対し、いかに酷であろうと、労災事故が企業の使用者の責任により惹起されたものである限り、期間を限定することは許されないからである。そして、この療養期間中、使用者の解雇権行使は、いかなる場合でも禁止される(労基法一九条一項)。ただ、労基法一九条一項は例外として、労基法八一条によって、療養開始後三年経過しても、治癒しない場合、平均賃金の一、二〇〇日分の「打切補償」を支払った場合には——労基法一九条二項の定めにより、労働基準監督機関の認定をへたうえで——解雇が許されることを定めている。この点、労災補償保険法は、「打切補償」を定めていない。

本来、労基法一九条一項ただし書きと、労基法八一条の「打切補償」規定は、使用者責任の原則と抵触するもので、削除さるべき規定であると考えられるものである。事故をおこして、しかもその責任は、一定額の補償を払うことによって、免責される、ということ自体きわめてふしぎなことであるからである。この点、労災補償保険法と

同じ論理を、労基法でも貫くべきものなのである。「所得保障」についても、問題のあることは後述するが、まず「療養給付」について指摘する。

「療養給付」は、法で定められているが、治療に対する医療現物給付ならびに、社会復帰（職場生活と日常社会生活のための）のためのリハビリテーション医療給付ならびに関連サービス給付（附添人費用その他）が、完備されなければならないことはいうまでもない。この点、わが国の法では、医療現物給付は〈労災給付〉面で、リハビリテーション給付は、これを〈労働福祉事業〉として定め、ようやくおくればせながら後者に力をいれる傾向を示し始めている。(2)

しかし、療養＝医療サービス給付はともかく、この社会復帰（とりわけ、職場復帰）者の処遇について、法は何らの定めをおかず、しかもこれを労使間の自由な処遇にゆだねているにすぎない。この点、労働組合が強力な場合、団体交渉をへて労働協約の締結などによって、職場復帰の際の処遇など、被災者の人権保障に即したとりきめも可能であるが、この点行政指導、また立法政策は不備といってよい。

加えて、被災労働者および遺族に対する社会福祉サービス面の施策として、政令により、「前記の労働福祉事業」として、〈長期自宅療養者に対する介護科制度〉（昭和五一年法改正法では一ヵ月二六、〇〇〇円）や、〈労災被災者の死亡あるいは高度障害者の子弟の医療援護費制度〉（昭和五一年法改正法では、小学生月額三、五〇〇円、中学生月額四、五〇〇円、高校生月額五、〇〇〇円、大学生一一、〇〇〇円）が行なわれている。

これらの療養給付に伴う関連制度として、前記のリハビリテーション給付体制ならびに関連福祉サービス体制の弱さは、今日充分改善をみていないというべきである。ことに、死亡遺族ならびに障害者の包括的なリハビリテーション給付と、関連福祉サービス給付体制の充実の問題は、単に疾病治療にかかわる医学的リハビリテーションの

みならず、心理的、社会福祉的リハビリテーションに加え、職業的リハビリテーションの促進充実が望まれるのである。(3)

現行法の補償体制の不備は、行政機関による労災死亡遺族および長期療養の高度障害者家族調査の示すところでも明らかであり、早急に被災者本人のみならず家族を含めての包括的な補償、否生活保障体制の充実が望まれるのである。(4)

この場合、医療現物サービス給付体制、なかんずく健康保全を前提とし、労働安全・衛生の充実を前提とする「予防」給付はいうまでもなく、治療臨床現物給付ならびに前記の包括的なリハビリテーション給付の充実が、また関連する総合的なリハビリテーション病院の施設ならびに関係専門従事者の充実が早急に望まれることはいうまでもないことである。しかし、社会保険法体制中、もっとも給付が含まれている労災医療体制が、この面で一歩進んでいるにもかかわらずなお充分でないことは、非業務上災害の場合の、総合的なリハビリテーション医療体制はもっとも貧しいということを意味するものにほかならない。

以上の点に関し、もう一歩進めて提言的論議をすれば、憲法二五条（生存権保障）、憲法一三条（快適生活権保障）、憲法一四条（普遍的平等保障）の憲法規範原理に照らすとき、すべての人間は、勤労者であろうと、地域住民であろうと、その健康を前提に、快適かつ安全な生産、生活環境において就労、生活が保全されることが予定されていると仮定すると、業務上、外の区別によって、医療面においてその給付格差が付せられていること自体きわめて問題である。いわんや、今日の著しい資本主義生産体制の変化はいうまでもなく、日常の消費生活構造の変化のもとで、人間は、そのライフ・サイクルにおいて、その安全性を脅かされ、常に包括的なリハビリテーション給付をうけざるをえない折、リハビリテーション医療体制は、単に医学的側面においてではなく、前述のように心理的、社会福祉的、かつ職業的リハビリテーション体制を含めて急速な充実が望まれるのである。

(ロ)　所得および関連補償＝休業補償・長期療養（傷病補償）・障害補償・遺族補償・葬祭料など

労働災害被災者は、その治療期間中、労務提供ができないことから、その生活維持のために、単身者、既婚者（子供を有する場合はことさら）とも、所得＝現金の補償をうけなければならない。また、部分的あるいは恒久的、全面的な障害の生ずる場合、その失われ、減退した労働能力に対し、所得補償的措置が講ぜられねばならない。さらに、労働災害による働き手の死亡の場合には、その所得に依存する被扶養者の生活補償＝保障を、また葬儀執行のための費用を補償しなければならない。何れにしても、労働災害事故・疾病に対して、前述の医療（治療）のための療養サービスならびにこれにかかわる関連給付に加え、所得＝現金給付が行なわれなければならないし、労災補償保険法は、これらのものについて定めている。

(一)　休業補償をめぐる問題点

労災補償保険の法定休業給付は、三日間の「待期期間」をへて、四日めから、休業一日につき給付基礎日額の六〇％が支払われ、このほか政令に基づき、給付基礎日額の二〇％にあたる「休業特別支給金」が払われることから、結果的には給付は八〇％となる。なお、「待期期間」の三日間は、労働基準法により、休業補償として、平均賃金の六〇％を支払われることになっている。

しかし、この点につき、健康であれば一〇〇％の賃金が支給されるのであるから、八〇％ではなお不充分ということで、労働組合のある企業では、その差額である「二〇％」の「上づみ」要求を行ない、これを協定によって明文化して、獲得することが行なわれている。

(二)　長期療養補償＝傷病補償年金

被災労働者は、従来三カ年経過後、なお治癒しない場合には、前述のように労基法では「打切補償」、労災保険法は「長期療養補償」給付として、給付基礎年額の六〇％に、さらに政令による「長期傷病特別支給金」の二〇％を加え、これと療養給付をあわせ補償してきた。しかし、昭和五一年法改正は、この三年経過ということを、一年六カ月に変更、短縮し、前記の労働休業に対する補償としての休業補償を、廃疾程度に応じて、給付基礎年額の六七％～八六％の「傷病年金給付」に変更し、この年金に加え前記の特別支給金を廃止する代わりに、特別給与（ボーナスなど）の一定額の六七％～八六％の特別支給金を給付するという改正を試みた。この改正は、従来休業補償期間＝三年間の療養をへて、労働不能などの認定をへて障害年金への移行が行なわれたものを、一年六カ月で、この休業補償期間を終了せしめ、障害年金給付へ選別する、いわゆる合理化政策をとったものとみられる。つまり、前述したように三年間は、療養期間＝休業期間として、この期間中企業は解雇権行使ができなかったものを、一年六カ月に短縮したということである。企業で、三カ年間解雇できない被災者、しかも「上づみ」が加えられている被災者をかかえておくことは企業にとって酷ということから、これを一年六カ月に短縮し、労災補償保険で、年金支給によってめんどうをみるということにほかならない。

しかし、この改正によって、三年間の解雇制限が一年六カ月に短縮されるという被災労働者の不利益は、年金給付によって克服されるのであろうか。

休業補償＝療養補償期間が、一年六カ月経過して、第一になお治癒しないこと、第二に、その負傷、疾病が、障害等級表の障害等級（年金給付の高い障害等級（一～三級））に該当し、労務に服することができない場合に、傷病年金給付がうけられるということである。ここからみると、従来企業の責任による傷病・負傷に対し、三年――この期間もなお問題であるが――の間は、解雇制限をうけていたものが、一年六カ月に短縮され、治癒しない場合、解雇の虞れがあり、加えて傷病年金の支給さえない、という現実の問題が多々おこりうるということである。とすると、三年間でも問題はあるのに、一年六ヵ月への短縮は、傷病年金補償への無条件移行でないだけに、改悪といわれてもいたし方がない。この点、労働組合側は、この種の法の欠陥を「上づみ」で、埋めておかないと、被災労働者の不利益に対処しえないのではないか。すでに、頸肩腕症候群などの職業疾患に対し、問題が出ていることが報ぜられているのである。(5)

すでに、この法改正によって、療養開始後三年経過後治癒しなかった人が、傷病年金受給者になっている事例がみられるが、解雇されることによって、どのような不利が生じているか。労働組合の関心が深めらるべきであろうか。なお、この傷病年金給付が、けっして高いものでない。

(三)　障害補償をめぐる問題点

障害補償給付は、被災とその治癒後、恒久的、全体的障害に対するものが、一～七級として年金支給対象となり、部分的障害に対するものが八～一四級として一時金支給対象となる。

わが国の障害補償の法定給付は、一～七級に対して、給付基礎日額の三一三日～一三一日分が年金として支給され、加えて政令に基づく障害特別支給金（一時金）が、一二八～五三万円の範囲の定額が一～七級に対し給付され、さらに昭和五一年改正法により、政令に基づき一～七級に対して特別給与（ボーナス）をベースとする障害特別年金、その特別給与の一定額の三一三～一三一日分が加えられることになった。

なお、八～一四級に対して、給付基礎日額の五〇三～五六日分の一時金が支給され、加えて政令に基づく四三～五蔓延の範囲の定額が給付され、さらに前述のとおり、政令に基づき八～一四級に対して、特別給与(ボーナス)をベースとする障害特別年金が、五〇三～五六日分が加えられることになった。

しかし、このような法定給付に加え、現金の政令による積み上げによって、その障害者、とりわけ高度障害者の、およびその家族の生活保障に資しうるか、といえば、なお問題が多く残っているのである。前述したように、これらの高度障害者およびその家族の社会福祉サービス体制は、けっして充分でなく、とりわけ入院者への家族訪問費、在宅治療者への附添介護、こどもの就学、家族総体の生活援護はきわめて弱いといわねばならない。ここから、労働組合による、企業に対する労災補償法定給付の「上づみ」要求が強められていることも事実である。

(四)　遺族補償をめぐる問題点

労災被災者が死亡した折の法定給付は、遺族給付である。

遺族補償は、原則として、法定の遺族補償受給権者に対し、遺族年金が給付され、死亡被災者により扶養されていなかった遺族の場合には、遺族補償として一時金が支給されることになっている。

遺族年金は、その被扶養者数によって異なり、一人の場合（給付基礎年額の三五％。ただし、その遺族が五〇～五五歳未満の妻の場合四〇％で、五五歳以上の妻の場合または一定の障害状態にある妻の場合四五％）、三五％から、五人以上六七％と、その下限と上限が法定されている。これに加え、政令に基づく、遺族特別支給金（一時金）一〇〇万円が加えられ、特別給与（ボーナス）をベースにした遺族特別年金（算定基礎年額の三五％～六七％）が、昭和五一年法改正によって行なわれることになった。

遺族補償一時金給付の場合は、給付基礎日額の一〇〇〇日分に加え、政令に基づく遺族特別支給金（一時金）一〇〇万円、加えて昭和五一年法改正に基づいて政令により支給される遺族特別一時金が支給されることになっている。

わが国の遺族年金の法定上限六七％は、ＩＬＯ条約一二一号（業務災害給付に関する条約、一九六四年採択）の水準に即して改正されたものである。しかし、デンマーク五〇％は別として、西ドイツ八〇％、ベルギー七五％、フランス八五％、イタリア一〇〇％と比較して、わが国の遺族給付水準は、所得保障としても充分でなく、また前述のように遺族に対するキメの細かい社会福祉サービス保障が欠けていることにおいても問題が多いのである。ここでも、「上づみ」要求が強められ、獲得されている。

㈤　葬　祭　料(6)

この葬祭料給付は、必ずしも所得補償の分野に関するものではない。わが国の葬祭料給付は、政令により弾力的に改訂される仕組みになっているが、現在定額（一五万円）に加え、給付基礎日額賃金の三〇日分が加えられることになっている。この給付金額が、けっして充分でないことも事実である。

以上所得現金給付に関する法定給付に関する面を考察した。ここで、注目に値いすることは、法定給付に加え、おくればせながら、政令による弾力的運用を媒介として、上記の特別給付金制度などの新設により、現金面の給付改善を図っていることである。

しかし、なお法定給付が定額にして、低額であることから、労働組合側からの企業への法定給付に対する「上づみ」要求が強められ、これが定着をみ、さらに、企業責任による労災補償責任として、損害賠償請求訴訟が提起され、企業の企業安全責任懈怠を理由に、かなりの賠償額が容認されている(7)。

このように、政策的に、法定給付改善が、この種の労災事故に対する損害賠償請求訴訟を認めないための立法改正への布石とすることは、今日この種の給付改善では容認されるものでないことを指摘しておきたい。労災補償の体系化、とりわけ、労災事故、職業病の事前的防止のための労働安全衛生体制のひ弱さに加え、事故的補償のための労災補償の各種の包括的な所得とサービスとの一体化による体制のひ弱さ、加えて関連的に労働基準面のひ弱さを考えるとき、なお、労災補償の体系化には数多くの改革さるべき問題が未解決のまま残されているのである。

（1）労災補償に関する法は、この民間企業の被用者に対する労災保険法や労災保険法の無適用事業への労基法のほかに、国家公務員災害補償法、地方公務員災害補償法などが存在する。
（2）筆者は、この点について早くから問題提起をし、とりわけ長期療養被災者の本人のみならず、家族の社会福祉サービス面の充実を訴えてきた。拙著『改訂・安全、衛生、災害補償』（総合労働研究所、昭五四）、拙稿「労災事故と補償制度の「保障化」の課題」（有泉亨先生古稀記念『労働法の解釈理論』所収（有斐閣、昭五一）、本書一九五頁以下所収、参照。
（3）拙稿「労災事故と補償制度の「保障化」の課題」本書前節所収、参照。
（4）労働省婦人少年局「労働災害家族の生活実態に関する調査」（昭四七）同「労働災害遺族の生活実態に関する調査」（昭五〇）など参照。
（5）「頸肩腕障害者に〝クビ〟の不安」（朝日新聞、昭五三・二・一九）参照。
（6）拙稿・前掲論文（有泉亨先生古稀記念所収）参照。
（7）拙稿「労働災害上積み補償の法的問題点」季刊労働法九四号（昭四九・一二）参照。

二　医療保険制度の体系化をめぐる問題点

以上、社会保険制度の中でも、比較的給付の条件のよい労働災害に対する労災補償保険制度の現状を中心に述べてきた。この労災補償保険に対比して、非業務上の疾病、負傷、死亡に対する医療保険制度（健康保険法を中心とした）は、それが非業務であるということに起因して、本人の責任に帰せられることになるからか、健康保険法の法定給付は、よりいっそう不備である。

労災補償にみられる、医療給付ならびに関連サービス給付は、健康保険法の療養給付ならびに関連サービスとほぼ同視しうるものであるが、今日問題となっており、その法内給付化が求められている「差額徴収ベッド」および「附添人費用」の自己負担などは、労災補償保険にはみられないことはいうまでもない。

ことに、現行医療保険制度は、治療に対する医療現物サービス給付を中心とするが、この医療保険の給付が不充分なことから、各種の公費負担による社会福祉医療（児童福祉法の育成医療、療育医療、身障者福祉法の更生医療、老人福祉法の七〇歳以上公費無料医療など）、さらに、政策的な医療給付（公害健康被災、被爆者医療、その他）が展開をみている。

何れにしても、今日疾病発生に対する臨床的治療医療が中心で、労災にみたようにリハビリテーション給付、予防医療給付など、充分でない。いわんや、予防、リハビリテーション医療は、労災補償医療は企業負担であることから先行している点、非業務災害事故疾病の分野でたちおくれていることは、きわめて問題である。

加えて、所得＝現金給付は、健保法の傷病手当金制度においてみられるが、結核、一般疾病とも、平均賃金の六〇%、一年六ヵ月で打ち切られここでも弱い。

非業務上の事故、疾病による障害の場合は、医療保険法による障害補償ではなく、厚生年金保険法の障害年金給付へと移行する。死亡の際の遺族補償も同様である。

この場合の、年金算定は、厚生年金保険法の老齢退職年金の算定をベースに、障害の際はその度合に応じて行なわれ、また遺族年金も同様であり、労災補償の際のそれに比して給付水準はきわめて低い。

まして、今日の医療保険＝健康保険は、労災補償医療と異なり、医療費上昇と財源対策に苦しんでいることから、医療受給者の医療需要に対し、家計に負担を課する受給者負担の強化などを媒介として、制約が加えられている。

このほかに、わが国の医療保険法は、人的適用対象別のきわめて複雑な保険制度で、大別して被用者対象と地域住民対象とに分かれる。そして、被用者保険内部において、給付の格差がみられ、被用者対象保険と地域住民保険とのあいだには、よりいっそうの給付格差がみられるのである。

すでに述べてきたように業務上事故を対象とする労災補償保険内部において問題を内包し、これがさらに非業務上事故を対象とする医療保険内部にも問題を内包していることは、わが国の国民は、勤労者であろうと、地域住民であろうと、憲法二五条（生存権保障）、憲法一三条（快適生活権保障）、憲法一四条（普遍的平等保障）の理念とその実現という視点からみて、その健康、いのちの安全、快適な生活の権利がけっして、充分保全されていないということである。

業務上事故に対する労災補償制度と非業務上事故に対する医療保険制度とがおのおの独立し、そしてそのあいだに若干の給付格差がある。しかし、その何れもが健康保全に、生命の保全に向かっている場合はとにかく、そのおのおの自体が医療給付ならびに所得給付面で問題をかかえている姿を直視するとき、そのおのおの抱いている問題を解決することが、健康保障、安全保障を軸とする、医療保険政策に基づく、法制度の将来の改革の巨視的な展望を開かせるものであろうと考えている。

III　身障者雇用保障の現状と課題

1　ＩＬＯ条約・勧告にみる障害者の労働保障

まず国際社会保障運動における障害者の労働保障、ＩＬＯ（国際労働機関）のとりくみの到達点とその課題は、主題に即する問題についての、ＩＬＯという国連の国際労働経済の公的な専門的機関における、ＩＬＯ条約やＩＬＯ勧告の採択にみる国際的な現実の到達点とその課題の分析ということになる。

しかし、ＩＬＯは、これまで国際労働経済社会における公正競争の秩序形成に加え、これを通してＩＬＯ加盟国内部における公正競争のルール形成に力を注いではきているが、障害者（disabled）の問題にとりくんできたのは、第二次大戦後のことに属するといってよい。したがって、ＩＬＯ自身が直接的に雇用問題プロパーにとりくんだ歴史は浅い。このことは、ＩＬＯ加盟国――その加盟国は、一九七七年一月現在一三九ヶ国で、その加盟国には社会主義経済体制をとるもの、資本主義経済体制をとるもの、これらの何れも、経済発展は不均等である――が、その国の経済発展に関連し、身障者の雇用施策を含めて、その総合的な福祉政策が成熟をみていないことにも起因するといってよい。しかし、ＩＬＯは、一九一九年その創設以降、広く人権としての労働基本権の保障に努力し[1]、この人権保障の具体化として「労働権」にかかる主題の身障者の問題にも積極的にとりくみを示していることをうかがいしることができるので、以下ＩＬＯの身障者の雇用問題に関するアプローチを概観したいと考える。(なお本節の二については、中野敏子氏(日本女子大大学院研究生)の協力をえた)

(1)　佐藤進「ＩＬＯにおける労働基本権思想とその内実化」季刊労働法一〇〇号(昭五一・六、総合労働研究所)、本書二二頁以下収録、参照。

一　ＩＬＯの身障者の雇用＝労働保障問題とりくみのいきさつ

ＩＬＯにおいて、積極的に身障者(disabled)を含む成人の雇用問題について、まず「職業訓練(Vocational training)」問題を採り上げたのは、第二次大戦中の一九四四年の「戦時から平和への移行における雇用組織に関する勧告」(ＩＬＯ勧告七一号)とされている。

第二次大戦中から第二次大戦後において、ＩＬＯが積極的に身障者問題、とりわけその雇用問題を討議し、国際的文書を採択するにいたるのは、前述のＩＬＯの人権尊重、とりわけ一九四四年ＩＬＯ憲章およびその附属文章(ＩＬＯの目的に関する宣言)(フィラデルフィア宣言)中の、

3　(b)　熟練および技能を最大限度に提供する満足を得ることができ、且つ、一般の福祉に最大の貢献をすることができる職業への労働者の雇用……

(j)　教育および職業における機会の均等

に基づき、人権問題として後述の〈身体障害者を含め成人の職業訓練〉勧告(一九五〇年採択、ＩＬＯ八八号勧告。なお、この勧告は、一九六二年採択のＩＬＯ一一七号勧告(職業訓練勧告)に代わる)、〈身体障害者の職業的リハビリテー

ション〉勧告（一九五五年採択、ＩＬＯ九九号勧告）へのとりくみとその展開にみる。

何れにしても、ＩＬＯが、このように身体障害者の雇用と結びつく職業訓練（Vocational training)、さらに職業的リハビリテーション（Vocational rehabilitation）にとりくむのは、第二次大戦前のＩＬＯの諸活動ならびにＩＬＯ加盟国の身体障害者に対する福祉施策の展開と第二次大戦後のその発展が誘因であることも事実である。ちなみにわが国の場合、戦前においてはその過剰労働人口を前提に、身体障害児・者に対する福祉施策の貧しさにより、公的な立法および施策はすべて第二次大戦後のことに委ねられたといってよい（もちろん、第一次大戦を含め、ＩＬＯ加盟国においてみられるように、戦争傷害軍人に対する、またその家族に対する施策はみられたが、本節でみるような積極的な雇用対策と結びついた施策は乏しかったといってよい）。

ＩＬＯでは、第二次大戦前において、早くから、すなわち、一九二一年において身体障害者の雇用確保の施策の研究をすすめてきていた[(1)]。そして、その身障者雇用は、身体障害状況にあるex-servicemen（退役軍人）を対象として、これらの層に対し強制的な雇用義務づけを内容とする立法の制定を唱導していたことは注目に値する。なお、すでにアメリカでは、職業的リハビリテーションに関する法が一九二一年に制定をみていたのである。

その後、一九二五年に、身体障害者の職業問題に関し、ＩＬＯは〈職業再教育〉（Vocational re-education）の必要をうたい、これをＩＬＯ加盟国に採択するよう求めた国際的な勧告を採択する。これが、〈労働者補償勧告〉（一九二五年採択、ＩＬＯ二二号勧告）のⅣである。この勧告の基底にある原則は、第一に、戦傷者同様身障労働（業務災害被災の）者は、身障後再雇用の資格を有すること、第二に労働者の労災補償給付と関連して、rehabilitationが検討さるべきである、ということであった[(2)]。しかし、これも労働者という限られた対象にせよ、一九二九年世界大不況のもとでは、十分展開をみなかった。

このような原則が、国際的に再認識されるのは第二次大戦に入ってであり、ＩＬＯ加盟国の第二次大戦参戦と戦時動員による労働力不足と戦傷者の再訓練による職場復帰その他の問題にあわせ、第二次大戦後の戦時経済体制から平和経済体制への移行に伴うこれらの人々の雇用確保の問題が、国際的、国内的な社会問題となってきたからにほかならない。

身障者に関して、このことは、前記のＩＬＯ七一号勧告（戦時から平和への移行に伴う雇用組織に関する勧告、一九四四年採択）において、身障労働者の雇用問題がその一般原則と適用方法を明らかにしつつ具体化をみている。

一般原則（Ⅰ～Ⅳ）

(x)　身体障害労働者は、その障害の原因いかんを問わず、復職、専門的職業指導、訓練、再訓練並びに有用な職業への就職のため十分な機会を供されねばならない。

………

適用方法

………

(x)　身体障害労働者の雇用

三九～四四（略）

ここでは、身障者一般ではなく、身体障害労働者を対象に、その雇用確保の問題がまず具体的に採り上げられたことにまず注目しておきたい。

何れにしても、このような身障者の雇用問題＝労働保障問題は、一九四五年後において、つぎのような原因によって近代的な〈Vocational rehabilitation〉の概念が成熟をみたといわれる。[3] すなわち、

① 西欧諸国における完全雇用政策の展開
② 医学の進歩
③ 多くの国々における、身障者を雇用するための職業関係立法の拡充
④ 身障者の経済的、社会的諸基準を改善する国連、ユネスコ、ILO、WHOなどの国際的圧力および影響
⑤ 職業的リハビリテーションに活動中の国内、国際的なボランタリー組織の努力と圧力

などによって、その身障者の雇用問題への関心を惹起したといわれる。

このような状況のもとで、ILOは、職業訓練にあわせ、職業リハビリテーションという新しい概念（一九五五年採択の身障者の職業的リハビリテーションに関するILO勧告参照）を前提に、とりわけ広く身障者を対象に〈雇用〉＝〈労働〉保障を重視する思想を強く示したのである。

主題にかかわるこの一九五五年のILO勧告については、後述に譲るが、ここで、この勧告の基礎となっている発想についてのみ指摘しておく。勧告は〈身体障害者〉の定義にあわせ〈職業的更生〉（Vocational rehabilitation）の定義を試み（勧告I参照）、その具体的な施策を提起しているが、〈身体に障害のある者については、多数かつ種々の問題があるので、これらの者の身体的および精神的能力を最大限に回復させ、これらの者をその果たすことができる社会的、職業的及び経済的役割に復帰させるためには、その更生が欠くことができないものであるので、また個々の身体障害者の就職の希望を満たし、かつ人的資源を最もよく利用するためには、医学的、心理学的、社会的および教育的施設並びに職業訓練および職業紹介のための施設（就職後の補導を含む）を継続的及び総合的な一過程を結合することにより、身体障害者の労働能力を発達させ、回復させることが必要である〉（ILO九九号勧告前文）といい、この前文こそ身障者を疎外された者としてではなく、その状況に対応して人権主体として雇用を媒介に

社会参加を意図していることに注目したい。

何れにしても、第一次大戦前、とりわけ一九世紀において、社会的に弱い身障者に対して、消極的な教育、福祉施策のみであったものを、収容施設や通所施設において慈恵的、恩恵的に試みられてきたものを、第一次大戦を契機に、一九一九年ＩＬＯの創設に伴い、労災被災者のみならず広く身障者一般を前提として人権保障の面から積極的な雇用政策の一環としてその職業の機会の確保のために国際的にきめの細かい施策の導入を呼びかけていったことに注目したいのである。ここには、人権を前提にした国内、国際的な労働運動および関係団体の運動があったのである。

（1）I.L.O., The Compulsory Employment of disabledmen, Studies and Reports, Series E, No. 2 (geneva) (1921).

（2）I.L.O., Vocational Training of ADULTS, INCLUDING DISABLED PERSONS, REPORT (IX) (1) (1949), p. 2.

（3）I.L.O., BASIC PRINCIPLES OF VOCATIONAL REHABILITATION OF THE DISABLED (1970), pp. 3-4.

二　ＩＬＯ勧告八八号（身障者を含む成人の「職業訓練」に関する勧告　一九五〇年採択）の採択とその内容

このＩＬＯ勧告は、以上かんたんにのべたような歩みのなかから生まれた、広く身障者をとらえ、それを含めた成人への「職業訓練」プロパーに関する、ＩＬＯ加盟国の行政指針的な性格をもった勧告といえる。

この勧告の討議のいきさつは、前述の第二次大戦後の戦時体制から平和生産体制への移行とともに、また戦後資本主義あるいは社会主義生産体制内部の再編に当面して、著しい生産技術の進歩ならびに完全雇用政策の唱導に対応して、成人の「職業訓練」問題が、ＩＬＯ加盟国内部の重要問題になってきたことに対応している。(1)

かくして、ＩＬＯは、その一九四九年、一九五〇年の二回の国際討議をへて、表題の勧告を採択することにいたるのである。

この勧告の内容は、①「職業訓練」の定義、②職業訓練の原則、③職業訓練の範囲、④職業訓練の方法（生産労働者の訓練、企業内、外の訓練、監督者訓練、専門教師の募集、訓練）、⑤身体障害者の訓練、⑥職業訓練組織および管理、⑦職業訓練における国際的協力などから成っている。

本節の主題である、その内容の⑤の身体障害者の雇用にかかわる「職業訓練」について、かんたんに紹介する。(2)

まず第一に、成人身障者を適切な訓練組織へ収容すること。第二に、身障者訓練に先立って適切な医療的回復措置が講ぜらるべきこと。第三に、身障者の職業訓練はその障害者の雇用の見通しに応じ、その職業上の資格、適正を利用できるようにすること。第四に、身障者は、可能な限り障害のない労働者と同一条件で訓練をうけるべきこと、このために特別施設を設定し、発達せしめること。第五に、事業主は身障者の訓練を行なうことを奨励する措置をとるべきこと（財政的、技術的、医学的、職業的援助を含むこと）。第六に、身障者職業訓練政策は、身障者の医療的回復措置、社会保障、職業指導、訓練、雇用に関係ある諸団体と緊密な協力のもとに、また労使団体と協力して樹立、実施すること、などがその内容となっている。

この勧告は、「職業訓練」勧告であるが、身障者の雇用保障のために、包括的な政策がその基底にあることを指摘している。

身障者の「職業訓練」が、勧告のなかに位置づけられた背景には、次のような、ＩＬＯ総会における討論があり、それが新しい方向を性格づける一側面を担っていることに注目しておきたい。

身障者の雇用保障の場合、障害があるからすなわち職業的ハンディを持つとは限らないということ。この相関関係はそれほど明確ではない。なぜなら、その障害自身を性格づける要素は多数存在するからである。こうしたことの認識は、その「障害性」でなくむしろ、「可能性」に注目するという方向性を示したことである。

医学との密接な協力が指摘されているが、この段階では、医学はもはやそれまでの身体的障害を除去し、あるいは機能的回復をはかるところまでが責務であったこと、医学的リハビリテーションから職業的適応に及ぶまでの職業的リハビリテーション、社会生活リハビリテーションの範囲に広がり、より医学の責任の重大さがいわれるようになったことである。

また、根本的に職業訓練はなるべく一般労働者とともになされる方向をしめしているが、それについては、身障者が一般のなかに包括されていくことはよいことであっても、それ故に身障者のもつ特別なニードを軽視してはならないいことを忠告する。

最後に、今後の障害者政策の指針ともなること、つまり「障害者の訓練の促進はすなわち、一般成人の職業訓練の促進をもたらす」ことをすでにふれていることを注目しておきたい。

何れにしても、上述の内容と含意をもつこの勧告は、後にまさに時代を反映する新しい職業訓練勧告（一九六二年採択、ＩＬＯ一一七号勧告）にとって代えられることになるが、この身障者の訓練の考え方は変ることなく継承されることになるとみてよい。

なお、以上に関連して、とりわけ身障者について、特別に身障者を対象とする。身障者のVocational rehabilitationに関する勧告が後述のように採択されることになっていた。

そこで、つぎにこの勧告に言及したい。

（1） I.L.O., VOCATIONAL TRAINING OF ADULTS, INCLUDING DISABLED PERSONS (Rep. (IX) (I)) (1949), p. 2.

（2） この勧告の討議の詳細については、（注1）chap. Vに加え、I.L.O., VOCATIONAL TRAINING OF ADULTS, INCLUDING DISABLED PERSONS (Rep. (IX) (2)) (1949), pp. 109–114参照。

三　ＩＬＯ勧告九九号（身体障害者の職業更生に関する勧告　一九五五年採択）の採択と内容

一九五〇年までの採択内容をみると、職業ガイダンス、職業訓練、雇用サービスに関するものとなっている。そして、一方、こうしたものを包括したいわゆる職業施設の方法や、一般的な職業訓練そのものの発展が強調されるようになってきた。さらに、前述の一九四四年のフィラデルフィア宣言の原則をふまえたところの身障者の「職業更生」（Vocational rehabilitation）という考え方がその後、ますます強調されてくるようになったわけである。

それにこたえて提出されたのが、九九号勧告である。

内容は、① 職業更生の定義、② 職業更生の範囲、③ 身体障害者の職業訓練及び職業紹介の原則及び方法、④ 運営組織、⑤ 身体障害者による職業更生施設の利用を促進する方法、⑥ 医療について責任を有する団体と職業更生について責任を有する団体との間の協力、⑦ 身体障害者の雇用機会を増大する方法、⑧ 保護雇用、⑨ 身体障害者たる児童及び年少者に関する特別規定、⑩ 職業更生の原則の適用である。

次に、内容を少し詳しく触れてみることにする。

身障者の「職業更生」に関する勧告は、前述のＩＬＯ勧告八八号のいわゆる「職業訓練」の成果をふまえて、より包括的に体系づけられたもので、その基本的な考え方は、前述の八八号のそれによるところが大である。

ところで、「職業更生」の定義は、一般に、二つの観点からとらえられている。

① 労働の場で障害者が回復するにあたって必要な職業についての施設を総称していう。

② 職業訓練施設での適応が成功したこと、つまり、適当な雇用につけたこと。(1)

これに対して、勧告ではどちらかといえば、①の意味あいが強く、次のように定義している。

Ｉ (a) 「職業更生」とは継続的及び総合的更生過程のうち、身体障害者が適当な職業につき、かつ、それを継続することができるようにするための職業についての施設（たとえば、職業指導、職業訓練及び職業の選択紹介）を提供する部分をいう。

ここにいうところの「身体障害者」とは、いかに規定されたものであるか。

前述のように、これまでの雇用保障の歴史的発展からみて、つまり、その起点に位置したのが戦争傷害軍人であったことから、障害者といっても身体障害者が中心となって、特に医学の進歩とともにその雇用保障が考えられてきた。そうしたなかで身障者に関する勧告はこれまで出されてきても、その定義には触れられておらず、したがって九九号勧告ではじめて以下のように明確に定義されることになったのである。

I　(b)　「身体障害者」とは身体的及び精神的損傷の結果、適当な職業につき、かつ、それを継続する見込みが相当に減退している者をいう。

これによって、それまで、どちらかといえば、概して、社会保険法に規定された労働災害障害者が、社会扶助法による戦争傷害者が身体障害者であるかのようにみなされ、その他の多くの障害者が除外視されてきていた状況からみると大きな進歩を示したといえよう。(2)

また、この勧告の特徴としてあげられるのは、職業更生としての「保護雇用」(Sheltered employment) の規定である。

これは、ILO八八号勧告での、

「V32　障害の特質上身体障害のない労働者と共に訓練を受けることができない身体障害者を訓練するため、特別の施設を設置し又はこれを発展させるべきである。」及びILO九九号勧告での同様な8(1)、(2)をより具体化したものといえよう。

ここでいう「保護雇用」は、通常の雇用市場での競争に耐えられない身体障害者の福祉的雇用のためにとられるもので、その形態は、保護作業施設 (Special Workshop) と、在宅者（医学上、地理上などで自宅を離れることのできない人のため）むけの計画とが考えられている。

ところで、勧告九九号では、その対象を前述のように、雇用市場での競争にたえられない身体障害者ととらえているが、実際、各国の事情をみると、勧告のように理解している国、一方ではいわゆる盲、聾、結核者といった伝統的な考えでうけとられている場合、あるいはもっと拡大して広範囲に身障者一般を対象としているなど、さまざまである。

また、課題としては、「保護雇用」の場合の作業内容がある。内容としては、一つは私企業からの下請け的作業、あるいはいわゆる身障者向けと伝統的にとらえられてきた家内工業的労働などがある。

しかしながらそうした状況のなかでも一九四五年に設立し、公的な会社として、なお重度の身体障害者をかかえるイギリスのレンプロイ社のあり方は、今後の方向を示唆しているものとして注目に値する。

「保護雇用」で、もう一点注目すべきことは、同勧告の、

「35　賃金及び雇用条件に関する法規か労働者に対して一般的に適用されている場合には、その法規は、「保護雇用」の下にある身体障害者にも適用すべきである。」

という点である。

これは、本来、一般労働者と一元的に身体障害者の雇用をとらえていこうとする原則のあらわれるところである。すなわち、「保護雇用」といっても、身障者であるがゆえに、即、適用されるのではなく、「どうしても競争に耐えられない者を『保護雇用』の対象とする」という点からも上述のことは、おしはかれるところである。したがって、この場合の「保護雇用」は、あくまでも開かれた「保護雇用」といえる。

最後にこの勧告に関して、他の特徴点に簡単に触れることにする。

①　年齢や障害の原因のいかんによらず職業更生がなされるべきである。②　医学的、教育的条件が許す限り、一般に適用される職業訓練、その他の処遇は身体障害者にも適用すべきである（成人、年少者、子どもを通じて）。③　職業更生施設の設立、発展に関しては、中央ならびに地方及び地区に設置された雇用主と労働者の代表からできた

審議会の援助をうける。④職業更生施設をさらに発展させるには、訓練結果の効果についての情報をながし、あるいは、訓練中の経済援助を保障すべきである。その際、この施設利用によって得られる利益に関係ない社会保障の給付を停止してはならない。⑤職業更生の前提には医療処遇があり、とくに、労働能力評価は、将来の正しい雇用につながるという意味で、職業更生とのかかわりで労働評価を医療機関と職業更生にかかわる機関とがなすべきである。⑥教育計画における身体障害児、及び年少者に適した教育、職業訓練準備を、一般児童及び年少者と同一の機会が保障されることで得られること。

以上、ＩＬＯ七一号、八八号、九九号勧告と身体障害者の雇用＝労働保障に関してみてきたわけだが、その定義で、身体障害者を「身体的及び精神的損傷の結果」とみているが、これら一連の勧告の討議過程で、精神的損傷とりわけ、現在、日本において身体障害者の雇用にかかわって問題となっている精神薄弱者に対しての労働保障には十分ふれていないことは、今後の課題として注目しておきたいところである。

（1）I.L.O., VOCATIONAL REHABILITATION OF THE DISABLED (Rep. IV (1) 1953), p. 5, pp. 43-48.
（2）I.L.O., Vocational Training of Adults, Including Disabled Persons (Rep. (IX) (1) 1949), Chapter V.

以上、ＩＬＯの身障者に対する雇用保障にかかわる国際的規制を紹介したが、これらの規制は勧告にとどまり、ＩＬＯ加盟国政府の批准を義務づける条約の形をとっていない。このことは、ＩＬＯ加盟国における身障者雇用対策が、かなり恩恵的な福祉の領域から、身障者の人権保障を軸に雇用労働を前提とした総合的福祉政策へと移行を示しつつもいまだ不十分な状態にあることを示しているといってもよい。とりわけ、第二次大戦後人権保障の観点から進められている身障者雇用施策とＩＬＯ加盟国の国内状況による個々の身障者雇用保障の施策には、その歩みに違いがあることも、勧告の線にとどめているのかもしれない。完全雇用といっても、身障者雇用の面ではきびしい。とりわけ、その雇用の義務づけも現実と法との間にはギャップが存することは、わが国の今次の低経済成長下において著しい。

何れにしても、ＩＬＯの場で身障者雇用に関し、積極的な雇用保障への道がいろいろな面で開かれつつあることは、国際的な人権運動、関係者の運動なしには達成されなかったことを指摘しておきたい。

2　身障者雇用の実態と身障者雇用促進法の意義と課題
――身障者雇用促進法の改正推移を通じて――

「身障者」「雇用」問題が資本主義社会における社会問題として、ことに立法や行政の対象となるのは、「身障者」自身が、何らかの形で国家の政策的認識の射程に入ることによってであり、この政策的認識にも、その対象たる身障者問題へのアプローチとかかわらせてみるとき時代のニュアンスを見ることができる。

ことに、対象たる客体をとり上げるとき、その障害発生原因によって――たとえば労働災害原因による被災者、戦争政策による軍人の戦傷病による被災者、先天的な疾病原因による被災者との間など――対象自身区別されたり(1)、問題への施策自身のアプローチも、権利面にみる恩恵的・慈恵的な施策、あるいは反射権を前提とする施策、受益者の積極的な請求権としての権利を前提とした施策など、ニュアンスがあり(2)、さらにその施策内容も消極的な収容施設への収容、それも隔離施策にとどめられたり、あるいは本節の主題の雇用を前提とした、所得保障をあわせた広義のリハビリテーション思想に裏打ちされた包括的な施策内容など、時代のニュアンスを見ることができる。

しかし、第二次大戦前に、差別的にとり扱われてきた身障者に対して、第二次大戦後の今日においては、事故原因を問わず「身障者」自身が、人権主体として、またそれを前提とした生活主体として必ずしも十分ではないにせよ、その身障状況を前提に総合的な社会保障（社会福祉）の受益主体として法ならびに施策対象として認識される時代が訪れてきている。もちろん、このことは、身障者ならびに関係者自身の全面的発達にかかわる人間としての権利のための運動によること大であるが、障害原因が何であろうと、現代の高度独占資本主義社会の労働力不足という経済事象に対して、資本側の生産要素として、身障者自身が労働力化されざるを得ない状況の変化とも深くかかわっていることは無視できない点であろう。

これらのことは、わが国のみならず、主要欧米諸国においてもほぼ一致してみられることであるが[3]、主要欧米諸国に比して、これまでの人権保障に即した身障者対策、さらに身障者雇用対策のわが国におけるたちおくれは、歴史的にみて前記の状況変化のニュアンスがみられるにせよ著るしいことは否定できない事実である[4]。

第二次大戦後、とりわけ一九六〇年代以降において、このようなたちおくれを示しているわが国も、急速な技術革新とそれに伴う若年労働力不足現象のもとで、従来の身障者に対する消極的な救貧的な社会事業施策から、必ずしも十分とはいえないにしても、消極的かつ個別的な社会福祉的、教育的、医学的、心理学的な、かつ職業的な面の狭いリハビリテーションから、より積極的かつ整合的な労働能力開発とあわせて社会生活者としての位置づけを含めた「発達保障」を前提とした、広義のリハビリテーション思想に裏打ちされた人権尊重の社会福祉施策への展開をみつつあることも否定できない[5]。このような展開は、これを進める運動主体のそれとあわせて、いうまでもなく、後述のUN、ILOならびにWHOその他国際的な身障者団体などの国際的、国内的な、身障者に対する人権保障とその実現のための施策要請[6]に関連しており、前述のようにわが国の場合をみてもおくればせながらも憲法二五条（生存権保障）、憲法一三条（快適生活権、幸福追求権）、憲法一四条（普通平等原則）、さらに労働権、教育権などを含めて社会的人権の現代的拡大を軸に、その具体的な施策の展開にその歩みをみることができる。

そこで、今次の身障者雇用促進法改正に関連して、これまでの身障者に対する消極的な福祉施策から、身障者の雇用、生活権保障を含めて、リハビリテーション思想に裏打ちされた積極的な福祉施策への立法の展開にみられる推移とその課題を中心に、社会保障法と労働法との接点にあり、しかも老齢者の人権などにも深くかかわる身障者の雇用問題について考察を試みたい。

（1）　身体障害者問題といっても、その障害原因にはいろいろな原因があり、その原因の把握によって、政策自体の変化があったことは否定できない。欧米諸国をとってみても、わが国をみても、労働災害原因による身体障害対策、ならびに戦傷による障害軍人対策がつねに先行し、先天的な身体障害や老齢疾病などによる障害については、前者に対しては、その障害状況の限定とともに極めて慈恵的・恩恵的な対策しかとられなかった。この推移をみるとき、労働災害とか、戦傷とか、極めて国の政策的認識によってその対策は区別されていたことが分る。

（2）　その対策に伴って、その受給権者の権利状況も、現行の労災補償、戦傷者軍人福祉、その他身障者福祉の関係法をみても、その受給権には、給付請求権といっても、具体的な請求権を形成しているもの、反射的受給権状況におかれているものとニュアンスのあることは否定できない。

（3）　欧米諸国の身障者の職業的リハビリテーションを軸にした施策の動向については、U.N., STUDY ON LEGISLATIVE AND ADMINISTRATIVE ASPECTS OF REHABILITATION OF THE DISABLED IN SELECTED COUNTRIES (1964), ILO., VOCATIONAL TRAINING OF ADULTS, INCLUDING DISABLED PERSONS, (Rep. IX (1)) (1949), ILO., VOCATIONAL REHABILITATION OF THE DISABLED, Rep. IV (1) (1953), など参照。

（4）　小島蓉子『心身障害者福祉』（昭四五・誠信書房）九二頁以下、児島美都子『身体障害者福祉』（昭四二・ミネルヴァ書房）四二頁以下など参照。
（5）　小島蓉子・前掲書一六頁以下。
（6）　小島蓉子・前掲書二七七頁以下、児島美都子、前掲書、二一二頁以下。なおとくに、ＩＬＯの動向については、注3のＩＬＯ関係文献のほかILO., MANUAL ON SELECTIVE PLACEMENT OF THE DISABLED (1965), ILO., BASIC PRINCIPLES OF VOCATIONAL REHABILITATION OF THE DISABLED (Revised 1970) など参照。

一　わが国の身障者雇用の実態状況

「身障者雇用」を限定している「身障者」の「雇用」とは、「身体上の欠陥がある者」（身障者雇用促進法二条、身体障害者福祉法四条）で、法で定める身体障害の範囲を、「視覚障害」「聴覚障害又は平衡機能障害で永続するもの」「音声機能又は言語機能障害」「肢体不自由」「心臓、じん臓又は呼吸器機能障害で、永続し日常生活が著るしい制限を受ける程度のもの」において有する者、これらの人々の「雇用」をいい、この問題は、まさに人権主体としての身障者を前提に、それに対する包括的・総合的な労働ならびに社会保障（社会福祉）の施策（昭和四五年制定の心身障害者対策基本法では、保健・医療、医学的リハビリテーション施策、教育福祉施策、雇用施策、所得保障＝年金施策があげられている。しかし、法では明示されていないが、このほか居住施策も重要な施策である）との関連において、その中でもその社会生活参加を促進する意味で重視されるといってよい。

さて、昭和三五年制定の身障者雇用促進法は、前述の心身障害者対策基本法にもとづく総合的施策の具体化に関

第13表　身障者の公共職業安定所への登録状況

（単位：人）（＊）

年度＼項目	種　別	①登録者数（②＋③＋④）	②有効求職者数	③就　業　中	④保　留　中
42年度末	計	76,033	10,532	61,447	4,054
	1　種	63,450	9,071	50,891	3,488
	2　種	12,583	1,461	10,556	566
43年	計	85,544	10,233	70,812	4,499
	1　種	70,298	8,745	57,751	3,802
	2　種	15,246	1,488	13,061	697
44年	計	95,279	9,568	80,809	4,902
	1　種	77,178	8,085	64,893	4,200
	2　種	18,101	1,483	15,916	702
45年	計	106,163	9,378	91,559	5,226
	1　種	84,158	7,968	71,696	4,494
	2　種	22,005	1,410	19,863	732
46年	計	116,822	9,850	102,027	4,945
	1　種	90,537	8,414	77,858	4,265
	2　種	26,285	1,436	24,169	680
47年	計	133,702	10,346	117,884	5,472
	1　種	101,802	8,911	88,267	4,624
	2　種	31,900	1,435	29,617	848
48年	計	151,848	10,271	133,489	8,088
	1　種	114,214	8,811	98,659	6,744
	2　種	37,634	1,460	34,830	1,344
49年	計	171,564	15,009	148,727	7,828
	1　種	128,574	13,083	109,094	6,397
	2　種	42,990	1,926	39,633	1,431

（＊）　労働者失業対策部編『失業対策年鑑』（昭49年版）、p. 106。

なお、１種は身体障害者、２種はその他の精薄、結核回復者などの身体障害者対象。

連して、制定以来身障者雇用率設定をはじめとして、昭和三〇年代に展開をみる高度経済成長政策に伴う労働市場の変化によって、労働力化政策＝雇用政策の政策的視点から、職業指導、職業紹介業務の拡充、職場適応訓練などの施策を講じて今日にいたっている。

そこで、法とそれにもとづく行政機能をうかがうために、昭和四〇年代を中心に、身障者の公共職業安定所への年次別登録状況（**第13表**）ならびに登録種類別登録状況（第14表）、それに伴う就職状況（**第15表**）に加えて官公庁、民間事業における法定雇用率達成状況（**第16表**（1）（2））をみてみよう。

身障者の公共職業安定所への登録といっても、一般労働市場の雇用を前提とする限り、年々登録者数が増加し、一方就業者数も増加していることが看取されるが（**第13**、**第14表**参照）、ことに新規就職申込件数に対して就職件数は五〇％と用意でないことが知られる（**第15表**）。

加えて、登録者の身障障害部位別をみるとき、肢体不自由者――その正確な原因は分らないが――が五〇％を占めているのをみるとき、これに対する労働能力開発いかんが、この就職状況を改善するに資するのではないか、を観測させるのである。

身障者雇用促進法一一条は、公・私雇用に関し身障者雇用率を設定しているが――制定当初、国・地方公共団体、三公社の雇用率は、法定の機関職を総数の一・五％で、現業部門は一・四％で、昭和四三年改訂で前者は一・七％、後者は一・六％に改訂（筆者註＝昭和五二年、国、地方公共団体一・九％に改訂）、民間企業の雇用率は、制定当初から今日まで一・三％（現行部門一・一％）（筆者注＝昭和五二年一・五％に改訂）――**第16表**（1）で見るように、昭和四九年現在、国、市町村機関は法定雇用率を超えているが、三公社、都道府県機関は、時期が低経済成長の財政状況によるようにみえるが、そうではなく、かなり常態化している機関もみられる。ことに、民間事業所の身障者雇用

第14表　登録種類別身体障害者求職登録状況

（昭和50年３月末）（＊）

区分		総数	第１種登録者				左のうち重度の障害者	第２種登録者
			小計	視覚	聴覚平衡音声・言語そしゃく機能	肢体不自由		
実数（人）	登録者全数	171,564	128,574	9,977	27,882	90,715	27,551	42,990
	有効求職	15,009	13,083	1,098	2,592	9,393	2,801	1,926
	就業中	148,727	109,094	8,204	24,176	76,714	23,393	39,633
	保留中	7,828	6,397	675	1,114	4,608	1,357	1,431
構成比（％）	有効求職	8.7	10.2	11.0	9.3	10.4	10.2	4.5
	就業中	86.8	84.8	82.2	86.7	84.5	84.9	92.2
	保留中	4.6	5.0	6.8	4.0	5.1	4.9	3.3
	登録者全数	100.0	100.0	100.0	100.0	100.0	100.0	100.0

（＊）　労働者失業対策部編『失業対策年鑑』（昭49年）、p. 107。

第15表　身体障害者の公共職業安定所への職業紹介状況

（＊）

区分	A　新規求職申込件数			B　就職件数		
	計	第１種	第２種	計	第１種	第２種
昭和42年度	18,056	14,766	3,290	9,474	7,528	1,946
43	20,607	15,912	4,695	11,495	2,607	2,888
44	22,523	17,445	5,078	12,799	9,358	3,441
45	25,041	18,991	6,150	14,743	10,143	4,595
46	28,145	21,230	6,915	15,481	10,585	4,896
47	30,935	23,012	7,923	18,612	12,539	6,073
48	34,137	25,563	8,574	21,132	14,249	6,883
49	40,641	31,265	9,376	21,257	14,377	6,880

（＊）　労働者失業対策部編『失業対策年鑑』（昭49年）、p. 107。

状況は著しく低く、**第16表**（2）でみるように五〇％以上の企業が未達成状況にあることは注目され、ことに法定雇用率一・三％を割っている企業は、三〇〇人以上の、それも大企業になると未達成企業が多い（**第16表**（3）参照）。これは、一般的に後述のように雇用促進法自身の雇用率設定による雇用促進施策が、企業への努力義務による雇用促進措置を定めているにとどまることに起因しているが、若年労働力不足の中小企業の方が身障者雇用量が多く、大企業は悪いのも労働市場の需給状況によるのであろう。

さらに、前記の身障者雇用は、一般労働市場雇用を前提とする公共職安紹介との絡みあいからみて、身障者の多くは軽度身障者が中心であって、中・重度身障者の雇用になると、その雇用状況はずっと低くなることも注意すべきであろう。

このような実態が、以下の「身障者雇用促進法改正法の趣旨」で言及するように雇用率未達成企業への規制強化の施策を講ぜざるを得ない一因を創出したとみてよい。

第16表　(1)　官公庁の機関区分別身障者雇用状況

＊（昭和9．10現在）

区分	職員数（除外職員を除く）	身体障害者数	雇用率
国の機関	626,449人	11,090人	1.77%
三公社	462,393	7,623	1.64
都道府県の機関	751,144	10,568	1.40
市町村の機関	906,456	17,113	1.88

(2)　民間事業所の適用雇用率別雇用状況

＊＊（昭49．10現在）

区分	雇用状況			達成状況	
	従業員数	身障者数	雇用率	法定雇用率達成事業場数	未達成事業場数
純粋の民間事業所（身体障害者雇用率1.3%）	10,309,290人	134,342人	1.3%	38,010ヶ所	
				24,499	13,511
特殊法人の事業所（身体障害者雇用率1.6%）	74,923	974	1.3	114	113

＊，＊＊　労働者失業対策部編『失業対策年鑑』（昭49）、p．109。

(3)　民間事業所における従業員規模別雇用率状況

（昭49．10現在）（＊＊＊）

規模	事業所数	従業員数	身障者数	雇用率	未達成事業所割合
77人～99人	8,273所	725,912人	12,112人	1.67%	33.0%
100人～299人	22,028	3,606,942	51,167	1.42	33.5
300人～499人	3,860	1,408,861	17,644	1.25	40.1
500人以上	3,849	4,567,494	53,419	1.17	47.9
合計	38,010	10,309,209	134,342	1.30	35.5

＊＊＊　労働者「民間事業所における身体障害者雇用状況調査」（昭49）

二　身障者雇用促進法制定とその推移

(1)　身障者雇用促進に関する主要西欧諸国およびＩＬＯの動向

昭和三五年制定の身障者雇用促進法は、身障者に対し、積極的に雇用を中心として適当な雇用の提供、就労の確保を前提としたという点で注目すべきものであった。何故なら、従来の身体障害者福祉法（昭二四・法二八三）による身障者福祉施策が、もっぱら「更生援護」を目的として、医療的・心理的な福祉サービスおよび通所・収容施設への収容ケアを中心としたサービス施策の中で、ネガティブにしか把えられなかった就労を、積極的に雇用サービスを軸にとらえかえしたからである。

もちろん、雇用促進法が制定されるまでの事実的な施策をかえりみるとき、前述の身障者福祉法にもとづく各種の更生施設あるいは収容援護施設などを中心に、いわゆる「保護雇用」的施策などがとられてきたし、また身障者福祉法、職業安定法（昭二二・法一四一）などを媒介に身障者に対する関連的職業指導、職業更生事業が行なわれてきた。(1)

加えて、前記の福祉法との関連における地方自治体の職業更生援護施策として、(2)身障者の職業補導施設入所に際して食費・旅費の一部補助制度（秋田県）、戦傷病者あるいは障害者雇用に対し、雇用主に対して必要な教育費および作業設備改善費などの補助・助成金交付制度（静岡県）、身障者雇用促進奨励金交付制度（長野県）などが実施されていた。これらの第二次大戦後直後のわが国の身障者の福祉サービス施策は、すでに欧米諸国で早くから行なわれてきた救貧的社会事業においてみられたものを導入したといってよい。(3)

厚生省サイドの身障者福祉施策から一歩進めようとしていた労働者は、既存の職業安定行政をベースに、労働省サイドの労働災害原因などによる身障者雇用をはじめとして、身障者を社会経済生活に復帰せしめるために欠くことのできないものは、医療サービスとあわせて「職業更生」↓「就職あっせん」にみる雇用機会の確保であるという点の認識にあった(4)。

このような認識形成に寄与したのは、いずれにしても欧米諸国の身障者雇用立法ならびにＩＬＯの動向であったことはいうまでもなく、身障者雇用率を含む身障者の積極的な雇用立法にあったといってよい(5)。これらの雇用立法は、職業的リハビリテーション（Vocational rehabilitation）を軸に、いかなる原因であろうと、身体障害者の生活能力との関連において、職業訓練、職業カウンセリングおよび職業指導、職業紹介サービスを受け、補装具提供サービスその他を受けることなどをベースに、各種の雇用関連サービスを中心とするものであった。一九二〇年のアメリカ連邦職業リハビリテーション法（その後しばしば修正）、一九四四年イギリスの身体障害者雇用法（その後修正）、フランスの各種の障害者に関する法（一九五〇年法をはじめとして、一九二四年法により、全職員の一〇％の身障者雇用）などを中心に、前述の雇用サービス施策をベースに、身障者に独占的に帰せられる職業分野の問題は別として、雇用割当制度、重度身障者に対する「保護工場」などの制度化が整備をみていった(6)。

そして、この種の各国の動向なかんずく職業訓練を通した雇用問題は、とりわけＩＬＯ（国際労働機構）の社会保障ならびに雇用、労使関係施策にも影響を及ぼしていった。ことに、第二次大戦後の各国にみられた、戦時生産政策の戦後平和経済復興政策への移行の問題に関する、「戦時より平時への過渡期における雇用組織に関する勧告」（一九八四年採択、七一号勧告）において、身障者雇用施策もその一つの問題として採り上げられた（同勧告中の一般原則Ｘと適用方法Ｘ参照）。この勧告では、身体障害原因のいかんを問わず、労働者の労働能力の訓練と雇用を前提に、医療と職業訓練とを結びつける特別の職業訓練指導の発達を唱導した。この勧告の適用方法は、身障者と有能労働者との同一条件、同一給与のもとでの職業訓練、身障者の労働能力をベースとしての雇用機会の確保にあわせて必要な場合、使用者への強制的な身障者の合理的な割合における使用、重度身障者の優先的雇用の施策などを定めたのである。

その後、ＩＬＯは、前記勧告の方向にそって、ＩＬＯ勧告（「職業指導に関する勧告」一九四九年採択、八七号勧告）において(7)、一般的職業指導制度の枠内における年少ならびに成人身障者などの職業指導に関する必要措置について指摘し(同勧告一七～一九頁)、さらにＩＬＯ八八号勧告(「身障者を含む成年者の職業訓練に関する勧告」一九五〇年採択)によって、一般有能労働者の職業訓練、措置、方法の提案にあわせ、これらを身障者に対しても、医療的、教育的条件の許す限り適用することを定めた（同勧告Ｖ）。

ことに、一九五五（昭三〇）年の採択の勧告九九号（「身障者の職業更生に関する勧告」）は、身障者の肉体的、精神的能力の最大限の回復を前提に、その社会的、職業的、経済的役割の発揮、そのためのRehabilitation（更生）の重視と、そのペースづくりのための医療的、心理学的、社会的、教育的施設と職業指導、職業訓練、職業紹介(アフター・ケアを含む）施設を継続的、総合的過程で結合する具体的施策を提起したことは極めて注目すべきである。

この第九九号勧告は、すでにかんたんに指摘した一連の身障者の職業（雇用）にかかわる諸勧告をもとに、身障者自身の肉体的、精神的能力を最大限可能な限り、雇用面で発揮しうるという人間の人格権＝「発達権」をベースに、社会的リハビリテーション思想に根ざしたものといってよい。

(2)　わが国の身障者雇用促進法制定とその後の歩み

わが国においても、以上のような誘因ともいうべき国内的、国際的なインフルエンスによって、昭和三五年に身障者雇用促進法（法一二三号）が制定をみた。この法の歩みは、法制定前の事実的な行政の施策をもとにした労働省の関係施策を軸に、すでに前記の実態によってうかがうことができるが、身障者が適当な職業に雇用されることを促進する、という法目的にもかかわらず、労働省サイドの施策も、厚生省サイドの施策も必ずしも十分ではなかった。

ことに、雇用促進法自身は、前記の主要西欧諸国の身障者雇用法ならびにＩＬＯ勧告によってインフルエンスを与えられたといえ、同法の内容自身が、それらの動向に比して今次改正にみるごとき、国ならびに民間事業主の「雇用率」の水準ならびにその雇用の強制的性格の面でひ弱さを有していたことは否定できない。昭和三五年の制定時の法は、わが国における身障者雇用に関する実験の法であったという点からみるとき、主要西欧諸国に比して、当初からわが国の労働市場の状況、加えて身障者の生産要素としての不適切などの企業の認識からみて雇用率の低さ、そしてそれ自体の達成状況に問題はあった。しかし前述したように、表現とその意味内容はともかく、昭和三〇年代の高度経済成長政策下の完全雇用状況をもとに労働力不足という労働市場の基調にもかかわらず、ＩＬＯ勧告にもみられるように身障者雇用が、一般労働者同様の位置づけのもとでの職業訓練と雇用機会の確保が、法制定後一五年をへた今日、事実としても、政策としても十分実現をみていない点は極めて問題であった。

ことに、前述の民間事業所における身障者の雇用率達成状況の不十分さは、今日の中高年層の労働力活用とこれにかかわる定年延長をみても理解でき、軸を一にする。

前記の身障者に対する法定雇用率は、昭和三五年制定当初の国・地方公共団体・三公社の雇用率（一・五％ただし現業部門一・四％）のその後昭和四三年改訂（一・七％ただし現業部門一・六％）をみて今日にいたっているが、民間企業のそれは当初の一・三％（現業部門一・一％）が今日なおそのままであり（筆者註＝その後、国、民間とも若干改訂）、今日なお未達成企業が五〇％を上まわって、昭和四九年一〇月なお三六％台に達したとはいえ極めて不十分な状況にある。このような状況を認識していた政府は、積極的な身障者雇用促進施策を講ずる必要に絡み、昭和四七年一二月の身体障害者雇用審議会答申（「身心障害者の雇用促進対策について」）、ならびに同審議会答申（「身心障害者の雇用の促進のための講ずべき今後の対策について」）にもとづいて、労働省職業安定局発四〇号「身体障害者雇用率未達成事業所に対する行政措置の強化について」（昭五〇・二・一七）を発した。このいずれも、身障者雇用率未達成状況に加え、現実の身障者雇用が比較的軽度障害者の雇用の面はともかく、中度ないし重度障害者の雇用進捗度のはかばかしくない状況に対し、今日障害原因を問わず重度障害者の増加現象を前提として、前者の答申は、(1)身心障害者雇用事業所に対する助成措置の拡大　(2)身心障害者に対する職業紹介、職業指導体制の拡充　(3)身障者に対する職域拡大とその職業訓練などの充実　(4)障害種類別の雇用対策の強化　(5)身障者の働きやすい社会環境、生活環境の整備を打ち出し、後者は、雇用拡大のために身障者雇入れ計画の作成を命ずる場合の基準改正とともに身障者雇用率未達成事業の事業所名公表などを含む身障者雇用措置強化を打ち出した。

このような身障者雇用政策の展開を一歩進めたものが、今次の身障者雇用促進法改正法といってもよい。ここでは、この改正法の詳細なコメントをする余裕もないので、前記に関連して言及することにとどめる。

(3)　身障者雇用促進法改正法の趣旨

今次の改正点の中心は、先ず第一に身障者雇用に対する雇用率未達成の克服について、従来企業の努力義務＝モラルに委ねていたものを一歩進め、法的義務として雇用率にもとづく雇用の拡大を意図したことと、そのための技術的な仕組みを発想したことにある。

その第二は、すでに行政機関によって身障者雇用強化が打ち出されていたが、法によって行政機関による雇用率未達成企業における雇入れ計画の作成を命令できるようにして、これを公表するということを定めた点である。そしてこれに関連して、雇用率によって計算された身障者雇用を達成していない企業から、不足雇用分に対して法定の雇用納付金を課することと、この納付金による基金により、身障者雇用促進協会なる准特殊法人を創設し、この基金によって身障者雇用関連サービスを行なうことである。

第三に、身障者雇用企業の身障者の解雇に対し、公共職業安定所への届出義務が規定されたことである。

以上、主要な改正点を指摘したが、雇用率を維持することからみると、第一に雇用率自体の低いこと、第二に雇用率未達成企業を罰則によって雇用義務づけを課していないこと、代って雇用税と呼ぼうが、罰則と呼ぼうが、ゆるやかな雇用納付金による間接的雇用強制の方向を選んでいる点で、果して雇用率達成の点はともかく、逆に雇用率達成よりも雇用納付金を選択する企業の対応を想定することもでき、第三に、解雇抑制効果も弱く問題は極めて多く残っている。いずれにしても、この改正法は身障者雇用の法の第二段階に達した時期の所産とみるも、欧米諸国とは福祉的風土の違いのあるわが国では致し方がないにせよ、主要欧米諸国の雇用立法の後塵を漸く拝する段階にあり、今後この改正法を契機に、いかに問題点を克服するかにかかっている、といってよい。

（1）労働省職業安定局雇用安定課編著『身体障害者の職業問題』（昭三〇・労務行政研究所）一一頁以下。
（2）労働所職業安定局雇用安定課編著・前掲書二九五頁以下。
（3）U.N., STUDY ON LEGISLATIVE AND ADMINISTRATIVE ASPECTS OF REHABILITATION OF

THE DISABLED IN SELECTED COUNTRIES参照。

（4） 労働省職業安定局雇用安定課編著・前掲書一頁以下。

（5） 労働省編著の前掲書は、第一一章「各国における身体障害者保護政策」をかなり詳細に紹介していることからもうかがわれる。

（6） U.N., op. cit., pp. 159-164.

（7） I.L.O., VOCATIONAL TRAINING OF ADULTS, INCLUDING DISABLED PERSONS, Rep. IX (1) (1949), pp. 1~21.

以上、身障者雇用促進法にもとづく法と行政の政策ならびに身障者の雇用状況について指摘してきた。結論的には、身障者の広義の福祉的視角からみるとき、消極的な福祉サービス施策から、一歩職業リハビリテーションを考慮にいれた職業＝雇用機会の確保を通じた社会参加促進のための積極的なサービス施策へと移り、労働法と社会保障法との領域にある身障者の生活、雇用問題の総合的対策への一歩が進められつつあるとみてよい。しかし、雇用保障↕労働権保障からみて問題を依然として今後に残していることも否定できない。

そして、なお、この残されている基本的な問題は、その身障者の労働能力を前提とした職業リハビリテーションを媒介に、社会的リハビリテーションの権利主体たる身障者の雇用は、その雇用に際しては一般的労働市場の労働力として位置づけられるか、福祉的雇用対象者として位置づけるか、あるいはその接合化か——このことは、高年齢層の場合も同様な問題に遭遇し、法ならびに行政施策面でも一般労働法の適用を貫徹させるか、あるいは特別法の制定とその適用を貫徹させるかの問題を生み出すが——の基本的問題の解明といってよい。いずれにせよ、身障者の稼得資金はきわめて低いことが推定され、その結果就労者といえども、半失業的あるいは労働力の窮迫な販売状況におかれている状況にある。(1) また、この結果自営自立促進政策というも、労働力需給現象のもとで、低賃金労働者供給源として身障者を固定化する結果を生み出しているのではなかろうか。さらにこのことは、社会保障法下の身障者福祉法のもとにある各種の身障者の通園、収容授産関係施設をして、現代資本主義の二重経済構造に規定された低賃金労働再下請施設に転化せしめることを生み出しているのではなかろうか。そして、ことに重度身障者施設の場合、もっとより強くそのような性格のものに転化せしめているのではなかろうか。

筆者は、身障者雇用促進について、身障者の人権保障を前提に所得にあわせる医療、教育、雇用保障にかかわる総合施策を軸に職業的リハビリテーションと結合した社会的リハビリテーションの実現という点でとらえ、これについて、煮詰まった表現ではないが、「福祉的雇用」という概念を提起したのは、身障者自身がかなり個別的な能力を前提としつつも、市場経済法則の貫徹する一般労働市場の労働能力保有者と即自的に規定される者もあろうが、そうでない者もあり、この雇用にあたって、即時的には労働市場ベースでは把えられないのではないか、と考えるからにほかならない。このような課題を、身障者雇用は内在的にかかえているだけに、たんにリハビリテーションを雇用維持とその量のみの問題として把えるのではなく、前述のＩＬＯを始めとした国際的動向にそったきめ細かい総合的施策をとりいれ、これが貫徹するとき、現在進められている福祉工場（労働省サイド）の改革に加えて、社会福祉の領域にある重度身障者を含む関係施設の近代化と、いわゆる授産的「庇護雇用」も変化のリアクションをうけるのではなかろうか。このことは、今日高齢者雇用の問題にも共通して妥当するのではないかと考える。

(1)　身障者の就労実態にもとづいて、社会福祉学者の現代社会におけるリハビリテーションの無原則な適用とその帰結について批判し、人権保障を軸に、労働面からこれをとらえた研究として、北海道立総合研究所『心身障害者の就労実態と社会復帰』（昭四五・三）は極めて有益な示唆を与えている。

IV　労働者福祉をめぐる現状と課題

1　法制度からみた「労働（者）福祉」立法の推移とその動向

今日、「労働（者）福祉」というものが、どのようなものなのか、未だ確定しているわけではなく、わが国における歴史的にして複雑な「福祉」の諸制度（国家の社会保障制度、特定企業の企業内福祉制度、労働組合の自主共済福祉制度）との関連において、改めてその存在が、またその位置が問われる時代がきていることを、かつて指摘したことがあるがまさにその時期がきているといってよい(1)。

とりわけ、戦後の日本労働組合運動とのかかわりあいはいうまでもなく、加えて昭和三〇年代の高度経済成長政策の展開とその発展に起因する労働者生活へのインパクトとその対応策としての、上からの「福祉政策」指向によって、「福祉」に関する三面関係現象——政府と企業と労働組合自体との複合化または競合化現象——を目の前にして、いっそう「労働（者）福祉」の問題が問いかえされているといってもよい。ことに、「福祉」の客体は、「労働者」であり、あるいは勤労市民＝消費者であり、その「福祉」主体（国、地方自治体、企業、労働組合）の福祉実現の目的と意図ならびにその実効手段が何であろうと、いずれも、「労働（者）福祉」、「労働者のための福祉」という表現を用いている点で、「労働（者）福祉」というものはいったい何なのかについて、労働法と社会保障法との交錯領域の問題としても今日問い直すことは無意味ではないと考える。

ことに、戦後直後の日本労働組合運動の展開とその発展を契機にして、組織的に生み出されたとみられる自主的労働者共済福祉と、同義語の「労働（者）福祉」自体が、今日高度経済成長政策の展開とその発展に起因する労働者生活の急変に対応して、いかに機能的に対応するかという課題は、後述のように官製の「労働（者）福祉」の展開と発展との対抗において、いかに位置づけるか、という課題を担っていると考えるからにほかならない。

そこで、以下戦後直後から現在にいたる「労働（者）福祉」にかかわる法制の変化を労使対抗関係にある労働行政の推移とからめて把握し、上記の課題にアプローチしたいと考える。

（1）　拙稿「欧米および日本の全国単産自主共済制度――労働組合の福祉活動機能の分析」（労働法律旬報社「賃金と社会保障」昭三九・七・下旬号）および拙稿「労働者自主共済制度と労働運動」（自治労「自治労調査時報」一二七〇号、昭四一・三月刊）。

一　「労働(者)福祉」の意味の再評価の基礎にあるもの

「労働（者）福祉」、この表現が、すでにのべたように、国家、企業、当然のことながら労働者の自主福祉の側から、今日広く使用される時代が到来している。このことは、一方従来「労働（者）福祉」の同義語であり、その推進主体でもあった労働組合の「自主共済福祉制度」自体にことさら問題を投げかけたというも過言ではない。「労働者福祉研究」創刊号の、大河内一男教授「〝労働者福祉〟を考える」および西村豁通教授「労働者福祉論への序章」をみても、この指摘は誤りではない(1)。

とりわけ、大河内論文は、「ながらく「労働者福祉」は労働組合員の福祉と同義に考えられていたか、さもなければば、社会福祉事業的なものと理解されてきたきらいがあるが、これらはいずれも、ここにわれわれが考えようとしている「労働者福祉」とはことなるものだと言わなければならない[2]」とされ、「労働者福祉」の問題は右のような働く労働者にとっての雇用条件に広くかかわる活動だけではなく、労働者および家族たちの消費者としての利益を守ることにも同時に重点がおかれなければならない……。

労働組合は雇用条件を中心にして大独占企業に対決することを基本姿勢としているが、それと同時に、消費者ないし生活者の立場での、大商業資本、百貨店資本、問屋資本、さらにそれらの背後にマスコミと抱合している私的大メーカーに対する闘争が、「労働者福祉にとっての巨大な領域としてひろがっている[3]」と。

戦後直後の、労働者生活の擁護、そのための組織的団結擁護とりわけ企業別労働組合組織の団結擁護と深く結びついて、理論化され、具体化をみた労働者自主共済制度は、その労働者自主共済制度の定着と拡大発展に伴い、一方高度経済成長政策の展開・発展に伴う労働者生活の急激な変化に対応して、この労働者の急激な社会的必要に即応することが望まれている。本来、労働者の連帯的団結は、企業の枠をこえ（特定企業の生産過程の問題とともにそれをこえ）、地域、産業別、さらに全国的なものに及び、それを場に広く労働者の消費過程の問題にかかわっている。もちろん、わが国の場合、ここまではたちゆかなかったといってよい。このような問題につき、欧米諸国の労働組合は、後述のように自主的に取り組み、自己の力量をこえた問題は、要求参加という形をとって国家の生活保障責任の問題としてこれを把えかえしていった。

おくればせながら、わが国の労働組合も今日、その自主共済福祉制度を足がかりとしつつ、わが国の社会保障制度の展開に伴い欧米諸国の労働組合の当面した問題に遭遇している。そのことを含めて、まさに、大河内論文の指摘であるとすると、労働（者）福祉とは何かについて、既存の自主共済制度とさらに政府の福祉政策の歩みを基礎に、今日の変化している労使関係社会で考えることは大いに意味があることである。そこで、以下、労働組合運動を軸に労働（者）福祉の立法的規制の歩みをたどりつつ、「労働（者）福祉」の問題点を考えたいと思う。

（1）日本労働者福祉研究協会「労働者福祉研究」創刊号参照。
（2）大河内一男「〝労働者福祉〟を考える」前掲書三頁。
（3）大河内一男・前掲論文四頁。

二　「労働（者）福祉」とその法規制の推移

上述のように「労働（者）福祉」の意味がそれなりに再評価されざるをえなくなったことは、わが国だけのことではなく、欧米諸国においてもみられたことであった(1)。

ことに欧米の場合労働組合組織の組合機能と関連して、「福祉共済機能」が組合組織の団結機能の強化との関係において、内在的なものとしてこれを把えられてきた段階から、独占資本主義段階においては組合組織の団結＝団体交渉力機能をこえて、政府に対して労働者生活自体の保障を要求する段階に達するや、国家の社会保障制度と労働組合の福祉共済機能＝共済制度とは交錯しつつも、その存在は、その内在的なものを止揚しつつかなり明確になってゆくのである。

この点、欧米諸国の産業別労働組合運動、またそれを前提とする集団的労使関係の在り方との相違を反映し、わが国の企業別労働組合運動とそれを前提とする集団的労使関係は、歴史的な労働組合運動の歩みの浅さとも関連して、欧米的な意味での、「労働者福祉共済機能」と「団体交渉機能」との不可分的な結合を十分経験することなく、むしろ団交機能と政治機能との結合を醱酵させたといってよい。わが国の労働組合法二条は、労働組合の主たる機能を経済的機能として認め、従たる機能として福祉機能・政治活動機能を認めている。

この点はともかくとしても、戦後の、それも戦後直後の企業別労働組合運動が、その企業別労働組合の組織力の強化を、共済福祉機能とのかかわりあいで認識するのは、「争議資金」調達手段との面においてであり、争議中の組合員連帯による生活援護対策の面にあったといってよい。わが国の場合この辺の問題を出発点として、「労働(者)福祉」の実体的な規制の面が開かれるといってよい。そこで、以下、筆者なりの時期区分をもとにこの辺の問題点を史的にフォローする。

まずこの時期区分は、「労働(者)福祉」がその福祉内容はともかく、労働者を客体として、その福祉実現主体が当初奈辺にあるか、ということを考慮にいれて考えたからにほかならないが、つぎの時期区分によって「労働(者)福祉」というものが、その立法規制内容とともに、誰によってどのように把握され、それがどのように内容的に展開・発展していくにいたっているかを知るよすがとなればという発想をもったからにほかならない。

第I期(昭二〇・八～昭二九・末)(労働組合運動の展開に伴う昂揚期をへて、戦後インフレと労使関係合理化に伴う「組合組織防衛」「生活防衛闘争」のための「下」からの法規制要求の時期)

第II期(昭三〇～昭三九・末)(高度経済成長政策の展開に伴う労働者生活の相対的向上と、労働者対象保険の積立金増加に伴う、その運用による国家の「労働(者)福祉」促進の端緒期)

第III期(昭四〇～現在(昭四八・九)まで)(第II期をへて高度経済成長政策の発展および減速経済への移行に伴う労働者生活の急速な変貌と「ひずみ現象」の増大、これに対応する労働力政策と関連する中小企業従業員福祉ならびに労働者の富裕化と財産保有化、余暇利用化のための政策福祉展開の時期)

そこで、以下、大ざっぱであるが、上述の時期区分によって、その立法面から「労働（者）福祉」の現状とその動向みたいと考える。

(1)　第Ⅰ期（昭二〇・八〜昭二九・末）（組合組織防衛＝生活防衛闘争のための「下」からの法規制の時期）

この時期は、戦後の生成期における組合運動を主体とした労働者福祉運動の時期であり、今日みる各種の自主的な労働者福祉組織の「原型」が形成をみる時期といってよい。(2) 法規制の面からみるとき、つぎのような法制が制定をみる。

消費生活協同組合法（昭二三、法二〇〇号）

中小企業等協同組合法（昭二四、法一八一号）

協同組合による金融事業に関する法律（昭二四、法一八三号）

労働金庫法（昭二八、法二二七号）

産業労働者住宅資金融通法（昭二八、法六三号）

少なくも、これらの法制は「下」からの事実的にみられた企業別労働組合運動の必然的な組織強化、とりわけスト資金確保を中心とした戦闘力強化＝兵站部思想(3)との関連においてとなるが、戦後の悪性インフレ下に苦しむ勤労者の生活防衛のための生存権擁護闘争（これらの動きは、生活協同組合結成による消費物資ならびに金融対策、さらに共済扶助活動などに具体化）に裏打ちされていたことも否定できない。

いずれにしても、この時期は、第二次大戦直後からの日本経済の帰趨と関連して、労働組合運動の戦後昂揚期から二・一ゼネストをへて、資本の立ち直りと労働組合運動の苦難さらにはレッド・パージなどを機に組合運動無用論を契機としつつ対日講和条約以降、昭和二七年の炭労スト、その後の昭和二九年日鋼室蘭ストなどを媒介に労働組合運動の再生を試みた時期である。したがって、これとも絡み労働者側から労働力過剰供給傾向下の低賃金、長時間労働、さらには合理化解雇反対に対応する形で、限界のある企業別組合を前提としつつ、生産過程、消費過程において労働者の生活を補強するための自主的な福祉共済活動とそのための法制を要求した時期とみてよい。

消費生活協同組合――勤労者生協、市民生協のいずれをも問わず――を中心とした消費過程の問題に対応する組織法として生協法が要請され、同じく協同組合方式による信用活動、共済活動などの規制として中小企業協同組合法などが、さらに労働金庫設立促進化に対応して、労働金庫法などの制定が促進されていったのである。したがって、これらの「下」からの立法促進と行政機関の対応とをみるとき、当時の労使関係状況と労働者自主共済への必然的動向によるといってよい。しかも、十分な組織化の未成熟に対して、国家の行政対応は自主共済の育成化としてこれを認めることができる。ことに、行政機関にとっては、自主的共済が、対資本との関係において対抗的な性格をもつといえ、全体としての企業別労働組合運動は、戦後直後はともかくとして、前述のように昭和二三年以降は、経済九原則、賃金三原則、さらにドッジ・ラインによるインフレ収束化政策による資本の立ち直りに対して、企業内に封じこめられ、企業との協力によってその関係における危険の不在という認識が、行政に働いていたことも否定できない。ことに、昭和二三年代の労使関係状況をみるとき、この企業別労働組合を前提として、資本調達手段として、「社内預金制度」がかなり普及し、この社内預金制度に対して強制的な貯蓄＝足止めに陥らないよう、労働基準法一八条二項但書によってこの規制を試みざるをえない状況もあったことも注目に値いする。これらの状況をみるとき、「下」からの労働者自主共済制度の成育・発展に即した立法要求としてこれを把えることができるとしても、規制主体たる大蔵省、厚生省などの行政機関は、既存の独占資本（金融資本、損保資本その他）のシェアとの競合を考慮にいれ、あくまでも労働者団体の関連活動、非営利団体の活動として、協同組合的規制あるいは特別法たる労働金庫法などをもって巨視的に措置したことも否定できないところである。

(2)　第II期（昭三〇～昭三九・末）（労働者対象保険の各種積立金増加とその運用による国家の「労働（者）福祉」促進の端緒期）

つぎの第II期は、第I期にみられた「下」からの自主的共済福祉の制度促進を前提とした各種の労働（者）福祉立法の展開に伴い、労働者の各種の自主共済福祉の組織化も達成された時期と把えることができる（昭和三〇年の労金連発足、昭和三一年の総評、全労、日協連、中央福対協、労金協会による五者会議発足、消団連の発足、労金運動の定着と労金労組協議会発足による第二期への動き、昭和三二～三年の労済連の発足、日本労働者住宅協会の発足など）。[(4)]

ところで、この第II期には、前述の労働者対象社会保険（失業保険、労災保険、厚生年金保険など）を軸にして、各種保険施設設置、運営のための「事業団」設立のための法制が制定をみ、政府による「労働（者）福祉」促進の端緒が形成されていった時期としてとらえることができることは注目に値いする。

労働福祉事業団法（労災保険施設）（昭三二、法一二六号）
中小企業退職金共済法（中小企業退職金運営）（昭三四、法一六〇号）
年金福祉事業団法（厚生年金施設）（昭三六、法一八〇号）
雇用促進事業団法（失業保険施設）（昭三六、法一一六号）

すなわち、各種の労働者対象の社会関係保険法には、保険施設に関する条項を設けており（労災保険法二三条、失業保険法二七条の二、厚生年金保険法七九条、中小企業退職金共済法二八条など）、これらの実体関係法・特別法によってい。

「事業団」が設置され、これらの事業団がかなり多面的な労働（者）福祉事業を行なってきていることに注目したい。

この第II期は、第I期と異なり、高度経済成長政策の展開・発展に伴う、「社会保障制度」充実とのかねあいもあってことに各種の社会保険における拠出積立の蓄積を、関係保険の定める福祉施設への還元をみせた時代といってよい。

そこで以下各種の事業団について、まず労災保険福祉施設を目的とする「労働福祉事業団」の事業内容から指摘する。

(イ)　労働災害病院の運営
(ロ)　労働災害リハビリテーション作業所の運営
(ハ)　休養所の運営
(ニ)　資金（社会復帰資金、自動車購入資金）貸付
(ホ)　産業安全衛生施設整備奨励金の支給
(ヘ)　リハビリテーション大学の運営
(ト)　その他

ついで、失業保険福祉施設を目的とする「雇用促進事業団」の事業内容はつぎのごとくである。

(イ)　職業訓練関係業務の運営（職業訓練大学、総合高等職業訓練校、中央技能センター、沖縄総合職業訓練所）
(ロ)　移転就職者用宿舎の設置・運営
(ハ)　福祉施設の設置運営（港湾労働者福祉センター、簡易宿泊所、労働福祉館、勤労総合福祉センター、勤労青少年体

育センター、共同福祉施設、あいりん労働福祉センター、中小企業レクリエーションセンター、港湾労働者宿舎、炭鉱災害遺族福祉施設）

(ニ)　雇用促進融資業務

(ホ)　炭鉱関係離職援護業務

(ヘ)　駐留軍関係離職援護業務

(ト)　勤労者財産形成事業

(チ)　その他

厚生年金、船員保険、国民年金などの福祉施設を目的とする「年金福祉事業団」の事業内容は、つぎのごとくである。

(イ)　住宅貸付資金の運営

(ロ)　療養施設貸付資金の運営

(ハ)　厚生福祉施設貸付資金の運営

なお、中小企業従業員の退職金ならびに中小企業従業員福祉を目的とする「中小企業退職金共済事業団」の事業内容は、つぎのごとくである。

(イ)　中小企業退職金共済事業の運営

(ロ)　福祉施設資金の融資事業（従業員の福祉増進のための労働者住宅その他の設置、整備資金の貸付けなど）

以上、労働（者）福祉に関係する各種の「事業団」の事業内容を概観したにすぎないが、特別法の目的関連事業ということで、詳細には言及しえないが、これらの事業団の事業内容も、社会的必要に対応して多様化しつつあること、その撒布資金量もかなりの量にのぼっていることに注目したい。いずれにしても、この第II期における行政機関の労働(者)福祉に対する動きは、前述のように拠出＝給付を軸とする各種の社会保険あるいはそれに類する制度の蓄積基金その他の財源を「事業団」という政府の「特殊法人」をもって、関連する労働(者)福祉事業を行なっていって、今日その内容を拡大してきているといってよい。しかし、第I期でみられるように、この政府の福祉行政運営には、労働者自体はさして関与しえなかったことも事実である。

(3) 第III期(昭四〇〜昭四八・九現在)(高度経済成長政策の発展および低経済成長への移行と労働力政策に関連する中小企業従業員福祉ならびに労働者の生活富裕化と財産保有化、余暇利用化のための福祉政策の展開)

つぎの第III期は、前述の第II期における各種社会保険の膨大な積立金運営を通じて展開をみる各種の社会保険施設による国家の社会資本整備に補足して、後述のように高度経済成長政策の発展さらに低経済成長への移行に起因する各種の社会的諸矛盾、なかんずく中小企業労働者や婦人勤労者の福祉を積極的に進めざるをえなくなった時期であり、一方労働組合運動もこの福祉改善要求を提案するにいたっている時期といってよい。加えて、高度経済成長政策の展開とその発展による労働者生活の変化、とりわけ富裕化と財産保有化傾向に伴い、持家促進をスローガンとする財産保有化のための福祉措置ならびに余暇利用のための措置が打ち出されていった時期といってよい。したがって、この時期には、労働(者)福祉に関連する立法として、つぎのものの制定をみる時期である。

日本勤労者住宅協会法(昭四一、法一三三号)

厚生年金基金令(昭四一、政令三二四号)

勤労青少年福祉法(昭四五、法九八号)

勤労者財産形成促進法（昭四六、法九二号）
勤労婦人福祉法（昭四七、法一一三号）

なお、これらの労働（者）福祉に関する立法措置に加えて、後述のように各都道府県が、これらの立法措置の呼び水として、労働者と結びついた労働福祉対策を、とりわけ中小企業労働者を対象として促進し、今日にいたっていることも注目に値いする。

この第Ⅲ期をみるとき、高度経済成長政策の、いわゆる「ひずみ現象」のインパクトをうけた労働者一般はいうまでもなく、とりわけわが国の二重経済構造に起因する独・寡占・大企業労働者に対比し、中小企業労働者の労働諸条件、各種の福利厚生条件の格差に対して、この中小零細企業ならびにその従業員の福祉に視点が向けられた時期といってよい。加えて、積極的に、労働者が労働力政策・雇用対策として、厚生省の包括的にして、低い基準内容の社会福祉に対して、いわゆる生産過程にある従属労働関係を前提とする、労働者対策の福祉を打ち出してゆく時期といってよい。このように、とりわけ労働者が第Ⅱ期をステップとして、昭和四〇年代を契機にして、労働力政策の一環として労働（者）福祉政策を重視したことは、労働力不足による労働市場要件を軸に集団的労働関係の基調が労働者生活の変化に対応する「生活闘争」を媒介にその内容が問われたことに起因し、厚生省中心の包括的な社会福祉政策の「貧困」さに対し、企業側の——とりわけ前述のわが国の資本主義経済構造に起因する中小企業の生産基盤の脆弱さによる——低賃金、低労働条件を補充せざるをえなくなったことによる(5)。

ことに、この第Ⅲ期の労働（者）福祉立法が、「勤労青少年」ならびに「勤労婦人」と、個別化されていることは注目すべきであろう。

ただ、「勤労青少年福祉法」といい、「勤労婦人福祉法」といい、いずれも従来、労働基準法において、「年少労働者」あるいは女子労働者として、成人労働者に比して特別の規制をうけてきた層を対象とし、この労基法における労働者の労働諸条件規制といかにかかわりあいをもつのか、という点では、かなり内容的には問題のある立法といってよい。

換言すれば、勤労青少年福祉法は、中小事業所内部において労働力定着対策のための「マンツーマン」労務管理の強化のための「勤労青少年福祉推進者制度」の制度化、ならびに「勤労者青少年」への福祉サービス施設の設置などの予算化立法といってよい。勤労婦人福祉法の内容も、勤労婦人の職業訓練・指導、勤労婦人の妊娠中・出産後の保護措置と育児のための措置の総合的施策などをうたうが、企業の側の「努力義務」をうたうにすぎないし、措置義務違反に対して制裁もなければ、履行措置をとる方法もなく全体としてその内容はきわめて乏しいといってよい。

とりわけ、これらの労働福祉関係法の法内容が、いずれも理念宣言的な基本法なのか、あるいは福祉措置義務関係者＝関係主体（国、地方自治体、企業）の具体的な措置義務とともに受益主体の福祉受給権を明確にしたものか、あるいはそれらの総合立法なのか、をみるとき、いずれにおいても不十分といってよく、いかにも官製的な「労働（者）福祉」立法の性格の一端をみるのである。(6) 一体、これらの立法の中に「福祉」とは何か、を求めるとき、労働基準法の「女子」ならびに「年少労働者」の特別立法というよりも、むしろ「年少労働者」ならびに「婦人」に対する労働保護立法の不十分な実施とその労働監督の不備をいんぺいするための、「福祉」に名をかりた立法にすぎないとも評しうるのである。福祉サービス対策として、「勤労婦人職業指導」施設、「働く婦人の店」の施設などの設置を定めているが、これらの施設措置は、いずれも先行指導的に各地方自治体に対して国の予算をもって進められたものを統一化したものであり、新味があるわけではない。現実に、勤労婦人の職業訓練というも、婦人労働力の雇用上の地位や、勤労婦人の離職後の失業保険受給にみられる公共職業安定所の「失業保険給付抑止行政」をみるとき、労働力不足下の低賃金婦人労働力対策と結びつく「婦人福祉」の実態をみる思いがするのである。

以上のような、従属労働関係にある「勤労青少年」および「勤労婦人」に加えて、「勤労中高年福祉」が存在するかと問われると、ここには見られないことも、現代の「上」からの労働力対策と直結する「労働（者）福祉」対策の本質をうかがい知ることができようか。

さらに、昭和四〇年代には、勤労者生活の相対的な変貌は、労働者生活、とりわけ核家族化社会の急速な進行に対し、「持家促進」という住宅問題を誘発し、いわゆる「財産形成」という貯蓄→住宅取得への意欲を醸成し、これに答えて「勤労者財産形成法」が制定をみる。この法の詳細は別稿に譲り[7]、西ドイツにおける西ドイツ的な「上」からの独占利潤の分配平等化政策と対応する勤労者財産の形成促進政策の移入が、わが国の場合には、賃金上昇化とインフレ促進という事実的認識を前提にして、賃金上昇の成果を財産形成へ、それに対する税制上の優遇措置政策を通じてインフレ防止のために国家への吸い上げを、という巨視的発想がみられているといってもよい[8]。この財形法は、勤労者の預・貯金、有価証券、持家などの財産保有促進とそれを通じての勤労者生活の安定と国民経済の発展に参与を目的として、貯蓄減税や住宅建設融資措置を定めるが、融資は勤労者個人への貸し付けではなく、貸付対象は事業主、事業主協同組合、日本勤労者住宅協会を指定している。これらをみるとき、勤労者の持家保有という社会的欲求に答えるために、優遇に名をかりた少額貯蓄に対する非課税、少額国債非課税、法定条件にもとづく住宅貯蓄控除、建設持家の少額の課税控除をてこに、その社会資本充実責任を勤労者の財政形成に転化しているといってよい。したがって、公共住宅不足に対し、事業主を通じて勤労者の自力による持家建設の援助体制政策といってよい。なお、財産法の欠陥を補足すべく、勤労者個人に対する住宅資金融資のために、「勤労者福祉公庫（仮称)」創設を予定しているという。

しかし、財形法ならびに公庫設立計画はともかくとして、現実の地価上昇、建築資材、建築人件費上昇の異常さのもとに、この財形法の内容がいかに貧弱で対応できなくなっているかをみれば、その政策が西ドイツのそれと違って、「上」からのといってもかなり違っているといってよい。

さらに、この第III期には、とりわけ昭和四〇年代以降、各都道府県の労働福祉対策補助金政策も著しく進行していることは注目してよい。

(イ)　地方公共団体独自のもの──→勤労青少年ホーム建設、勤労者「憩いの家」建設、勤労婦人福祉センター建設

(ロ)　事業主団体への補助──→中小企業労働福祉施設、労災防止団体補助、企業内託児施設、じん肺施設、共同組合給食施設、従業員宿舎施設補助

(ハ)　労働団体への補助──→労働者文化事業、労働者住宅資金利子補給、労働者生協巡回サービス車購入、地域生協補助、労農福祉センター建設、働く老人の集い補助など

以上、国家、地方自治体の労働(者)福祉対策は、未だ十分とはいえないが、国がかなり意識的、積極的にこれを進めていることは事実である。ある意味では、国民一般への社会保障制度とともに、とりわけ中小企業労働者の労働力対策＝雇用対策の一環として「労働(者)福祉」に力を注いできていることは、昭和四八年度「労働白書」が「労働者福祉充実への途」というサブ・タイトルをつけているところにもあらわれていることは、その政策内容はともかくとして、方向だけは見落しえないところである。なお、これと対応して、労働組合運動、自主福祉共済団体も、政府も「生活問題」に積極的に取り組みの姿勢を示すにいたっている。

(1)　拙稿「欧米および日本の全国単産共済制度」参照。

(2)　労済連『労働者共済運動史』①資料編（昭四八・三）、中林貞男編『体系労働者福祉論』（労働旬報社、昭四三・一二）、第一編第一章など参照。
(3)　西村豁通・前掲論文七頁以下、中林編・前掲書七一頁以下。
(4)　角田豊「労働者の自主福祉」（松尾均・江口英一編『社会保障』弘文堂講座日本の労働問題（Ⅲ））、労済連・前掲書など参照。
(5)　三塚武男「労働者福祉」ジュリスト特集・現代の福祉問題（昭四八・六）、拙稿「最近の労働者福祉立法の制定動向とその特質」日本労働法学会誌四一号（昭四八・五）、本書二九一頁以下所収など参照。
(6)　拙稿・前掲論文参照。
(7)　拙稿・前掲論文参照。
(8)　西ドイツの動向については、石本忠義「西ドイツ社会保障の発展と構造」小山路男・藤沢秀夫編著『経済発展と福祉社会』（社会保障研究所、昭四七・三）参照。

三　「労働（者）福祉」に対する法規制の推移からみた特徴点の分析

以上、大ざっぱに三つの時期にわけて、労働（者）福祉に関する法制の推移を概観した。この法制の推移を通じて、一般論として指摘できることは、第一に、わが国の現代独占資本主義の再編整備に伴う、労働者生活の著しい変貌に伴い、企業内における労使対抗関係において処理しうる生産過程のみならず、いわゆる企業の枠をこえた日常消費過程を含む、多面的な労働者生活問題の発現をもたらし、このことが国家、企業、労働組合をして、とりわけ国家をしてこの多面的な生活問題に取り組む姿勢とともに、多面的な福祉立法を必然化せしめたことである。

第二に、この生活問題の多面化が、住宅問題ひとつ取り上げてみても、国家、企業、労働組合のいずれをもして求心的にこれと取り組む姿勢を生み出し、このことが、各福祉主体をして、自己の福祉機能をその主体の目的との関連において、いかに位置づけるかという基本的命題を展開せしめたことである。この命題が、社会保障の責任主体としての国家とのかかわりあいにおいて、企業あるいは労働組合の福祉活動をどう位置づけるか、すなわち国家の社会保障と並立的地位に立たせるか、あるいは単に国家の社会保障の従属的補足物としてとらえるか、にかかわったことは事実である。ということは、前述したように戦後のこの立法の推移を眺めつつ、いわゆる労働（者）福祉が、労働組合の自主的共済福祉制度、あるいは企業福祉を媒介としつつ、労働者生活の変貌の中から労働組合として国に対して社会保障の充実を迫り、これが社会保障制度あるいは労働（者）福祉措置を進めた結果、「福祉」の官製化を著しく推進することになったからにほかならない。

いずれにせよ、上記の一般論はともかくとして、これらの立法の推移から各期の特徴点を把えてみよう。

第Ⅰ期は、総体として、労働者自身が自主的共済福祉を模索しつつ、企業別の労働組合運動の組織的団結機能を強化するために、兵站部思想たると何たるとを問わず、とにかく「下」からの制度化とそのための規制を要求し、これに対して政府が、労働者の労働（者）福祉機能に対して、教育・育成指導的な面から規制をする、という方向にあったといえる時期とみてよい。ことに当時の労働力過剰供給下では、今日のごとき高度経済成長政策下のひずみの中において生産過程と消費過程とを結んで考える体制にはなく、また労働者自身積極的な財産形成などの発想も下からはなく、さらに独占資本の市場シェアということも見られなかったことから、今日のごとく消費者保護の面からの規制も十分みられなかった、かなり自主的な活動の時期といってよい。

第Ⅱの時期についてみるとき、高度経済成長政策の矛盾の中小企業への集中化に伴い、この中小企業対象の、中小企業従業員対象の福祉——本来大企業における企業福祉と対応する——の政府のてこ入れの時期とみてよい。従来、わが国の二重経済構造の必然的所産たる大企業と中小零細企業の間の賃金・労働時間ならびにその他の労働諸条件の格差は、政府の措置を通してつめることはしなかったが——労基法違反などの見すごしなどを軸にしたが——高度経済成長政策の展開・発展に伴い労働力不足現象を軸にして、中小企業生産対策＝雇用対策として、積極的に中小企業に対する共同的な企業福祉助成を通じて、「労働（者）福祉」を援護していった時期といってよい。そして、この援護措置は、社会保険施設はいうまでもなく、労働力定着確保と生産性上昇と従業員の労働諸条件の間接的な助成による引き上げという形で実施していったのである。

第III期についてみるとき、政府側の前述のように第II期の足跡を踏襲しつつ、より意識的・積極的に、労働組合の「生活闘争」を契機としつつ、とりわけ「福祉」政策の誇示のために、福祉を標榜する各種の福祉立法を制定している姿勢をみることができ、これは前述のように厚生省サイドの社会福祉関係法の補強とともに、労働力対策＝雇用対策に対応した側面からの福祉追求とみてもよく、一方ますます労働者生活の変化とともに労働者の生活思想の動向に対応して、国家財政を足がかりとしつつ労働者生活を先取りする動きを見せた時期でもある。いずれにしても、従来、労働組合運動に対しては、治安対策的な労働行政をもって臨んできた政府が、労働者生活の変化に対応して、内容はともかく、ソフトな労働福祉行政への転換を模索しつつ進めている時期と称してもよい。とりわけ、従来、厚生省中心の福祉政策が、雇用対策の一環として総労働力化に対応できるように、時代の流れに即して企業福祉に委ねられるものは委ね——主として大企業の——、とりわけ企業別労働組合の組織化の及ばない未組織の中小企業労働者を、企業サイドあるいは地域での労働福祉センターを媒介として把握する姿勢をかなり明確にしたといえる。この現象が、現代的な、ソフトな「飴」と「鞭」の政策と把えうることも可能ではなかろうか。

上述のごとく、戦後の第Ⅰ期におし進められてきた、労働者の主体的な「下」からの福祉のそれなりの成熟と停滞化、戦前から戦後にかけて一貫して企業内労使関係において、一方的にして、恩恵的な福祉から労働者の権利としての企業福祉に加え、第Ⅱ期さらに第Ⅲ期を契機として、これらの労働(者)福祉制度の欠落を補強すべく、膨大な政府の財政力――部分的には労働者の積立金――をもって官製の福祉が展開をみつつある。したがって、今日ますます「福祉国家機能」に関連して進められている現実とのかかわりあいにおいて、労働者の「下」からの福祉をいかに認識したらよいのであろうか[1]。

（1）安井二郎「労働者の自主的福祉活動」現代労働問題講座8巻『社会保障と福利厚生』（有斐閣）所収、「労働者福祉研究」創刊号論文が、この辺の問題を、あらゆる視角から分析している点に注目したい。

「労働（者）福祉」が、労働者自身のサイドから、労働者あるいは労働組合の自主的共済福祉活動とその広汎な制度と同義語として把えることは誤りではないし、今日の急速な社会生活の変貌のなかで、国家の社会保障制度、企業内福祉と競合して存在することも、その目的からみて当然といってよい。このような自主的共済福祉活動が、戦後直後の「兵站部」機能から、さらに高度経済成長政策の展開・発展に伴う労働者生活の変化に対応して、その生産過程の問題とともに、市民としての消費過程の問題にかかわりあいをもち、さらに低劣な日本の社会保障制度の単なる補強ではなくして、改革運動の主体として再認識されざるをえないことも否定できないところである。この活動領域が、国の領域と競合しようと、独占資本のそれと競合しようとも、その活動自体は、独占に対する拮抗力(Countervailing power) の指標として評価されるし、とりわけ個々の労働者の生存権ならびにその結集体である労働組合の団結力強化――多面的な面での、たとえば企業別、地域別、産業別、全国的な社会力の――と関連する以上、いささかもその存在は否認されず、国家の、あるいは企業の福祉政策に吸収さるべきものであってはならないといってよい。労働者自主共済福祉は、このために「下」からの労働者福祉の政策の推進主体としての役割を果すべきであるし、このことが高度独占段階の、管理国家社会のもとでの「上」からのイデオロギー的な生活統制に対する抑止と、「下」からの福祉政策形成と行政への参加の熱源ともなるのではなかろうか。この熱源の強弱が、広く、労働法と社会保障法との交錯領域にあると考えられる労働（者）福祉立法をして、真に労働者、市民の生存権保障、労働権保障の実現の法制たらしめるか否かの成否と結びついていることを、上述の推移は数えているようにみられるのである。このことは、戦後の第Ⅰ期、「下」からの労働者自主共済福祉に関する諸関係立法が、今日国家の福祉政策体系下の中に再編され、「下」からの自主福祉を「上」からの指導行政のもとに統制的にコントロールしているような現実とみることができるとすると、ことさらこの辺の問題を自主共済制度の今後の位置づけとその活動とともに考えざるをえないのである。

2　最近の労働者福祉立法の制定動向とその特質

高度経済成長政策の展開発展上の昭和四〇年代に入り、政府、とりわけ労働省は、厚生省の社会福祉政策と別個に労働者対象の福祉政策を採用するにいたっている。すなわち、勤労青少年福祉を対象とする勤労青少年福祉法（昭四五、法九八号）、勤労者財産形成促進法（昭四六、法九二号）、勤労婦人を対象とする勤労婦人福祉法（昭四七、法一一三号）と、その実体的内容はともかく、従属労働関係にある「労働者」を直接対象とする福祉法を制定したことは注目すべきことである。

このように、労働省自体が、昭和四〇年代を契機として、高度経済成長政策の展開と発展に伴う労働政策——労働力政策——の一環として労働者福祉政策を採用したことは、その実体的内容は別にして、厚生省を中心とする各種社会福祉政策の「貧困」さとともに、労働力不足下において、企業側——とりわけわが国の資本主義経済構造に起因する貧困な中小企業の——の低賃金を補充する勤労者対象の福祉に力を注ぐ姿勢を示すものとして注目に値いする。

そこで、以下この勤労者福祉立法について、その内容とその問題点ならびに今後の動向を指摘したいと考える。

一　勤労者福祉立法制定を促した背景

従来、労働者の労働諸条件（賃金・労働時間その他の労働諸条件）は、労働基準法の最低労働条件を基準として決定され、成人男子労働者に比し年少労働者ならびに女子労働者は特別の規制をうけて来た（労基法ならびに関連規則中の女子・年少労働者保護規定参照）。そして、この規制は、第二次大戦後のわが国の資本主義下の労働力過剰供給を前提とした低賃金・長時間労働制のもとでは、それ相応に雇用主に対して制約を加えてきたことは否定しえなかった。しかし、このような労働力需給状況のもとでは、依然として企業＝雇用主は一部の大企業を除き積極的な労働者福祉対策を必要としなかったことは事実で、日本的な二重経済構造上の中小企業においては、ことさら低賃金・長時間労働・低劣労働環境を中心とした低コストによりその生産基盤を維持してきたといってよい。

しかし、高度経済成長政策の展開とその発展に伴う、著しい若年労働力不足現象は、低賃金・長時間・低劣な労働環境を軸に生産基盤を維持してきた中小企業の労働力不足を一層深刻にせしめたことは事実である。一方、この高度経済成長政策は、勤労者の技術革新下の企業内の生産関係状況とともに都市化、余暇革命、消費革命といわれるごとく、社会生活状況を急激に変化せしめ、さらにその生活思想を変化せしめていったことも否定できない。このような状況の変化の中で、政府の労働政策も、労働力過剰供給を前提とした低賃金・長時間労働規制中心の労働者保護規制政策から、この種の労働保護に加えて労働力対策の一環として福祉助成政策導入へと転換を迫られたといってよい。かくして、生産的社会政策＝労働政策も、時代の急激な流れに即応して、わが国の現代の資本制生産状況に即応する労働政策として、不足化する若年労働力、さらにこの労働力不足現象を背景として労働市場に流入する女子労働力に対する対策、さらに増加する中高年労働力対策、加えて勤労者の「富裕化」指向と対応する財産形成対策は打ち出さざるをえなくなったといってよい。

しかし、このような労働力政策の一環としての国家の勤労者福祉政策は、その方向も、従来の労基法の労働監督行政の不備をそのままに、微温的・欺瞞的な、しかも厚生省サイドの社会福祉政策と脈絡をもたせる必要があるにもかかわらず、これとも連結しない、極めて官僚行政的な労働省サイドの福祉導入を意図したといってよい。このことは、勤労青少年福祉が、社会人としての青少年一般の総合的な福祉、さらに地域福祉、勤労婦人福祉が女性たる婦人福祉と連結しなければならないにもかかわらず、「生産労働力」中心の福祉になっている点に問題がある。ただ、今後このような労働者福祉が、労働者以外の者を対象とする一般の福祉改善のためのデモスト的効果をもつか、労働省サイド中心の、縄張り争い的な脈絡のない官僚行政となるかは注目に値いする。

二　勤労青少年福祉法

政府が、勤労青少年を対象とした労働福祉を重視するにいたったのは、若年労働者層の不足現象と、この労働力不足に伴う若年労働者層の流動化の可能性と青少年生活条件の非人間化と青少年生活意識の著しい変化に対応している。しかし、若年労働力、とりわけ新制中学卒、ますますこの不足に伴う新制高校卒のブルー・カラー化にともなうこれらの層の生活対策は、労働力管理にとっても必要不可欠となってくる。とりわけ、戦後においても、学歴別年功序列的労使関係制度がかなり定着している、企業内の若年者の労働条件の相対的低さに加えて、生活意識の変化している若年労働者管理は、大企業のみならず中小企業において重要な課題となっていることは否めない。この点、管理社会化的性格が強く、勤労者に対する企業福祉の比較的充実している大企業においても、非管理社会的であるが、一方企業福祉の貧困な中小規模企業において、これらの問題は共通している。このような社会的背景にもとづき、労働大臣諮問機関である婦人少年問題審議会の建議（昭和四三年八月五日「今後における勤労青少年対策について」）によって、労働省も勤労者青少年福祉法案を提出し、昭和四五年五月勤労者青少年福祉法が制定をみた。(1)

しかし、この法の内容は青少年を雇用する事業主の勤労青少年福祉増進の努力義務に加えて、政府、地方公共団体の努力義務を抽象的に規定するにすぎないし（四条）、この点極めて理念宣言的立法といってよい。さらに、これに関連して、具体的な実体規定も、勤労青少年の職業訓練、または教育をうける場合の「必要な時間」の確保に対する配慮努力が定められているにすぎない（法一二条）。

加えて、法は、事業主に「勤労青少年福祉推進者」の選任努力義務を課しているにすぎない（法一三条）。この勤労者青少年福祉推進者制度とは、事業場単位に、勤労青少年が職場に定着し、職場生活に適応するように、「心」の面から必要な指導、相談、レクリエーションなどの、職場相談的リーダーの制度である。そして、勤労青少年福祉推進者に関する省令（昭和四六年省令一四号）をもって、常時使用する二〇歳未満の勤労青少年数が二〇人以上の事業場に、雇用管理、福利厚生などの労務管理に従事する者を選任することが義務づけられているが、これらのリーダーが専門的なカウンセラーたりうるのか、福祉自体からみて問題がある。

このほか、国や地方公共団体さらに雇用促進事業団などは、職業指導、余暇活用のための福祉措置、加えて福祉施設として「勤労青少年ホーム」などの福祉サービス施設整備の努力を義務づけられている。

しかし、上述のように、つけ焼刃というか、体系のない青少年勤労福祉が、現代の非人間的な生産優位の労使関係ならびに社会体制を前提にして、「心」というか精神的な、しかもヒューマン・リレーションを中心にした、加えて施設を中心とした、しかも役所的な職場リーダー選任による福祉によって、真の青少年福祉が達成されるのか、著しく疑問を感ぜざるをえないのである。

（1）　労働省『勤労青少年福祉推進概論』参照。

三　勤労婦人福祉法

女子労働者の対する「女子保護」も、すでにのべたごとく労基法その他で講ぜられてきたが、とりわけ高度経済成長政策の展開とその発展は、女子労働者の職場進出を著しくおしすすめ、これとともに社会生活の変化による女子労働と家庭生活環境の著しい変化に対応し、政府自身積極的な措置を講ぜざるをえなくなった。

この法の制定の動機となった労働省婦人少年問題審議会答申（昭四七・二・一八「勤労婦人の福祉に関する立法の基本構想について」）も、ますます労働力化をたどっている勤労婦人の母性保護の尊重に対応して、職業生活と育児のための家庭生活責任との調和を図るための施策として、関係者（国、地方公共団体、事業主）の福祉措置義務、勤労婦人の職業訓練、職業指導、婦人福祉施設、勤労婦人の妊娠中・出産後の保護措置と育児のための措置の総合的施策の実現を答申している。かくして、制定をみたものが勤労婦人福祉法といってよい。

この法の内容も、法規定構造の面でみると、前述の勤労青少年福祉法の法規定と全く同視すべきもので、理念宣言的な性格が強く、その関係者の福祉措置とその義務も抽象的で内容は貧弱といってよい。ことに、労働基準法の女子年少労働者の特別立法というよりも、貧弱な、しかも計画性のない福祉措置をもって、勤労婦人福祉という名を冠せたにすぎない。勤労婦人保護立法の実施とその労働基準監督が十分でない処において、「一体福祉サービスは、その補完たりうるのか疑問に感ずるのは筆者のみではあるまい。とりわけ、この勤労婦人の職業生活と家庭生活との両立を可能ならしむる措置は、労働法と社会保険法との総合的にして、有機的な施策が必要であり(1)、勤労過程にある婦人がとりわけ優遇されることの前提として、一般論として女子一般が十分な生存権保障に即した労働法や社会保障法の取扱いをうけていないことを示すにほかならない。

以下、法の内容について指摘する(2)。

この法の実体的規定として、関係者の責務が指摘されているが（四条）、とりわけ使用者の妊娠中・出産後の健康管理に対する配慮（九〜一〇条）、育児休業の便宜供与などは、何れも「努力義務」をうたっているにすぎない点注目に値いする。これらの努力義務が、ことさら福祉法に盛られたことの意味は、福祉関係対策費の捻出のための立法措置というべきもので、労基法の女子労働保護とのかかわりが全く明らかでない点、さらに努力義務違反に何らの制裁と履行強制措置がとりえないことも、この法のひ弱さを感ずるのである。これは、勤労青少年福祉法の場合も全く同様といってよい。

国の福祉サービス対策としては、勤労婦人の職業指導や職業訓練促進（七〜八条）、福祉施設として「働く婦人の家」の地方公共団体による設置努力義務、ならびに「働く婦人の家指導員」設置努力義務を含めている（一三〜一四条）。これらの措置も、何れもすでに先行指導的に、各地方自治体に国の予算で行なわれたものを、統一的に行なうことを努力義務として設定したにとどまり、新味があるわけではない。

（1）　拙稿「妊娠・出産・育児と社会保障の法制度」雇用促進事業団・婦人雇用調査研究会編『これからの婦人雇用』（学陽書房）参照。

（2）　労働省「勤労婦人福祉法案関係資料」（第六八回通常国会）ならびに労働省婦人少年局「勤労婦人福祉法案関係基

本資料」参照。

四　勤労者財産形成促進法

高度経済成長政策の展開・発展に伴い、労働者生活の相対的変化は、労働者層の生活問題、とりわけ「住宅保有」という住の問題を触発していったことは否定できない。

すでに、欧米諸国のうち西独においては、独占利潤の分配平等化の動き（「上」からの所得政策として）が現われており、その一つの政策として財産形成促進政策が、個別的な立法（一九五九年貯蓄割増金法、一九五三年住宅建設割増金法、一九六一年勤労者財産形成促進法など）として具体化されてきており、これらの動きは社会民主主義的政策を指向してきているスウェーデンなどにも現われていた。このような動向を察知し、一方わが国の労働者の生活意識と生活動向をみてとっていた労働省は、昭和四〇年頃からこの西ドイツの財産形成法の研究を開始し、その後労働省「勤労者財産づくり懇談会」の設置とともに、その意見書に基づき現行勤労者財産形成促進制度案を具体化し、この結果制定をみたものが「勤労者財産形成促進法」である。(1)

このように、西ドイツ的な勤労者福祉を、財産形成の技術として導入したのは、インフレ抑制のための労働者協力の発想にもよろうが、賃金上昇による企業利潤配分獲得闘争という方法に対して、むしろ賃金上昇の成果を財産形成というキャッチ・フレーズで再び吸い上げることによる、巨視的な政府の発想があったが、後述のようにこれも実は社会保障の不備のいんぺいのような感がするのである。

いずれにせよ、この勤労者財産形成促進法の内容は、勤労者が、預貯金・有価証券・持家などの財産保有の促進と、それを通じての勤労者生活の安定と国民経済の発展に参与することを目的として（一〜二条）、その具体的施策は、国および地方公共団体の施策として貯蓄減税や住宅建設融資措置を定めている（三条）。なお、これに関連して勤労者財産形成貯蓄に対する税制上の優遇措置（六〜八条）、勤労者の持家建設推進（九〜一〇条）として雇用促進事業団の勤労者分譲住宅建設資金融資——ただし、勤労者個人に貸しつけるものではなく、貸付対象は事業主、事業主協同組合、日本勤労者住宅協会など——などを定めている。

この勤労者財産形成促進法の制度は、勤労者の生活個人責任原則の変質のもとで、国家の社会保障制度が、十分展開・成熟をみないわが国の現状を前提にして、勤労者の生活防衛のための少額貯金に対する無慈悲な課税に対する、優遇に名をかりた非課税、少額国債非課税、法定要件にもとづく住宅貯蓄控除などを骨子としている。一方、勤労者の持家という社会的欲望に答えるために、政府は社会資本投資の怠慢を、財形と持家主義促進というキャッチ・フレーズで個人の貯蓄をもとに肩代りさせるという、「持家建設促進援助制度」を導入したといってよい。この持家建設援助制度というも、わが国の社会資本不足とりわけ公営住宅・公団住宅の供給不足に対し、勤労者自力の持家建設を援助する体制づくりにすぎないものといってよい。加えて、この勤労者財産形成促進は、政府の現代勤労者の社会生活に対応した社会的欲求に即応、先取りするとともに、一方政府の社会資本不足のいんぺいを糊塗するものにすぎないといってよい。インフレによってこの財形、持家建設が可能なのかと問われれば、不可能といわざるをえないのが現実である。何故なら、高度独占資本主義体制強化のもとでの独占・寡占企業をはじめとする企業利潤の増大に対するに、勤労者への利潤配分のアンバランス、酷税を前提とする勤労者の収奪、加えてインフレ下の物価上昇、土地価格の異常な上昇、加えて社会保障制度の非対応をみるとき、この勤労者財産形成に名をかりた独占資本のしかも福祉の名をかりた、収奪のきめの細かさをみる思いがするのである。とりわけ、労働省の勤労者財産形成が、手離しで喜びえないのは、ストックそれ自体について是非を論じているのではなく、現在のインフレの急速な進行に加えての預貯金の減価をみるとき、この面の対策の欠如、さらに少額の住宅預金によること、少額の援助による住宅保有の幻想、加えて社会的共同消費材の不足の現状に対して、脈絡のある政策が対応しえていないという欺瞞を感ずる。いわんや、「福祉」に名をかりた、しかもオール受益者負担の政策に、貧困な労働者福祉をみる思いがするのである。

(1) 労働福祉問題研究会編「勤労者財産形成の促進」特集号参照。

政府が、勤労者福祉を積極的に推進する与件的条件が熟していることは否定できないし、とりわけ二重経済構造のもとで、独占資本優先の経済政策によって競争条件の脆弱な中小零細企業が不利益をうけ、このことが勤労者の生産状況を悪化せしめている状況が存在することは、今後政府の勤労者福祉政策が多角化する動向をも示していることは否定しえない。

しかし、これらの労働力政策の一環である福祉政策が、企業の低賃金、長時間、劣悪な労働環境のための「補完」であるとすると、この種の、しかも前述のごとき「福祉」の意味があいまいな、しかも官僚発想的な内容のない「官製」福祉は、逆に労働運動をして新政治主義ともいうべき生活問題闘争への出発点とせしめる点をはらんでいるとみてよい。いずれにせよ、労働省の福祉開発総合対策は、国際的なソシアル・ダンピング再燃を防止するためにに、おくればせの週休二日制、有給休暇増加、労働時間短縮、レジュア・センター建設を含めて、前期の各種福祉立法にもとづく福祉政策を促進することも事実といってよい。しかし、この推進には、すでに指摘したようなもっと基礎的な、人間的な問題というべき、賃金、労働時間、生産環境の問題を労働行政として、さらに厚生行政とも絡めてどのように脈絡づけるか？　という課題が依然として未解決のまま残されていることを指摘しておく。

3　労働者自主福祉と地域政策とのかかわりについて

「労働者自主福祉」運動＝労働者自主福祉現業活動組織が、その呼び方を何といおうと、広く地域に対する政策、「地域政策」という問題を提起した背景には、労働者のおかれていた〈生産労働過程〉ならびに労働者ならびにその家族の〈流通消費過程〉＝居住生活の場での著しい変化がみられ、企業の場にある労働組合運動はその場で、流通消費過程＝居住生活の場にある労働者自主福祉現業活動組織もその場で、従来とは一歩進んだ対応を示さざるを得なくなったことに原因があるとみてよい。ことに、この居住生活の場は、これを「地域」と呼ぶと否とを問わず、この場の変化とその勤労者ならびにその家族生活へのインパクトは、労働者自身がこれをもたらしたものではなく、中央政府ならびに地方自治体、さらに資本自身の地域への働きかけによってもたらされたものであることも否定できない。そして、この中央政府ならびに地方自治体の上からの〈地域政策〉が、独占資本の生産優位原則に支えられた地域開発優先のための政策であり、この政策によってもたらされた結果が著しく地域住民（勤労者ならびに家族および自営層）の生活ならびに生活環境や健康破壊を誘発した。これに対し、この「上」からの地域政策に対抗して、「下」からの生活権擁護のための住民福祉優先への〈地域政策〉の推進を対置せざるを得なくなったこともその現われといってよい。

しかし、企業別労働組合運動は、企業の枠をこえた処で、その地域住民としての生活要求を組織化し、これを何らかの形で制度的に実現を迫ることはその力量をこえていたし、地域問題への対応するに足るエネルギーも十分蓄積されていなかったのである。もちろん、一九七〇年代に入って総評、中立労連などの春闘共闘委員会の「国民春闘」の名の制度要求（政労交渉を媒介とした）は、それなりに意味をもつことは否定しない。しかし、それは勤労者やその家族の日々の消費生活の場での生活状況には十分対応しえないし、その場での対応は企業別労働組合運動をこえた問題であり、ここに企業とあわせて地域とのかかわり、しかもこの場の問題にかかわる労働者自主福祉運動と現業活動の展開を求めたといってよい。

　しかし、展開を求めたといっても、労働者自主福祉運動と現業活動自体は、「上」からの地域政策に対して、「下」からの「地域政策」をいかに対置し、そのためにその歩みの中から何を、どのような形で試みるかは、ほとんどといってよい程皆無であったといっても過言ではない。この意味ではこれらの問題に対応し、加えて地域問題、地域政策の既往の組織、運動体として、制度的な社会保障の分野はいうまでもなく、個別的な公害、交通問題などの分野での市民運動組織、地域の社会福祉協議会組織その他が、「上」からのものに対して「下」からの組織として存在し、これらの組織運動も、労働組合運動のこれらの問題への関心に対応して、新しい活動組織の再編を試みる動きもみられ、これらとかかわって今後どのような活動を行なうかなどの問題も、今後の大きな課題として存在する。

一　地域政策といわれるものは一体何か

(1)　〈地域政策〉という場合、「地域」とは一体何をさすのか、ということ自体まず問題である。そして地域政策の政策目的とその政策効果は、それが働きかける地域住民の生活向上にあるはずだが、政策主体、国の政策認識のいかんによって、資本の具に供せられることが多いことも事実である。このことは、わが国の場合、「地域」が、すでにそれを実証してきた。

まず、〈地域〉とは、〈地域社会〉とは、一体何をさすかについては、〈地域社会は、単なる地理的、行政的区域を意味するものではない。それは、住民相互のコミュニケーションが成立する生活圏であり、住民の主体的参加による協同行動を可能にする場である。福祉ニーズ中心にとらえられる福祉コミュニティは、行政区域としてのコミュニティを超える一面を持つから、福祉ニーズは、行政需要と同義語ではない。地域は次第に行政的に組織されるようになり、行政需要が優先して福祉ニーズの充実が後まわしになりやすい。そこで地域住民の主体的なエネルギーを福祉の実現を目指して組織化することが必要となる〉とする見解がみられる(1)。

このような地域（社会）福祉にかかわってきた社会福祉学者の「地域」の定義が生まれたこと自体、歴史的な意味をもっており、さらに地域が地域住民の生活の場であり、また生活要求組織の軸点として、また勤労者の多面的な生活空間と生活環境施設領域の問題としての商圏、通勤圏、レジュア圏、文化圏、生活福祉圏の総合としての生活圏として、またこれにかかわる行政圏すなわち地方自治行政単位として把える見方もかなりあり、その種の問題提起が、西村教授によって指摘されてきた(2)。

何れにしても、今日の地域政策のベースにある地域、福祉政策あるいはコムュニティ（福祉）政策の対象である「地域」は、必ずしも明確にされてきたわけではない。

この点、地域社会が、何故研究の対象として設定されたかについて、その研究の系譜として、戦後の農地改革を素材として、ついで町村合併推進（地域住民の階層分解の進行と地域組織の再編）、さらに昭和三〇年代の地域開発とそれに伴う地域格差の発生、地域組織の再編を対象に、その流れがみられたことが指摘されている。地域が強く意識され、これを対象化したのは、地域開発を中心に地域の生活共同体的性格が失われ、自由な人間の行動の場としての開放とあわせて住民生活をその中に含む社会的生活と地域的、社会的条件の重要性が、とりわけ資本と労働との対抗状況の中で把えかえされてきたことによる(3)。

何れにしても、社会学者や社会福祉学者の理論的研究が展開をみるのは、地域住民の生活基盤であった「地域」＝生活共同体的性格の崩壊、都市、農村を問わずこの現象が顕在化し、一方その生活基盤、生活環境が悪化したことから、ことに「地域住民の福祉」とは何か、が問われたことは否定できないのである。そして地域社会形成の多様さとともにこの地域住民の福祉が問われたときに、コムュニティとは何か、地域住民の自治とは何であったのか、国の地域政策とは一体何であったのかが、鋭く地域住民、労働者自主福祉運動、労働組合運動などから提起されたのである。

このような変化された地域の定義を、何らかの前提として、「地域政策」について、この政策展開状況を対象に、これを明確にする見解が、社会福祉学の分野でみられていることを指摘しておく。

「地域政策を、大衆社会化状況、社会解体など、いわゆる社会問題として噴出した地域問題を、地域住民の立場に立って根本的に解決するよりは、むしろ人為的な操作概念を用いて一定の目的を具体化し、秩序をつくり出そうとする思考や技術の総称であるとしたい。その具体的あらわれは、近年の地域計画の手法を用いた資本と国家との癒着、行政機構、財政、金融政策を通して矛盾を隠ぺいしようとする試みなどにみられる[4]」と。

(2)　この右田紀久恵氏の指摘を前提に、昭和四八年までの「上」からの地域政策の展開をみると、つぎの時期区分によっていることが知られる[5]。

第Ⅰ期（昭和三二〜三五年）（地域問題を生み出した初期政策期）

第Ⅱ期（昭和三六〜四〇年）（第Ⅰ期に生み出された地域格差是正段階の時期）

第Ⅲ期（昭和四一〜四三年）（社会開発論の支配とコムュニティ論抬頭期）

第Ⅳ期（昭和四四〜四八年）（中央集権化広域行政化とコムュニティ論実践期）

第Ⅰ期は、わが国のちょうど経済成長政策導入端緒期で、意識的に地域政策が展開されたわけではなく、昭和三二年度長期経済計画、昭和三五年国民所得倍増計画によって工業化政策が進められ、地域問題が顕在化する地盤を形成した時期である。

第Ⅱ期は、この第Ⅰ期の政策によって生活環境が悪化し、昭和三七年全国総合開発計画によって開発がさらに推進されたが、昭和三八年、「人的能力政策に関する答申」において「生活環境整備」とあわせて地域開発にみる格差の拡大に対応して、その是正のための地域政策が打ち出されてきたことが注目される。

第Ⅲ期に入るや、昭和四〇年度「中期経済計画」と表裏して、社会開発懇談会による「社会開発懇談会中間報告」、昭和四二年「経済社会発展計画」と、経済開発に関連して完全雇用化実現、さらにアンバランスとなった地域社会のバランス是正として社会開発論が行政計画の中に意識され出してきた。社会開発論は、ちょうど経済成長政策の導入、展開とその発展に伴う都市、農村の地域格差、またその各々の内部での各種のいわゆる「ひずみ」現象の顕在化に対して、これに対する政策的対応、なかんずく変質する市町村の住民生活への「ひずみ」現象に対する施策の総合的な名称といってよい。この時期に、厚生事務次官「へき地保健福祉館の設置運営について」(昭四〇、厚生省通知)、「福祉センター設置管理について」(昭四一、厚生省通知)など出されている。

これらの施策がかなり積極的に打ち出されるのは、第Ⅳ期に入ってからのことで、この時期には〈新全国総合開発計画〉(新全総)(昭四四)が提案され、この一部に「魅力ある地域社会建設」の項があり、これらと関連して広域行政論が展開されるとともに(昭四四・三自治省「広域市町村圏振興整備措置要項」、昭四四、地方制度調査会「広域市町村圏および地方公共団体の連合に関する答申」、昭四四・五建設省「地方生活圏構想」および「地方生活圏整備による過疎対策」)、一方「コムュニティ論」が強く展開をみた(昭四四・九東京都社会福祉審議会「東京都におけるコムュニティ・ケアの進展について」、昭四四・九国民生活審議会コムュニティ小委員会報告、昭四五、国民生活審議会「人間環境整備への指針」、昭四六・四自治省事務次官「コムュニティ(近隣社会)対策推進について対策要綱」、昭四六・一二厚生省・中央社会福祉審議会「コムュニティ形成と社会福祉答申」、昭四七・一〇大阪市社会福祉協議会「ホーム・ヘルプ制度改革意見」など)。

そして、ちょうど経済成長政策から低成長政策への転換という時期に、新全総の手直しである昭和四八年「経済社会基本計画」が発表され、この副題として「活力ある福祉社会」実現が見出される。

以上の右田氏の時期区分以後、筆者は、さらにⅤ期として「低経済成長下の地域政策」(昭和四九年〜今日にいたる)が問題であることを指摘したい。この時期の昭和五一年「昭和五〇年代前期経済計画概案」においては、低経済成長を前提とした社会福祉計画が明確化された。そして、今日、国の地域政策の所在はともかく、この低経済成長政策下の都道府県市町村の「地域政策」の動向自体が、問題とされつつあることを付加しておきたい。(6)

(3) 以上、「地域政策」といわれるものが何であるか、ということを問いつつ、第一に、「地域政策」なる用語のベースにある「地域社会」ならびにその政策内容の有力な「地域福祉」を軸に紹介し、第二に、政府サイドからの「地域政策」がどのような状況の中から、いかなる推移をへて展開をみてきて、今日にいたっているかについて概観した。

この推移をみるとき、「地域政策」なるものは、昭和三〇年代の高度経済成長政策導入期においては用語としても現われなかったし、当時は資本のサイドからの産業政策、地域開発の対象としての地域とそれへの政策が中心であったといってよい。それが、昭和四〇年代にいたるや、この資本のための、産業基盤の整備開発を内容とする地域開発の対象としての地域政策が、地域住民生活に対する強力なイムパクトを与え、著しい生活環境とその生活基盤の破壊を誘発するや、この地域政策の修正を迫られざるをえなくなった。ここで「ひずみ」現象是正を内容とする、独占資本の、国のつくり出した地域政策の隠ぺいのために、また「官製」のソフトな「社会開発」「地域福祉」の実現を内容とする政策が展開をみ、ことに前述のⅣ期からさらに筆者の指摘したⅤ期にいたるや、財政硬直＝低経済成長下の「地域政策」は、福祉を内容としつつ過剰福祉行政サービスの反省と地域住民の自前のコムュニティを中心としたボランティア福祉への指向を強めている。また国も、厚生省、自治省によって地域社会の崩壊に伴ない、新たな地域社会の再生を「コムュニティ形成対策」に求め、自治省は、全国に「モデル・コムュニティ」を設定し、その動向分析を試みている。すなわち、「新しい地域的な連帯感に支えられた近隣社会をつくること」に求めて、それを、地域政策の中軸にすえる動きがみられている。

何れにしても、「上」からの地域政策は、明確な政策視角を欠いたまま終始して、今日にいたっていることを知る。

しかし、中央政府中心の、しかも地方自治権の形骸化を行なった、わが国の中央集権的な行財政コントロールのもとで、低経済成長政策下の財源不足とともに一方社会福祉行政需要を求められている都道府県市町村は、前記の国の行政指導と誘導政策のもとで、高度経済成長政策、日本列島改造政策の「ひずみ現象」の是正ともいうべき、旧来の日本的な社会生活システムの崩壊に対し、上からの「コムュニティ形成」を媒介とした、地域住民の当面する、生活問題に対して、地域住民の連帯感を軸にした、それ自身では反対しえない「地域政策」の担い手として現われていることは事実であろう。ことに、これらのコムュニティ形成といっても、住民の主体的な行政参加を内包せざる限り、その意味はないことと関連して、ソフトな「住民参加制度」をもりこんだ地域政策の展開に試みていること自体注目に値いする。

これと軌を一にするごとく、資本サイドにおいても、経済同友会「七〇年代の社会緊張の問題とその対策試案」ならびに、昭和五一年商工会議所〈企業と地域住民・消費者等との望ましい関係の樹立に関する提言〉、経団連の〈企業・経済団体の広報活動のあり方〉に関する問題提起は、公害問題、消費者問題、その地域開発問題に対する地域をめぐる国、資本と地域住民との社会パワーのむき出しな対抗をソフトなものへと変える動向を示している。

これに対して、労働組合運動や労働者自主福祉運動が、どのような対応認識と、「下」からの政策指向発想とその実現を示してきたのであろうか。

（1） 仲村優一・三浦文夫・阿部志郎編『社会福祉教室』（昭五二、有斐閣）二一一頁。
（2） 前掲の全国研究集会（昭五一）西村豁通報告参照。
（3） 斎藤吉雄「地域社会論の位置と課題」（「現代都市論」現代のエスプリ七七号）昭四八・一二（至誠堂）参照。
（4） 右田紀久恵「地域政策と住民福祉」『住民福祉の復権とコムュニティ』昭四九（鉄道弘済会）三～四頁。

（5）右田・前掲論文五〜七頁。
（6）自治大臣官房地域政策課『市町村における地域政策の動向について』（昭和五一年度）昭五二・一参照。

二　労働者自主福祉と地域政策論

労働者自主福祉運動の側で、地域政策という用語を用いたのは、昭和四三年の日生協運動方針であったといってよい。そして、この運動方針にみられる地域政策の問題意識の底には、「ビッグストアへの有効な対抗と停滞打破」があり、(1)「地域政策といえば、重要生協の拠点化、拠点生協づくり、チェーン化、合併を達成するような実践指導を行なっていきました」(2)と。

この日生協の「地域政策」の推進に伴う矛盾により、日生協自体の地域政策の積極的役割とともに弱点の露出により、昭和四五年日生協福島総会における「福島総会結語」をもって、「地域政策」という用語とそれによる政策に一応ピリオドを打つことになる。(3)

この日生協の「地域政策」は、高度経済成長政策とその後の独占流通資本の流通過程の支配と収奪に対する「ひずみ」現象への対抗の一こまであったことは否定できないが、前述のような「上」からの「地域政策」への明確な対応として把えられているものではないことはいうまでもない。

この日生協の「地域政策」論を除くと、一九七〇年代になってからはともかく、労働者自主福祉現業運動と組織の側からは、「地域政策」論が、ほとんど提起されたことはなかったのである。

しかし、一九七〇年代になって、この日生協の「地域政策」論の再評価にかかわっているか否かは必ずしも明らかではないが、市民運動によっても、労働組合運動によっても対処しえない生活問題に対処することを求めて、〈地域労働運動〉として、労働者自主福祉運動がそれ自身の役割を担って地域問題に取り組まざるをえない必然性を指摘する見解がみられてきた。(4)

労働組合運動と労働者自主福祉運動とは機能的に異ることは否定できないし、労働者自主福祉運動自身、前述の上からの「地域政策」に対して、地域をベースにその勤労者ならびにその家族の生活権擁護のために、「下」からの地域政策の政策立案、具体化の中心主体としてその役割を果すことを求められていることも事実であろう。

ただ、ここで、労働者自主福祉運動と現業組織は、労働金庫、労働者共済、労働者住宅、労働者（地域住民）消費生協、その他と、その各々の現業活動を展開し、勤労者ならびにその家族の日々の消費生活過程にかかわる生活問題領域の一部に対し、自主的な地域福祉の役割を担ってきた。しかし、その活動はもっぱら、所得保障制度の補足的な面にかかわり、従来地域社会（家族システムを含めて）の担ってきた共同体的生活機能＝福祉サービス機能面ではきわめて弱いことは現業団体の創出の性格からいって当然であった。

そして、前述のように地域政策にかかわる内容としては、地域住民への福祉サービスが重要であるが、これにかかわってきたのは、もっぱら地方自治体、既存社会福祉団体であった。

〈地域福祉〉とは、「文字通り地域住民の福祉を図り、地域住民の生活向上を目的とする」(5)ことにある、というかかわりあいで問題を考えるとき、労働者自主福祉運動の役割は、この地域福祉を社会福祉の狭い一領域の問題としてよりも、社会福祉のすべての領域を労働者の側から規定する原動力＝主体ということにあるといえよう。(6)

以上、住民の生存権・生活権擁護のために、住民の組織化とそれによる社会福祉発展の原動力化が重要であることをのべたが、ちなみにどのような社会福祉サービス事業に、どのような既存組織がかかわりあってきたか、かんたんにかかげてみよう。

(i) 社会事業分野→社会福祉事務所、児童相談所、社会福祉協議会、青少年問題協議会、共同募金会、善意銀行、民生委員協議会、その他
(ii) 対象者の地区組織→母子福祉会、老人クラブ連合会、母親クラブなど
(iii) 公衆衛生分野→保健所、母子健康センター、保健衛生地区組織
(iv) 社会教育→公民館、青年学級、婦人会、若妻会、農村生活改善クラブ

これらの分野は、何れも、労働者の組織と十分かかわりあいをもたないことを知る。

しかし、今日変貌の著しい労働者の職場生産過程ならびに、労働者および家族を含めて日常の消費流通過程において、独占資本の論理が色濃く貫き、これに対して〈拮抗力〉組織として対決する労働組合運動、労働者自主福祉運動が主力を形成せざるをえない状況にある。そしてとりわけ後者の流通消費過程において、人間のライフ・サイクルに生起する生活問題に対し、社会福祉サービス需要が要請されていることも否定しえない。そして、これに対して、国や地方自治体、企業はいうまでもなく、とりわけ前述の社会福祉団体がアプローチを試みてきた。

しかし、地域社会における労働者内部ならびに地域の生活環境を含む生活問題に対しては、労働組合運動も、労働者自主共済運動も―消費生活運動を除くと―これまで十分アプローチを試みえなかったことを前に述べたとおりである。もちろん、すでに指摘したように、一九七〇年代に入って労働組合運動が、「国民春闘」や同盟などのナショナル・センターサイドから「制度改革」要求を提起したことは、それなりに運動側からの意味をもつが、地域社会におけるきめの細かい生活問題対策としては十分ではない。これらに対し、地域社会での労働組合運動、労働者福祉協議会、労働者自主福祉運動は、「上」からの地域政策、福祉政策に対し、地方自治体などを媒体とした制

度要求を試みているが、もっぱら労働者を中心としたもので、地域市民一般の生活要求には十分かかわりえなかった。

しかし、今日労働者自主福祉運動ならびに現業組織は、生活協同組合運動はいうまでもなく、各種のインフレ、物価、貯蓄の目べり、税金問題、医療問題、高齢者問題、児童保育所問題、その他数多くの生活問題、とりわけ国の所得保障施策ならびに医療サービス、社会福祉サービス施策の不備に対し、自主現業組織である労働金庫、労働者共済、勤労者住宅生協その他も、その領域にかかわり、また現業組織の防衛のために、国や自治体や、資本の〈地域政策〉に対して、その呼び方は何であろうとそれ自体の地域に対する政策をもたざるをえなくなっている。

この点、ちなみに、労働金庫運動をみても、兵庫県労働金庫運動、三重県労働金庫運動の活動は地域の自主福祉活動の特殊な例として処理しうるものなのだろうか。また、全労済山梨県支部の大腿肢体筋患者の掘りおこし運動は、これまた特殊な、労働者家族にかかわる生命共済普及の活動なのだろうか。

何れにしても、資本の側からの〈地域政策〉は、独占生産企業の地域開発、流通企業の流通圏開発は、〈資本〉の論理によってすすめられ、地方自治体自体の地域政策も資本の論理のみによって動かしえない状況が生まれてきている。「下」からの労働組合運動、労働者自主福祉運動、さらに市民運動の〈地域政策〉自身の展開が求められつつある。

しかし、労働者自主福祉運動の現在の力量では、すでにみたような日生協の〈地域政策〉論の展開とその帰結と同様な結果に終始するという懸念から、〈地域政策〉不要という見解もみられるかもしれない。

労働者自主福祉運動に求められている〈地域政策〉論は、勤労者やその家族が、企業内労働組合運動には求めえない、また国や自治体や既存社会福祉団体に求めえない、地域生活における〈社会連帯〉の強化とあわせて、いかにして地域住民生活の擁護にかかわりあう自主福祉組織の擁護と、その福祉向上を達成するかの政策設定とこれらの実現にあるといってよい。しかし、そのすべてを、労働者自主福祉運動が担うことはできない。

ことに、企業別労働組合運動を軸にした、従来の労働者自主福祉運動は、国や地方自治体や資本や、また既存社会福祉団体に比較して、その住民のニーズの多層化を前提として、地域政策の立案、形成を含めて、実現に関する経験は極めて浅い。

これらの観点から、まず筆者は、資本はいうまでもなく、それと癒着してきた国や地方自治体の〈地域政策〉の批判にたった、しかも労働者自主福祉現業の組織的力量の強化とあわせて地域住民の福祉に寄与しうる総合的な政策をまず形成することが望ましい、と考えている。このために、第一に現代社会における労働者自主福祉事業の、事実上、運動上の長期的、短期的展望をもった政策形成とその実現、そしてなかんずく、労働者自主福祉組織は何をその目的とからめてなしうるか、そしてそれらに関する組合役員や組合員の教育が重要である。第二に、第一に関連して地域社会に対する住民（勤労者、家族）ならびに自治体、社会福祉団体との労働者自主福祉運動の役割分担を含めて、労働者自主福祉の地域社会において果しうる活動のＰＲなどを含む Public Relation Policy が必要となる。

（1）　福田繁「福島総会結語の背景と現在の意義」労働者福祉研究六号（昭五一・三）三六頁。
（2）　福田繁・前掲論文三七頁。
（3）　福田繁・前掲論文四一頁以下。
（4）　西村豁通編『労働者福祉論』（昭四八、有斐閣）序章、第一章参照。
（5）　一番ヶ瀬康子・真田是編『社会福祉論（旧版）』（有斐閣）二一六頁。

（6）石原寿勝「地域福祉の位置づけ」野久尾・真田編『現代社会福祉論』（昭四八、法律文化社）一六五頁。

労働者自主福祉運動と地域政策という課題について、これまでこの地域政策論を展開してきた、国や地域自治体、資本の歩みを見ながら、労働組合運動やこれと一体の労働者自主福祉運動サイドからの、地域政策論展開の要請の背景にある問題、その実現のための問題などを考察してきた。

今後、労働者自主福祉現業にかかわる労働金庫、労働者共済、消費生活協同組合、勤労者住宅生協などが、その領域において、また協力しあって、いかなる地域政策論を展開しこれを行政政策とそれへの参加の課題とも絡めて実現してゆくか、今後の政策形成実現の歩みを見つめたいと考える。

追補　高齢社会と高齢者福祉政策を考える
——労働法学と社会保障法学との交錯領域研究から——

一　アメリカ社会保障制度の特色

戦前はともかく、第二次大戦後の日本の公的年金保険法制度政策の動きのめまぐるしさは、急速な高齢社会の到来にあわせて猫の眼の変わり様に似ているような気がする。筆者が、労働法学研究とあわせて社会保障法学への関心をもったのは、戦後の日本の連合軍占領体制下の、労働法学研究における日本とアメリカ労働法研究を対象とするなかのことである。

アメリカ社会保障法制度にみる特色——自立自助ベースのアメリカ国民生活に対する、アメリカ連邦政府の社会保障法制による最低生活保障、とりわけ高齢市民への公的退職年金にウエイトをかけ、関連的に社会福祉サービス給付の——にみる、低い公的年金給付に対応する労働組合運動の動きに注目していた。

アメリカ労働組合運動は、全国的な職業別、産業別労働組合運動を通じて、その全国的な産業別・職業別労働協約によって、その団体交渉をへて、組織化されている企業の出捐による「上積み給付フリンジ・ベネフィット（付加給付）」を獲得することを目ざすことになった。すなわち、前期のアメリカの社会保障法制は、連邦政府の高齢者への公的年金給付を中心にした連邦社会保障法（一九三五年、ニューディール期の初めの「社会保障」という言葉を、世界ではじめて、立法に冠せたといわれる法）にあわせて、各州が各々労災保険、失業保険などの法を採択するというスタイルをとっており、今日もそうである。

このような状況のもとに、アメリカ労働組合運動は、連邦社会保障法の公的な「退職年金」の不十分さに対し、その補足として、労働協約による企業による「上積み年金」を獲得することを目ざし、これが、フリンジ・ベネフィットとして獲得され、拡がってゆくのであった。まさにアメリカにおける連邦社会保障法の公的な「退職年金」の不十分さに対し、また「医療（費）」給付の不備に対し、労働組合は組織勤労者対象の、企業出捐の（時に労使出捐の）「企業上積み医療給付」を、団体交渉による全国協定によって獲得する事になるのである（この実施は、アメリカの民間生命保険会社と企業との契約によって、医療費が勤労者の疾病・入院に対して支払われることになる）。ちなみに、一九三五年創設時のアメリカ連邦社会保障法は、「医療（費）」給付を内容とすることがなかった。今日、一九六五年改正で、ようやく六五歳以上の高齢者を対象に、一応、「医療費」給付（メディケア）に加え、低所得層への医療費送付（メディケード）を行うことになった。

なお、このようなアメリカ連邦社会保障法の不備が、今日民主党大統領クリントン夫人ヒラリーによる、医療保険制度導入の動きを示していることは否定できない（これは、アメリカにおける医師の医療費の高さと、医療費の増加、一方民間生命保険にみる生命保険による医療費の増大化の財政、そして生命保険への加入不能な低所得層の医療費負担による貧困化などへの対応が、からみあっているとみられる。しかし立法化は難航している）。いずれにしても、私は、アメリカにみる社会保障法制の不備が、アメリカ勤労者の生存権自衛と、不備な政策への対応として、労働組合運動による団体交渉を媒介にした、「付加給付」獲得を公然化したことを学んだのである。このことが、当時日本の労使関係と労働法、そして社会保障法制研究への開眼をさせることになる。

さて、日本の労使関係では、戦前から労働力過剰供給体制を前提に、終身雇用とか、生涯雇用とかの日本的労使慣行とかかわって、企業により、「一時退職金」制度や、企業内福祉制度が導入されてきた。日本では、アメリカと違って、社会保険制度は、この企業内労使関係とかかわり、「企業内福祉制度」をその制度と連結させるという政策を、政府、使用者（企業）がとってきた。このことは、大正一〇（一九二二）年民間労働者に対する「健康保険法」制定にみる、健康保険組合（今日の日本の大企業の労務管理と深く結びついている、企業内「健康保険組合」の活動参照）、そして第二次大戦後の厚生年金保険法改正にみる「厚生年金基金」制度（大企業の一時退職金の年金分割化の制度効果とあわせて、厚生老齢退職年金の法定給付の「上積み」効果を実現する）の役割にみることができよう。

何れにせよ、戦後日本の労働組合運動は、今日にいたるまで、一時退職金制度の充実の制度要求を主として行ってきた。しかし、企業の側は高齢社会の到来による高齢退職者の退職金増加と、その一時退職金原資の増大化による企業経営の圧迫に対応して、企業による一時退職金の年金分別化を図り、今日労働組合も一時退職金をベースにその一部の年金分別化を容認するということがみられてきているのである。さらに労働組合は、企業における各種の厚生福祉制度の充実の要求を提案してきたのである。この点、企業の労務費として、この割合をどのように考えるかにより、状況が異なってきていることも否めない。

さて、日本では、以上の日本的状況からアメリカにみるような、フリンジ・ベネフィット（付加給付）の要求は余りみられなかったといってよい。わが国では、社会保障法制をめぐる制度政策とそれへの要求は、社会保障制度——とりわけ公的年金や医療保険などの——が企業内の退職金制度や、健康保険組合制度や、その他企業内福祉制度と結び付いており、政府への要求として展開をみせなかったといってよい。そして、今日この種の社会保障制度の政策要求として具体化をみせている、労働災害や職業性疾患、さらに、通勤途上災害などについての労災保険法とその認定給付の低さに対するものが、「企業上積み」というフリンジ・ベネフィット要求の形をみせていることに注目したいのである。

そしてまた、わが国医療保険関係法が、とりわけ入院にみる「差額ベッド」や、付添看護人費用を法外給付としていることに対し、アメリカでは労使協約要求によって、付加給付獲得をみせていることに注目したいのである。私は、これらの「付加給付」獲得のための労働法と社会保障法との交錯領域の理論を、アメリカと日本との法政策研究にもとづいて創出してきたが、今日高齢社会の到来に対応し、日本の社会保障法にみる給付の不備においてなお要求する領域があるようにみえるのである。

＊　拙稿「西欧諸国の企業年金制度と労働組合運動」季刊労働法五三号（一九六四年九月）
拙著『「上積み」補償と企業内福祉』（一九七八年、ダイヤモンド社）

二　「両親介護休暇」制度要求の意味

今日、急速な高齢社会がわが国に来ている。アメリカにおいても、高齢社会の到来とかかわりなく、労働法領域では、その全国的な産業別、職業別労働組合の団体交渉要求によって、労働協約によってその社会保障法の法定給付の不十分さを、前記のように、「企業による付加給付」として、年金や医療などの面で獲得してきた。労働法の領域は、アメリカ連邦政府労働省所管であり、一方社会保障法の領域はアメリカ連邦政府ヒューマン・サービス、福祉省の所管で、労働組合の「付加給付」で、何を獲得しようと関知するところではないのである。

さて、日本では、急速な高齢化社会の到来必ずしもこれと関係するところではないが、前述のように、日本的な意味で、一時退職金の年齢分別化にみる私企業年金給付、医療保険面にみる法外給付の、企業による補足的な「付加給付」の獲得を実現してきたのである。

私が、いま関心をもっている第一の問題はこの高齢社会の急速な到来、加えて核家族化、少産少死社会、女性の社会的進出の一方、サービスの外部化という諸現象を前に、育児休業法はともかく制定されたが、この労働法と社会保障法との交錯領域にある育児休業法は、休業期間は無給であり、一方児童手当法給付も少なく、休業期間中の保険料免税など、多くの問題をかかえているが、これはまさに「付加給付」の協約要求の課題ではないのか、ということである。

第二の問題は、勤労者の両親の、とりわけ要介護高齢者に対する福祉介助・介護の問題である。高齢両親の介護は、子どもたちの問題、いわゆる私的扶養の法的問題である（民法親族法参照）ともいえる。しかし現実の核家族化現象、介助サービス労働の担い手であった女性の社会的進出、共稼ぎ化現象、さらに高齢者の長寿化等による要介護増大化により、介護問題は民法にみる法的な私的扶養の限界を越えてきており、一方この限界に対応する社会保障法体制は非対応と問題が多いのである。なるほど、一九八九年「高齢者保健福祉推進一〇ケ年戦略」（ゴールド・プラン）の策定（注―一九九五年、新ゴールド・プラン策定）、一九九〇年老人福祉関係八法改正、一九九一年老人保健法改正、一九九二年医療法改正、一九九二年看護、介助従事者の量的対応にかかわる労働条件改善関係法の相つぐ法制定、改正がみられてきた。しかし、公的な両親介助サービスの法体制は未だしである。

このため、私的な家族援護体制――高齢者と同居すると否とを問わず――にかかわって日本の一部企業労働組合は、企業に対し、「両親介護休暇」制度確立要求を提起するものがみられることになった（注―一九九五年、「介護休業法」が育児休業法同様に制定をみることになった)。この制度は、私的な家族援護サービスを前提としつつ、要援護高齢両親に対する、企業による「両親介護休暇」制度で、いわゆる「付加給付」要求によるものといってよい。誰でも、人は一度は「老い」を迎える。政府の政策は、社会保障制度審議会・社会保障将来像委員会にみる第一次報告をみても、一九八〇年代の第二次政府行政調査答申の考え方にもとづいた自立・自助福祉からの脱却、ボランタリズムの強調と、家族支援をベースにする発想を中心に公的な行財政責任にもとづく高齢者介助サービス体制強化には及び腰である。

このような社会保障政策のもとでは、政府の政策の強化の前提として、労働組合による団体交渉と、その労働協約による労働条件に関連する「付加給付」獲得が展開をみるのは時の流れとみてよい。このような流れは、今日バブル経済のはじけと、企業内失業者のみられる経済停滞下の一時的現象に終らせることなく、また年功序列的労使関係、生涯雇用制度下の企業コミュニティ・マンをして、退職後の地域コミュニティ・マンへの教育の一環としての、一時的なヴォランティア化としてでなく、政府への政策対応を迫る動因とすべきものなのである。いずれにしても、高齢社会の到来は、これらの交錯領域問題への関心をもたせている。

三　高齢者層の長期介護費用の問題

さて高齢社会の到来とその社会保障財政をめぐる問題は、労働法と社会保障法の交錯領域であるのみならず、財政法などの領域とも交錯する。また医事法とも交錯する。このことはともかく、私の関心は、高齢社会の到来が、経済、行財政問題ともかかわるだけに、よくいわれる「経済の発展なければ福祉はない」という発言に対してである。これは古く、かつ新しい問題なのである。とりわけ、福祉国家スウェーデンの今日的状況に対し、さらにEU諸国の動向に対する日本の識者の認識は、短絡なスタイルを示しているだけにである。

さて、前述の世界・日本での高齢社会の大きな問題の一つである、七五歳以上の後期高齢者層の寝たきりや、重度障害化、痴呆症化に対する「長期介護（long-term care）とその費用対応である。この点、前述の私的扶養による介護と費用負担は、在宅の高齢者と同居の家族にみられる。これに対し、要擁護高齢者の、特別老人ホームへの入居の場合は、政府の行政措置費（税による）によって対処され、自己負担は資産保有力によって法定額の徴収がみられる。ここで、介護費用といっても、同居、別居はともかく、ホーム入居と在宅とでは、公的扶養（生活保護法適用）を除いて、負担にかなりの相違がみられる。この相違の是正を含め、長期的な要援護高齢層の費用負担は、公平、公正原則からみて問題がある以上、この対応が問題である。

今日、この問題への対応は一般税によるのか、特別税（たとえば消費税など）によるのか、また介護保障として捉え厖大な積立金を保有する各種の公的年金保険制度によって年金給付と関連させ介護費用を負担するのか、あるいは老人保健法による老人医療と関連させて、介護費用をここで負担させるのか、あるいは全く新しい別枠の高齢者介護保険制度を創設するのかなど、とりわけ財源調達と関連して検討するに値するのである。ここでは詳論をさけるが、いま介助費用問題が論議されているのが現状である（付記―社会保障制度審議会・社会保障将来像委員会第二次報告書などを通じて、政府主導による「介護保険」法制度創設の方向で、その賛否をめぐって論議がみられている）。

目下のところ私は問題提起をしてきただけで、既存の関連法をベースに、政府の政策を検討し、政策を提起すべく研究中であることを付記しておきたい。

この場合でも、前述の「付加給付」の問題がかかわる。何故なら、税負担の場合はともかく、保険技術を採用するということになると、勤労者の家族の問題であり、私的な扶養問題である。個人による民間生命保険加入の問題として捉え、民間の保険企業利用による介護保険加入を前提にするにせよ――ただし私はこの方式によるべきでないと考えているが――、既存の前述の公的年金保険または老人保健法によるにせよ、欧米諸国にみるように使用者負担の増加を求める「付加給付」要求としての問題提起が可能と考えることができるかどうかである。なお、公的年金保険法にしても、老人保健法にしても、その保険料負担は、一般的には労使折半となっている。

この問題は、企業の側の労務費として、また利益配分として、その賃金の付加部分としてその配分の形での保険料の「上積み」と考えることができる、と考えるからである。いずれにしても、要介護高齢者層の長期介護費用の問題は、私的な扶養問題ではなく、社会保障法の当面する課題といってよいのである。

四　「付加給付」と公的年金制度の改正の問題点

高齢社会の到来に対応して、すでに、公的年金保険法の給付問題の「企業上積み」を見てきた。この給付の上積みは、今後の公的年金保険制度改革の動向とも関連し、また労働組合運動の公的年金制度政策闘争の社会的な力、また不透明な政治力などの帰すうにもかかわってくる。

政治安定下の一九八五年国民年金法の改正は、財政問題を内包し、公的年金制度の財政安定を目ざした「基礎年金」支給制度（六五歳支給、一ヵ月一人五万円の定額、四〇年拠出）を実現した。そして、それとあわせて雇用者公的年金制度（厚生年金保険法や各種共済組合法などのもとでの退職、遺族、障害年金など）改正によって「基礎年金」の「上積み」として構造改革を行った（六〇歳支給、「いわゆる標準報酬」部分給付を、最低二〇年拠出）。

しかし、今日その改正後の一九八四年につづいて、さらに一九八九年を目ざして、被用者公的年金制度の六〇歳から六五歳支給を内容とする改正が着々と準備されてきた(一九九四年被用者年金制度は、六〇歳から六五歳支給への改正が実現をみた)。要するに、公約年金保険法は、すべて「基礎年金」給付も、給与にリンクする、「標準報酬部分」給付をも、六五歳支給開始年齢に統一化する、そして、さらに一九九七年に、全制度を、どのように一元化するのか、一元化の意味自体まだ不明確であるが、その実現を内容とする道を用意する改正の動きが見られている。欧米諸国と違って、日本の公約年金支給開始年齢は、強制退職年齢(定年)と一致していないところに問題がある。この支給開始年齢の統一化も、財政問題があることはいうまでもない。六〇歳で支給するよりは、六五歳で支給する方が、財政的には安定するからである。

しかし、六〇歳定年で支給をうけられるという期待感が、六五歳ということになると早期退職=早期離職(減額)年金給付や、また現在、働くと年金が減らされる「在職老齢年金給付」の方も考えなければならない。改めて、保険給付と保険料負担、そして厖大な公的年金積立金の運営管理、国庫負担や保険料さらに厚生年金など、また「賦課方式」で支えられている国民年金法の在り方も考えねばならないのである。

解題

本解題は、一九七九（昭五四）年刊行の『労働法と社会保障法との交錯』（勁草書房）の「あとがき」を補訂したものである。

著者が、社会法といわれる法領域にある、否社会法と同義に解せられてきた労働法とあわせて、労働法の対象領域と重畳化する部分をベースに、手さぐりに社会保障法との研究を進めえたのは、一つは昭和二九年六月以降前任校であった金沢大学法文学部法学科での社会法学科目として、従属労働関係対象の労働法と、広く社会事業を含み、労働法と重畳化領域を社会保険面などでもつ社会保障法を講義するよう要請されていたことによる。二つは、早くから著者はアメリカ労働法、なかんずくアメリカ労働協約制度研究を媒介に、アメリカにおける公的社会保障制度と私的なフリンジ・ベネフィットによるその結合化状況を通じて、アメリカを対象とした労働法と社会保障法との交錯領域を研究していたことにある。第三は、日本の労働協約制度研究を契機に、日本的労使関係を前提に企業内福祉制度＝福祉厚生に関する労働法上の労働協約条項分析と日本の公的社会保障制度とのかかわりにおいて、労働法と社会保障法との重畳化領域を研究したことにある。

しかし、高度経済成長政策の導入をみる以前の一九五〇年代前半はともかく、その導入をみた後半一九五〇年代はいうまでもなく、一九六〇年代初頭において、著者が初めてのヨーロッパ在外研究から帰国した当時、労働法学研究は別として、社会保障法学の研究はあまり進んでいなかった。

一九六〇年代中葉から一九七〇年代に入って、高度経済成長政策の展開・発展に伴う著るしい産業社会の変貌、地域社会の変貌、家族社会の変貌、そしてその後の低経済成長政策への軌道修正に伴うこれらの諸変貌は、労働法学の研究対象の新しい展開とあわせて、社会保障法学の必然的な展開とその研究対象の拡大を促していった。一九六〇年代中葉から末期にかけ、産業社会の変貌＝日本的労使慣行の急激な変化と企業内労使問題の「外」にある勤労者とその家族の生活保障にかかわる多くの問題について、企業労働組合自身も、それを企業内労使間の労働組合の団交問題、労働法解釈問題としてあわせて、社会保障制度問題（勤労者とその家族の公的な社会保険ならびに児童、母子（父子）、身障者、高齢者、勤労婦人、勤労青少年をめぐる諸施策）に積極的に取り組まざるをえなくなった。このような労働組合の運動状況を反映したものは、今日色々な角度から問題とされている、勤労者と運動体のいう社会的弱者層との生活共同闘争といわれた「国民春闘」方式であった。労働組合運動が、その国民運動的視点から、労働法のトレーガーとして、また他律的性格をもたざるをえない社会保障法のトレーガーとしても、一層憲法二五条の生存権保障、憲法一三条の幸福追求権（快適生活権）、憲法二八条の団結権保障の主体として登場するのは、当然なことである。

著者自身、憲法二五条、二八条を軸とした日本労働法学の対象として、これを局限せざるをえなかった日本的な企業内労使関係と、この労使関係内部の問題とその労働法学からの解明に加え、この企業内労使関係の領域にあり、重畳化領域にある社会保険を含め、憲法二五条、一三条、一四条などを軸に、さらに勤労者とその家族の勤労者として地域住民として、この労使関係にも深くかかわりあいをもつ領域の問題について生存権保障、幸福追求権の点から、煮つめられた学問ではないが、社会保障法学からの解明に、労働法と社会保障法との両面から、広角的に取り組んできた。もちろん、社会保障法学の研究といっても、『社会保障の法体系（上）』（昭和四四年、勁草書房）刊行を契機に、一里塚を辿ったところである。そして、この『社会保障の法体系（上）』に対する批判を傾聴しつつ、それに答えるためにも現代資本主義社会の中で、ますます複雑な生活に当面する勤労者やその家族、地域住民の生活保障充実要求とその多面化、多層化を前に、広角的な研究に努力しなければならないと考えている。

このような拙なき研究の歩みの中で、とりわけ、一里塚からどの辺まで歩みを進めてきているのか、否あと戻りを示しているかもしれないなどと思いつつ、自分の足跡をたしかめてみることも大切なことと思い、生存権保障とは何かを軸に、労働法とかかわりをもつ、とりわけ社会保障法学との領域にかかわりあいをもつ現代の重要と考えられる問題論稿幾つかを選んでもらって、編集の結果完成をみたのが本書であるのである。

社会法学のすぐれた碩学故沼田稲次郎先生が、『社会法理論の総括』（昭和五〇年、勁草書房）を物された折、筆者はこの碩学の総括的労作に対し、拙き書評・紹介をさせていただいた（拙稿「沼田稲次郎『社会法理論の総括』法律時報（昭五一・五月号）一〇三〜一〇六頁）。この紹介において、私は、「戦前・戦後の体験をもとに明日の、いな現在の課題を提起している本書は、労働法、社会保障法、経済法、その他関連法にかかわる者に学問的研究の「原点」を鋭く提起する。しかし、沼田教授によっては十分展開をみなかった、このマクロ的なイデオロギー的批判中心の現代法分析の視角と国独資下の複雑な、しかも多角的なミクロの政策的立法の批判的視角とを結合した分析的な法科学が、今後の研究者の課題であろうと考える」（拙稿・前掲一〇六頁）と記した。

著者に対し、学問研究の場である金沢大学法文学部に奉職の機会を与えて下さったのは、すでに故人となられた恩師の沼田稲次郎教授と有泉亨教授、加えて推薦の労をとられたのは石井照久教授である。本書はこれらの諸先生への、当時の拙き歩みの報告書の提出でもあり、これからの課題究明への同学の研究者の方々への筆者への鞭韃御願いの報告書でもあるといってよい。今日平成期に入り成熟した労使関係は、富裕化した市民としての生活にひたる状況下にあるが、労働組合運動の変質、勤労者市民意識の変質、国の財政悪化のなかで生存権保障とその内実化も変化のなかでの風化を見るとき、筆者は貧困化時以上におそろしさを感ずるのである。

なお、以上の様な時代状況のもとで執筆され、収録した論文とその掲載誌、発表時期は次の如くである。この収録に当っては、各出版社の担当者の方々の心からの御許しをいただいたこと、論文により若干資料その他の面で加筆訂正を試みたもののあることを付記しておきたい。なお、この交錯領域にある高齢社会の到来にかかわる問題について補論を加えたことを附言しておきたい。

第一編　現代生存権保障の理念とその意義

Ⅰ　社会法における生存権保障――労働法と社会保障法とにみる生存権保障の現代的課題（「法学セミナー」昭和四八年六月号）

Ⅱ　ＩＬＯにおける労働基本権思想とその内実化（「季刊労働法」一〇〇号、昭和五一年六月）

Ⅲ　ＩＬＯ第一〇二号条約の思想とその意義（「世界の労働」昭和五一年六月）

第二編　現代法体系下の社会保障法学の位置と法理

Ⅰ　現代法体系下の社会保障法学の位置づけ（西原道雄編著『社会保障法』（有斐閣）所収、第1章Ⅱ・C、昭和五二年五月）

Ⅱ　社会保障の理想と現実――権利体系からみた社会保障法の理念と現実を中心として（「自由と正義」（日弁連）昭和五三年二月号）

Ⅲ　社会保障の法体系化と問題点（「週刊社会保障」（社会保険法規研究所）（九二三号～九二四号）昭和五二年五月）

第三編　現代労働法と社会保障法との交錯過程の問題と課題

Ⅰ　雇用保障・老齢保障をめぐる現状と課題

1　戦後日本における失業保険の法と行政分析――憲法二五条（生存権保障）、憲法一三条（快適生活権）、憲法二七条（労働権保障）の制度的実現からみて――（「日本経済と雇用・失業問題」社会政策学会年報二一号、昭和五二年五月）

2　中高年層の雇用実態と雇用保障の課題（「季刊労働法」一〇七号、昭和五三年三月）

3　年金権の法理と年金保障体系（季刊労働法別冊「年金制度の再編成」所収、昭和五三年六月）

Ⅱ　労災補償の労災保障化の現状と課題

1　労災事故と補償制度の「保障化」の課題――労災補償制度の国際的動向の分析を通じて――（有泉亨先生古稀記念論集『労働法の解釈理論』（有斐閣）所収、昭和五一年一一月）

2　労災補償の体系と医療制度の問題点（「労働の科学」（労働の科学研究所）昭和五三年六月号）

Ⅲ　身障者雇用保障の現状と課題

1　ＩＬＯ条約・勧告にみる障害者の労働保障（「身障者問題研究」八号、昭和五一年一月）

2　身障者雇用の実態と身障者雇用促進法の意義と課題――身障者雇用促進法の改正推移を通じて――（「季刊労働法」一〇二号、昭和五一年一二月）

Ⅳ　労働者福祉をめぐる現状と課題

1　法制度からみた「労働（者）福祉」立法の推移とその動向（労働者福祉研究」二号、昭和四八年一〇月）

2　最近の労働者福祉立法の制定動向とその特質（「日本労働法学会誌」四一号、昭和四八年五月）

3　労働者自主福祉と地域政策とのかかわりについて（「労働者福祉研究」九号、昭和五二年五月）

解　題

二〇〇〇年四月

著　者

事項(人名)索引

(〜はその頁以下を示す)

あ 行

か 行

さ 行

た 行

な 行

ま 行

や 行

ら 行

欧文索引

〈著者紹介〉
佐藤　進（さとう すすむ）

1925年　新潟市生まれ
1951年　東京大学法学部政治学科卒業
現　在　立正大学名誉教授、日本女子大学名誉教授、法学博士
　　　　新潟青陵女子大学特任教授

〈主要著書〉
社会保障の法体系（全）（勁草書房）
社会福祉行財政論（誠信書房）
世界の高齢者福祉政策（一粒社）
福祉と保健・医療の連携の法政策（新版）（1996年・信山社）
実務注釈社会福祉法大系（全12巻）（監修）
年金政策の中身とそのゆくえ（1998年・信山社）
世界の高齢者福祉政策（1999年・信山社）
労働保障法と関連制度政策（2001年・信山社）
その他、社会保障法、労働法関係著書、論文多数

佐藤　進 著作集 3

労働法と社会保障法

2001年（平成13年）6月20日　第1版第1刷発行
1843-0101

著　者　佐　藤　　進
発行者　今　井　　貴
発行所　信山社出版株式会社
〒113-0033　東京都文京区本郷6-2-9-102
電　話 03（3818）1019
FAX 03（3818）0344
henshu@shinzansha.co.jp

Printed in Japan

印刷・製本／勝美印刷・大三製本

ISBN4-7972-1843-6 C3332
NDC分類328.651
1843-0101-012-050-010

佐藤　進 著作集（第Ⅰ期全11巻）（仮題を含む、A５判上製）

コード	巻数	第Ⅰ期		配本回数
1841-X	1	社会保障の法体系 上（総論）	予5,800円	(第10回)
1842-8	2	社会保障の法体系 下（各論）	予5,800円	(第11回)
1843-6	**3**	**労働法と社会保障法**	360頁 5,800円	(第３回)
1884-4	**4**	**労働保障法と関連制度政策**	424頁 6,800円	(第２回)
1845-2	**5**	**医事法と社会保障法**	360頁 5,800円	(第８回)
1846-0	**6**	**社会福祉行財政論**	288頁 5,000円	(第６回)
1847-9	**7**	**社会福祉と人権**	376頁 6,000円	(第５回)
1848-7	**8**	**社会福祉の展開と日本型福祉国家**	232頁 3,800円	(第９回)
1849-5	**9**	**高齢社会と社会福祉政策**	400頁 5,800円	(第４回)
1850-9	**10**	**世界の高齢者福祉政策**	400頁 5,800円	(第１回)
1851-7	**11**	**社会保障・社会福祉研究**	312頁 5,000円	(第７回)
		第Ⅱ期		
1852-5	12	労働法(1)		続刊
1853-3	13	労働法(2)—判例研究		続刊

2001年５月現在

信　山　社

信山社の４月の新刊

ISBN4-7972-5159-X C3031
篠原　一 編集代表
NDC310.001政治・行政

警察オンブズマン

―民主的監察制度の多面的検討―

A5 判並製カバー　総 332 頁　　本体 3,000 円（税別）

☆　近時の警察不祥事の多発。警察法の一部改正で一歩を踏み出した警察改革は、持続的な課題となっているが、今後の議論の素材を提供するために警察オンブズマン及び多面的検討の論考を資料と共に収録。「市民のための警察」実現の可能性を探る。

ISBN4-7972-3034-7 C3332 NDC343.201財政法
甲斐　素直 著

予算・財政監督の法構造

A5判変型上製カバー　総 520 頁　　本体 9,800 円（税別）

☆憲法と財政法規の解釈論の架橋をめざす研究書。国の統治機構や地方自治体と全体的調整を図る中から財政法や財政監督法が生じていることを示す。

ISBN4-7972-3035-2 C3332 NDC320.001
千葉　正士 著

スポーツ法学序説

四六判変型上製　総 232 頁　　本体 2,900 円（税別）

☆スポーツは、現代を代表する人類の法文化だが、本来的に事故発生の危険性を有している上に、近年は商業化・プロ化・国際化で、不明朗、不正な事件も増えている。万人がスポーツを安全・公正に享受するには、国家法と固有法にわたる法の研究と整備が要請される。これを「スポーツ法」として基礎付ける初の法理論書である。

ISBN4-7972-9027-7 C3032 NDC327.121司法
斎藤　哲 著

市民裁判官の研究

A5判変型上製　総 384 頁　　本体 7,600 円（税別）

☆市民参加の裁判制度について諸外国の制度を中心に、日本における裁判官論を概観しながら、制度の沿革と機能を考察。国民の司法参加が重要課題であるいま、新鮮な視点を提供する最新の研究書。

ISBN4-7972-1787-1 C3332 NDC322.901外国法
田島　裕 訳著
―田島裕著作集 別巻2―

イギリス憲法典

―1998年人権法―

四六 判変型上製カバー　総 144 頁　　本体 2,200 円（税別）

☆1998年11月9日にイギリスの国会を通過した人権法は2000年10月2日から施行されている。国内法化されたこの人権法は憲法典に相当する重要な意味を有する。この条文を全文翻訳、解説・注を加えている。

ISBN4-7972-1871-1　C3332　定期予約受付中　新刊案内2001.3
NDC分類329.801国際私法・国際取引法

国際私法学会 編　最新刊

国際私法年報 2　2000

— 特集〈法例〉施行１００周年・国際私法学会50周年—国際取引法 —

＊ 国際私法学会はこのたび学会の機関誌として「国際私法年報」を公刊することとした。あたかもこの1999年という年は、学会創立の50周年目にあたる。前年には、会員の最も重要な研究対象の一つである‘法例’の制定・施行100周年を迎え、この機会に相応しい研究成果の一端をシンポジウムという形で公表した。学会自体の発展にとって、意義深い節目の一つであった（創刊の辞）。
また、第２号は1999年6月北海道大学大会の成果を中心に、その記録を残すという作業を以て、本誌を刊行できた。 *(Japanese Year Book of Private International Law, 2000)*

目　次

国際私法年報 1999　創刊第1号　本体2,857円

国際商事仲裁法の研究　高桑　昭 著　12,000円　新刊
国際環境法　磯崎博司 著　2,900円
公正の法哲学　長谷川晃 著　8,000円　新刊
グローバル経済と法　石黒一憲 著　4,600円　新刊
金融の証券化と投資家保護　山田　剛志 著　2,100円　新刊

信山社　ご注文はFAXまたはEメールで
FAX 03-3818-0344　Email：order@shinzansha.co.jp
〒113-0033 東京都文京区本郷6-2-9-102　TEL 03-3818-1019
信山社のホームページ　http://www.shinzansha.co.jp